U0899698

# FORCE OF FASHION

FORCE DECRYPTION HAINING CHINA LEATHER CITY

邹建锋 唐武峰 / 著

ZOUJIANFENG TANGWUFENG

图书在版编目（CIP）数据

中国时尚力：解密海宁中国皮革城 / 邹建锋，唐武峰著. —北京：中国发展出版社，2014.8

ISBN 978-7-5177-0207-8

Ⅰ.①中… Ⅱ.①邹… ②唐… Ⅲ.①皮革工业—研究—海宁市 Ⅳ.①F426.85

中国版本图书馆CIP数据核字（2014）第162128号

书　　名：中国时尚力：解密海宁中国皮革城
著作责任者：邹建锋　唐武峰
出 版 发 行：中国发展出版社
（北京市西城区百万庄大街16号8层　100037）
标 准 书 号：ISBN 978-7-5177-0207-8
经　销　者：各地新华书店
印　刷　者：三河市东方印刷有限公司
开　　　本：720mm × 960mm　1/16
印　　　张：18.75
字　　　数：244千字
版　　　次：2014年8月第1版
印　　　次：2014年8月第1次印刷
定　　　价：42.00 元

联 系 电 话：（010）68990625　68990692
购 书 热 线：（010）68990682　68990686
网 络 订 购：http://zgfzcbs. tmall. com//
网 购 电 话：（010）88333349　68990639
本 社 网 址：http://www.develpress. com. cn
电 子 邮 件：lijian2025@163. com

---

# 为什么是海宁[①]

文/郑勇军 徐锋[②]

## 令人惊艳的"海宁中国皮革城模式"

浙江是全国专业市场起步发展最早、最为发达的省份，被誉为"市场大省"。专业市场在浙江工业化和市场化进程中占有重要的地位。它不仅是浙江经济的特色优势，也是推动浙江经济社会持续发展的中坚力量。

创办于1994年的海宁中国皮革城，在20年来的创业历程中实现了多次历史性的跨越，已经成为目前中国规模最大、最具影响力的皮革专业市场，是中国皮革专业市场的领导者，中国皮革服装、裘皮服装、毛皮服装、皮具箱包、皮毛、皮革、鞋类产品的交易集散中心、价格信息中心、皮革技术、市场行情和流行趋势的发布中心。海宁中国皮革城荟萃了国内外一流的皮衣、裘皮、箱包、鞋类等品牌。

海宁中国皮革城经营方式富有特色。它早已突破传统专业批发市场的经营模式，而是以全球皮革产业为基础，以"海宁中国皮革城"市场品牌为纽

---

① 节选自即将出版的郑勇军、徐锋、娄朝晖等著：《市场创新与产业转型升级：解读海宁中国皮革城模式》，经济科学出版社，2014年9月版。有删改。

② 郑勇军，浙江省政协经济委员会副主任、浙江工商大学现代商贸研究中心（教育部人文社科重点研究基地）主任。徐锋，浙江工商大学章乃器学院院长。

带的一系列现代化、商场化连锁专业皮革市场为依托，集批发零售、购物旅游、流行趋势发布、仓储物流配送等各方面功能于一体的全新的商业模式，开创了中国专业市场现代化转型升级之路，形成特有的“海宁中国皮革城模式”，即：

以综合服务平台为核心，以产业共荣圈为依托，坚持“一网（立体营销网络）一链（全产业链）三平台（创新平台、创意平台、创业平台）三中心（贸易中心、产业中心、风尚中心）”的功能定位，坚持走综合服务大平台发展之路、创新转型发展之路、产业共荣圈发展之路，实施市场功能多元化、场馆设施的现代化、经营商品的品牌化、商贸业态的复合化、市场拓展模式连锁化、市场空间的多元化、市场品牌的区域化、战略协作的广泛化和社会责任的持续化发展战略，成功构筑具有持续功能创新能力、强大资源整合能力和远程贸易拓展能力的中国皮革服装产业中心。

“海宁中国皮革城模式”具有多个方面的重大意义：

首先，海宁中国皮革城是中国商品交易市场通过功能创新成功实现战略转型的成功典范，“海宁中国皮革城模式”对中国量大、面广、升级任务艰巨的传统商品交易市场转型升级具有重大的示范意义；

其次，海宁中国皮革城是商品交易市场转型升级带动区域经济的传统优势制造业整体升级的成功典范，“海宁中国皮革城模式”是中国皮革、裘皮产业迈向时尚化、品牌化、国际化的一面旗帜，其探索和实践对正在苦苦寻求转型升级突破方向的浙江乃至全国传统产业具有重大的借鉴意义；

第三，海宁中国皮革城是运用现代流通方式和经营管理模式嫁接改造传统商品交易市场的成功典范，“海宁中国皮革城模式”对正面临信息化、全球化严峻挑战的传统商贸流通业转型升级具有重大的借鉴意义；

第四，海宁中国皮革城是现代商贸流通业与城镇化良性互动发展的成功典范，“海宁中国皮革城模式”对推动具有浙江特色的新一轮城镇化具有重大的借鉴意义。

近年来，浙江的专业市场面临“规划引导不够、创新能力不足，转型升级缓慢、先发优势减弱等问题，又受到连锁卖场、电子商务等现代商贸流通模式和省外部分新型交易市场的挑战。”[①]一些在上个世纪80年代率先发展起来的专业市场好景不在，甚至关门转行。

在这个背景下，海宁中国皮革城却先后以易地扩建、上市为契机，不断做强做大，创造了“逆势”成长奇迹。海宁中国皮革城的成功发展之路不仅对于中国专业市场发展，而且对皮革、裘皮产业以时尚为引领的转型升级、产业结构优化，区域经济发展发挥重要作用。同时，海宁中国皮革城还探索出了一条具有浙江特色的区域经济转型、产业升级和浙货国内市场拓展的有效途径。

## “海皮十问”

探究“海宁中国皮革城模式”，有十个方面值得深入思考和研究。

**一问：商品交易市场作为一种典型的传统市场组织，近几年来普遍出现了发展趋缓和功能弱化的态势，为何海宁中国皮革城能够实现逆势成长？**

以“市场大省”闻名全国的浙江，长期以来，星罗棋布于全省范围内的各类专业市场与其所依托的块状经济相互作用，为推动地方经济和产业发展做出了巨大贡献。然而，在进入新世纪以来，浙江乃至全国的专业市场不断遭遇越来越严重的发展瓶颈，妙果寺服装大市场、信河街皮鞋大市场、东方灯具大市场、 桥头纽扣城等已经消失。由于重复建设和过度竞争现象严重，许多市场空置或半空置而产生资源浪费；国美、沃尔玛这类的强势连锁卖场杀入，也是专业市场客户被大量分流。更严重的是，近年来兴起的以互联网

① 引自《浙江省人民政府关于进一步推进商品交易市场提升发展的意见》（浙政发〔2012〕65号）。

为基础的高技术交易平台,如阿里巴巴、京东等电商巨头对传统专业市场的运作模式也构成了强烈冲击。于是,浙江专业市场的经营管理者不得不思考这样一个问题:在外部经营环境以及内在技术环境构成的双重夹击下,传统专业市场应如何突破重围?能否经受住环境变化带来的挑战获得持续成长,其关键在于能否通过创新与优化,不断推动市场升级与转型。

可喜的是,海宁中国皮革城为我们提供了许多值得借鉴的经验,值得我们挖掘其成功的特征事实及其背后的成长机理。作为一种市场组织形态,成功实现职能转型与升级的专业市场将为数量众多的同类市场找到“突围”的出路,提供一些基本的战略原则和方向思路。

**二问:皮革服装市场属于服装市场中的小众市场,为何专业经营皮革服装的海宁中国皮革城能发展成为交易额(含分市场)超二百亿的超大型的专业市场?**

一般说来,皮革作为服装行业的一个细类,相对而言处于高端市场层次,是面向少数高端消费群体的小众市场,很难做到大规模生产大规模销售。而海宁中国皮革城能发展成为交易额(含分市场)超二百亿的超大型的专业市场,有赖于“小企业大集群”的产业集聚模式。这一产业集聚体支撑起海宁中国皮革城专业市场的持续扩张和功能增生;反过来,市场的规模扩张,特别是综合产业功能的衍生配套,又吸引大量的外地(温州、东北、北京、河北辛集等地)的相关企业向这一功能较为齐备的市场平台周边集聚。

这样一来,市场空间有限的皮革产业在海宁这一优质空间的循环正反馈机制下反复集聚,尽管每个企业的内部规模经济不大,但依靠集群的外部规模经济和外部范围经济,把规模经济的低成本优势和多样化优势结合起来,从而使海宁中国皮革城从在零散、多样化的小众市场之中归并得到规模庞大、地域集中的专业性全国皮革市场。

**三问：设计是中国服装产业的薄弱环节，为何海宁中国皮革城能成为“中国皮革时尚的风向标”，并且通过引入时尚设计、引导时尚消费，成功引领中国皮革服装从小众消费品向大众化商品转变？**

长期以来，中国的服装行业作为传统制造业，同样面临着只有“制造优势”而缺乏“创造优势”，集中在加工制造环节，大量为国外代工，自己缺少自主品牌，根源在于缺乏国际水平的设计能力，仅仅是来样加工、看样设计，或者虽有设计能力但缺乏国际竞争力。那么，海宁中国皮革城是怎样通过引入时尚设计，做到领中国皮革服装从奢饰品向大众化商品，进而成为世界级的皮革产品设计中心的呢？

市场集群+产业集群的模式本身，为分工进一步演化和市场的功能衍生提供了本地市场效应，为吸纳设计人才等高端要素提供了广阔的市场空间和用武之地；同时，海宁中国皮革城有意识的以“风尚”为核心理念的品牌化战略，通过“真皮标志杯”设计大赛、时装秀等活动提供展示平台，以及建设设计大厦、提供免租金的“小木屋”工作室等优惠政策，吸引到大量设计人才；皮质材料超薄化、设计四季化等促成皮革服装从单季产品、小众化消费品转变为大众化消费品。

**四问：海宁中国皮革城地处三、四线小城市，为何能成功地实现从批发主导型市场向商场化的零售主导型市场转型，成为吸引全国消费者纷至沓来的购物旅游胜地？**

海宁是浙江嘉兴市下辖的一个县级市，但是它有几点地缘区位优势，使得它能够发展零售化市场战略，从而从批发主导型市场向商场化的零售主导型市场转化，这其中“主题购物旅游”战略，以及更宽泛的“立体整合营销”战略发挥了至关重要的作用。其一，海宁与区域中心城市、世纪知名旅游城市杭州市接壤，为期提供了广泛的游客资源；其二，海宁本地的人文旅游资源，特别是天下第一潮钱塘潮、金庸武侠文化资源，近年来正在开发的“百里钱塘观潮旅游文化长廊”更是提供了一站式一体化的旅游观光度假资源。其三，海宁地域虽小，但县域经济发达，本地消费能力也很可观。此外，不可忽视海宁中国皮革城长期以来实施的“立体整合营销网络”，除主题购物旅游线路外，全国皮革博览会、时装秀等活动打响了“海宁皮革”的区域品牌，也是吸引最终消费者的一个主要因素。

**五问：运用连锁经营等现代流通方式嫁接改造传统商品交易市场是一大难题，是中国商品交易市场转型升级缓慢的一个重要原因，为何唯独海宁中国皮革城能够成功地实现连锁化经营？**

目前，一些专业市场徒有xxx分市场之名，无连锁经营之实的所谓分市场遍地开花，但为何独有海宁中国皮革城成功实现实质性的商品交易市场连锁化发展？零售化发展的趋势，和吸引、集聚全国皮革企业的平台，使得海宁摆脱批发主导型市场对大代理商、经销商的依赖，因此，海宁中国皮革城不必担心连锁子市场“架空”母市场，乃至取代母市场的功能，根本一条，在于海宁中国皮革城的平台增值功能是难以复制、无可替代的。

在此条件下，简单复制海宁皮革城的市场是无法生存、没有市场地位的，而海宁皮革城可以以“直接连锁”的模式逐步推广其连锁子市场，突破单体市场的规模经济限制，实现物理空间扩张和总合规模经济。以义乌为对照，各地许多假冒的“义乌小商品市场”风生水起，侵蚀了义乌中国小商品城发展真正的连锁子市场的空间，而自己发展连锁子市场也可能面临对母市场的急剧替代，分流客户需求，导致内部自我替代性竞争和母市场“空心化”的不良后果。而海宁中国皮革城最近几年在佟二堡、沭阳、成都、武汉、哈尔滨等地开展连锁化经营，不断复制其综合功能，实际上不是单纯的空间规模扩大，而是其市场综合体的功能强化之空间外溢，不仅没有架空母市场，反而强化了母市场的全国皮革中心市场的产业地位。

**六问：与零售大商场相比，商品交易市场中的商品有价廉优势，但档次偏低、质量偏差，形成差异化竞争格局，为何海宁中国皮革城及其分市场的商品能够对大商场构成正面威胁？**

随着海宁中国皮革城的品牌化、零售化，加之连锁化扩张，海宁市场的产品档次在逐渐接近大商场，特别是全国许多皮革企业向海宁集聚，海宁掌握整个产业链以后，许多大商场的产品其实也是来自海宁的企业自主生产或海外代工，如此则大商场在质量上已不具有明显优势，而海宁市场的价格优势依然明显，这就导致海宁皮革城高层所谓的“三百公里死亡圈”，即海宁皮革城子市场连锁到哪里，哪里的大商场皮革专柜等就无法生存下去。这样就到海宁皮革城及其分市场对大商场构成正面威胁。这一现象启示我们，零售化、品牌化的海宁皮革城市场，启示已在业态转变为“大型品牌折扣专业卖场”，也可以理解为大型专业店+品牌折扣店。

**七问：尽管商品交易市场承担了某一产业领域的商品分销和零售功能，但极少拥有设计中心和品牌与网络运营中心两大产业中心核心功能，为何海宁中国皮革城能够在产品设计——原材料交易——产品制造——商品交易——相关配套服务完整的皮革服装产业链生态中发挥产业中心功能？**

在各地的专业市场转型升级实践和相关学术研究中，有不少市场经营公司和学者提出要功能复合化，要进行功能升级，但正如产业链升级研究显示的，产业集群实现功能升级和产业链高端攀升，往往说起来容易，做起来难，特别是对于中国大量产业集群往往陷入全球价值网之中而被跨国巨头俘获。技术资源、品牌渠道、售后服务等是主要的稀缺战略要素，那么，海宁中国皮革城是如何构建起本地企业自主控制高端环节的全产业链的呢？

海宁中国皮革城董事长任有法曾指出：“海皮模式就是以时尚和创新为引擎，打造全产业链的资源整合、价值创造与共享平台。”在海宁皮革城的平台上，从供、产、销到原料开发、设计研发、加工制造、仓储物流、电子商务、进出口贸易等等，无论产业链上的哪一个环节都能找到自己的位置，获得上下游的支持，不断成长。在海宁皮革城的平台上，每一个企业都可以公开、公平、公正的享受海宁皮革城所带来的优质产业资源，从优质的客户、庞大的海皮粉丝、覆盖全国的展销渠道到优质的政府公共资源、媒体资源、金融资源、网商资源、设计师资源，等等。这就使海宁皮革城拥有了难以替代的国内皮革产业中心的市场地位。

**八问：海宁中国皮革城股份有限公司是国有控股上市企业，为何能够克服种种体制机制障碍，成为充满活力的中国股市优质股？**

长期稳定的国有持股，但又有法人独立性作为机制保障，既避免了政府乱干预，也避免了躺在政府怀抱不思进取，使得以任有法为代表的海宁高管团队能够专注皮革、专注市场经营长达二十多年。一个值得深思的反例的是，绍兴柯桥轻纺城曾一度让没有与市场经营相关的产业背景的浙江精功控股有限公司控股，导致一段时间偏离主营业务，重在物业租赁，忽视市场功能开发经营，在2008年11月政府回购后才得以恢复生机。与义乌、柯桥等许多市场经营者相比相比，海宁皮城是更纯粹的专业市场运营商。其大多精力都投放在持续性的本地市场开发、异地市场扩张、以及举办市场活动和推进设计文化与品牌建设等软件建设上。股东回报率差异还是很大。这保证了海宁皮革城遥遥领先的股东回报率和投资者市值评价。

**九问：商品交易市场作为具有准公共产品性质的贸易平台，许多商城集团作为具有第二财政机构性质的国有企业，政府——市场（平台运营商和市场经营户）——企业（供应商和制造企业）之间的良性互动和利益平衡是个大难题，为何海宁中国皮革城能够有效地构建政府——市场——企业之间的高效、和谐关系？**

尽管海宁皮革城看起来做了许多属于政府行为范围的事情，许多“狗拿耗子的事情”（中国皮革协会副理事长、海宁中国皮革城董事长任有法语）。但所有这些看似跟市场经营“不搭界”的事情实际上还是紧紧围绕“皮革”二字在进行，只是其范围远超一个市场经营商的范围，可谓“相关多元化战略”。能做到这一点，不得不说跟其国有长期控股、而又具有法人高度独立性质的治理体制有关，如此，政府背景就不仅是其难得的“平台资源”，也是其从开始创业就具备强烈的社会责任意识的根源，其“不务正业”的那些作为其实是在代替政府来塑造整个区域产业环境和产业生态系统。例如，创办出口加工区、举办时尚周、培育设计集群等。政府对公司之间既有支撑作用，又相互保持独立，公司可以长期专注市场经营，同时又具有民营企业不具备的强烈社会责任和构建皮革产业生态圈的社会资源。

我们可以把海宁皮革城这一特点概括为“距离型政企关系”和“紧密型市企关系”，前者保证了企业的社会责任和社会资源，足以开创整个产业生态系统、改良整个区域创业环境（任有法称之为“无中生有，合力挖坑”）；后者则促进了产业、市场两类集群的良性互动和分工演进，也导致相关企业离不开市场平台功能，夯实其国内皮革中心的市场地位。

**十问：随着中国东南沿海地区劳动力成本的不断攀升，一些传统的劳动密集型产业开始向中西部转移，但为何海宁中国皮革城能够牢牢吸引传统皮革产业，海宁的皮革服装企业数量不减反增？**

面对要素成本上升的压力，企业一般有两类基本选择，要么在高升的成本之上努力创造更大的价值、扩大利润空间上限；要么寻找低成本区域向外转移，继续维持低成本竞争力。海宁地处江浙沿海地区，也同样面临要素成本上升的压力，但不仅本地皮革企业不外迁，还吸引了国内众多外地企业迁入，其根本原因就在于海宁皮革城营造的特殊环境能够创造更高的价值空间。海宁中国皮革城带动的产业群以专业化市场为龙头,整合市场诸要素,从而形成资源优势、技术优势、市场优势、品牌优势和会展优势，一方面使海宁一步步成为全国最大的皮装生产基地、皮革及制品集散中心、亚洲规模最大的皮革城，成为中国皮革时尚的领路人；另一方面，也促成本地自主全产业链的形成，即根植于本地社会的、由本土企业掌控高端环节的完整产业链，其关键要点是产业系列化、本土化、自主化。通过“一网一链”的培育，形成不同于传统专业市场的创新平台、创业平台、创意平台三大功能，占领产业中心、贸易中心、风尚中心三大地位，使海宁皮革城具备了引领产业发展、转型升级的能力，从而为众多皮革企业向全球皮革产业价值链的高端攀升，以及在价值链中分享更高的价值份额提供了条件。

# 引子

站在宏大叙事的角度回顾20世纪90年代以来的中国，无疑能够看到一个波澜壮阔的“大时代”：无论是1992年邓小平南巡讲话、1997年亚洲金融风暴、2003年“非典”冲击中国、2008年世界金融危机等大事件，还是起起落落的草根经济（尤其是以浙江产业集群为代表的民本经济）、不期而遇的刘易斯拐点（即劳动力从过剩向短缺的转折点）、耳目一新的“克强经济学”（即中国国务院总理李克强主导的经济思路和经济政策取向），都对中国宏观经济以及产业经济、区域经济带来了深刻而久远的影响。

在上述时代背景下以海宁中国皮革城为范例进一步观察和解构中国专业市场、中国皮革时尚产业、浙江产业集群的发展和变迁，则能够看到智慧和时代的碰撞融合、勇气和机遇的风云际会、光荣和梦想的涅槃升华。

## 一

专业市场的原型可以追溯到中国古代的“集”和“市”，那么在当代中国经济社会背景下需要怎样的专业市场？在二三十年前，恐怕还没有人能够提供完整的答案。而就是在没有模式可以借鉴的情况下，海宁中国皮革城创业团队完成了皮革城从无到有、从小到大、从大到强的一个又一个“华丽转身”。

一个专业市场要成功，不仅要在商品集散、信息交流等方面独领风骚，还要成为创新和变革的领军者和推动者。梳理从“买皮衣到海宁”到“皮衣时尚潮起海宁”再到“我看世界风尚看我”的演变过程，可以看到海宁中国皮革城已经成为效率更高的销售（采购）平台、时尚品牌孵化暨推广平台、产业转型发展平台、研发设计创意平台、购物旅游暨扩大内需平台。

效率更高的销售（采购）平台：无论是海宁的总部市场，还是遍布全国各大区域的连锁市场，海宁中国皮革城不仅是众多中小企业产品批发、零售的集散地，还集中了国际国内多方买家，成为全国领先、国际知名的皮衣、裘皮、皮革制品销售平台。其效率提高不仅体现在商品品种更加丰富、质量更加优良、物流配套更加完善，而且还成为“中国皮革指数”的唯一发布地。

时尚品牌孵化暨推广平台：在时尚的大旗下，海宁中国皮革城集中了众多皮革、裘皮品牌，而且通过竞争优胜劣汰培育品牌，成为新兴品牌的孵化和推广平台。

产业转型发展平台：一方面承担上下游产业链重组、整合的重要任务，强化产业升级，实现产业结构的高度化。另一方面则是整合商流、物流、金融流、信息流等多种服务功能，让专业市场成为整个链条的核心，为产业发展提供集成服务。

研发设计创意平台：通过市场的交易功能和展览展示，为时尚设计创意创造灵感。同时实现时尚产品的价值理念，成为研发设计等创意活动与市场有效对接的重要基础。海宁中国皮革城斥巨资打造的“品牌风尚中心”就是目前中国专业市场群体中尚不多见的研发设计创意平台。

购物旅游暨扩大内需平台：近年来，兼有休闲、购物等多种功能的中短途国内游越来越受到大中城市居民的青睐。海宁中国皮革城因势利导，将购物和旅游有机结合，其海宁总部市场和成都海宁皮革城先后被国家旅游局认定为AAAA级景区，成为重要的购物旅游目的地，也成为扩大内需和浙货行销的大平台。

## 二

皮革业在中国的历史可以追溯到千年以前，经过近代工业化以来尤其是改革开放30多年来的发展，已经涌现了一批具备一定实力的企业，他们的品牌意识也在长期的商战中得到了培养和淬炼。从另一个角度看，2008年世界金融危机以及“刘易斯拐点”的到来也促使行业形成新的共识：单纯靠廉价劳动力赚钱的时代已经过去，企业要基业长青，必须培育自己的品牌。

在20年来的发展中，海宁中国皮革城逐渐探索出一条具有中国特色的皮革、裘皮产业品牌建设道路，那就是：品牌之路，时尚起步！

时尚是什么？学院派的解释是：时尚是在特定时段内率先由少数人实验、而后来为社会大众所崇尚和仿效的生活样式。时尚涉及生活的各个方面，如衣着打扮、饮食、行为、居住、甚至情感表达与思考方式等。

具体到皮革、裘皮行业，也可以这么理解：时尚是一种态度，时尚是一种责任，时尚是推动产业转型升级和扩大内需的第一生产力。

在海宁中国皮革城的带动下、在一波又一波借助时尚理念和创意设计成功迈上品牌之路的成功者鼓舞下，越来越多的皮革、裘皮企业主动融入时尚化潮流，而皮革、裘皮服装也从当年主要用于冬季的御寒品变成了可以三季甚至四季穿着的时尚服饰。一些睿智的企业家，在拥有了自己的品牌之后，着力在材质、款式等方面创新，并开始营造各具特色的时尚风格和品牌文化。

目前，国内皮革、裘皮行业已经涌现了一大批具备一定实力和特色的品牌。他们抓住了人们在消费升级过程中的时尚需求，又进一步引领了皮革消费的时尚潮流。时尚附加值积累到一定程度，自然也就为打造全国乃至全球品牌夯实了基础！

如果把以出口创汇为主的中国皮革、裘皮产业称为“传统中国皮革产业”，那么通过时尚化、品牌化路径加速推进全球化资源配置的中国皮革、裘皮产业则可以称为“中国皮革时尚产业”。而这一脱胎换骨的过程，海宁中国皮革城起到了有目共睹的历史性作用！

## 三

马克思在《资本论》中指出：“一个社会不能没有商人，近现代社会更是如此。商人、商品和商业资本是推动社会发展的积极因素。商人可以存在于任何社会微笑的缝隙中，为自己开辟出一个活动的大天地，这种顽强的生命力遇到适当的机会便会勃发出旺盛的生机，以致在一定的历史时期里，商人可以产生压倒一切的影响。”

在当代中国，和“社会微笑的缝隙”和“一个活动的大天地”最能对上号的无疑是具有顽强生命力的产业集群和专业市场。而诸多产业集群发展壮大，又和当地是否拥有强大的专业市场密不可分。从最初的“建一个市场，富一方百姓”，到成为综合性的创新平台、创业平台、创意平台以及产业中心、贸易中心、风尚中心，像海宁中国皮革城这样的专业市场为广大商人提供了创造财富的广阔舞台。

可以说，现代意义的专业市场是中国改革开放进程中一个重要的经济现象和商业业态。特别是浙江民营经济、产业集群的兴起和转型，更是离不开专业市场这个特殊的平台。

海宁是公认的“中国皮都”，有一组流传甚广的数据：平均1.3秒诞生一件皮衣，平均3秒生产一只皮夹，平均48秒制成一组牛皮革沙发套。

与此同时，引领潮流的市场定位、完备的市场功能、良好的产业互动、强大的发展后劲、突出的区位优势使海宁中国皮革城成为中国规模最大、最具影响力的皮革专业市场，被誉为“中国皮革时尚风向标”、“中国皮革第一桥头堡”。

如今，海宁不仅在皮革、裘皮的生产领域成为国内产业的“高地”，也是皮衣、皮具时尚消费的龙头。这一领先地位的取得，离不开海宁中国皮革城的核心作用。

与此同时，中国皮革、裘皮产业正在逐步缩小与国际先进水平的差距，在某些领域甚至已经可以和欧美时尚产业平等对话。而海宁中国皮革城无疑是促成这种变化的一支重要力量。

放眼未来，中国皮革、裘皮产业的转型发展离不开政府、企业、专业市场、消费者、相关社会各界（如学界、媒体界等）各方的合力。海宁中国皮革城的成功实践告诉人们，对于中国皮革、裘皮产业发展而言，多方力量已经在“时尚”这面大旗下找到了可持续发展的最大公约数、吹响了跨越式转型的嘹亮集结号！

时尚的力量改变了海宁中国皮革城以及多年来和其共同发展的众多企业，也改变了中国皮革、裘皮产业，改变了中国皮革、裘皮市场消费格局，为中国制造和中国的专业市场在国际产业链中找到了全新的坐标！

# 目　录

## 第一部分
## 潮起海宁：梦想和痴醉可以改变世界

## 第二部分
## 时尚密码：专业市场与制造业的中国式互动



海宁中国皮革博览会前身是始于1994年的全国皮革服装展销会，2000年升格为中国皮革博览会。一路走来，海宁中国皮革博览会既是海宁中国皮革城不断提升软实力的重要平台，也是其从无到有、从小到大、从弱到强的重要见证。



“时尚是走出来的。”这是任有法经常挂在嘴边的一句话。的确，对于皮衣时尚的推广来说，“走秀”是必不可少的重要途径。而与学院派不同，海宁中国皮革城参与或者组织的各种走秀活动，其目标明确定位于企业和消费者，有效地拉近了“秀场”和“市场”的距离。

# 第三部分
# 顺势而为+逆风飞扬：升级之道



“小狗经济”的优势来自于产业集中、专业化、协作、竞争，而专业市场往往在其中扮演重要的“发动机”和“作战平台”角色。以海宁中国皮革城为例，通过物流、信息流、资金流等各种要素的集聚，吸引众多中小皮革生产商和经销商企业集中交易，并进行开放式的市场竞争，进而推动整个产业乃至区域经济的不断升级和可持续发展。



在海宁中国皮革城决策者看来，品牌化并不是要玩“悬”的，而是要让广大企业家、商户、消费者“看得见、听得到”——



对假冒伪劣产品“零容忍”！这是海宁中国皮革城的既定方针。多年

# 第一部分

# 潮起海宁

## 梦想和痴醉可以改变世界

# 第1章

# “小上海”出了个大市场

如今的海宁市区是在原硖石镇基础上发展起来的一个颇具规模的现代化城市。硖石镇历史悠久，且很早以商业繁荣、人文荟萃而被外界誉为“小上海”。如1938年12月4日上海《申报》载文《海宁县硖石近状》这样描述：“硖石地处沪杭中心，为浙西重要巨镇[①]，水陆交通，甚为便利，商业发达，如米、丝、织、典、广货各业，分布全镇，往来客商，为数甚多，每年进出货物，价值颇巨，故有小上海之名。”

民国时期硖石的繁荣离不开一个名叫徐申如的人。徐申如（1872—1944），名光溥，字曾荫，诗人徐志摩之父。徐家世代经商，徐申如与梁启超、张謇等著名人士广为结交，深受“实业救国”等近代化思潮影响。1913年2月，联合沈叔英等人创办硖石电灯股份有限公司，为浙江省最早兴建的火力发电厂之一。此后又与兄长徐蓉初等人发起开办捷利电话股份有限公司，经营市内电话。

徐申如富甲一方且为人正直、热心地方公益，深得社会各界崇敬。1907年至1935年，徐申如先后担任硖石商会会长、主席近30年。1911年，被递补为浙江省咨议局议员，又当选为硖石镇董事会总董。《民国人物传》称他“曾因兴办实业，蜚声浙江”。

而徐申如对海宁贡献最大的一件事则是促成沪杭铁路经由硖石修筑。据史料记载，沪杭铁路最初设计是出上海市区后经枫泾、嘉兴、桐乡、海宁长安、余杭直达杭州（线位相对接近如今的沪杭高铁），但当时的桐乡士绅阶层却认为火车这一西方工业化带来的“怪物”会破坏地方上的风水，因此坚决拒绝出售建设铁路的土地。

---

① 唐乾元元年（758年），朝廷设浙江西道、浙江东道和福建道，浙江西道领长江以南，至新安江以北的原江南东道地，包括今天的苏南、上海、浙北和徽州。宋建炎三年（1129）分两浙路置两浙东、西二路，西路治临安府，以临安府、平江府、镇江府、湖州、常州、严州、秀州、江阴军来属。元代亦继承这种格局。“浙西路”概念则一直延续至近代。因此地处浙北的硖石被称为“浙西重要巨镇”。

徐申如当时任浙路公司董事，深知铁路能够带来“人利于行、货畅其流”的新气象，硖石如能通铁路必将“火车一响、黄金万两”。在徐申如、许行彬（同盟会员、参议员）等海宁社会贤达的努力争取下，再加上当时的沪杭铁路总工程师、与詹天佑齐名的徐骝良（号励身，海宁硖石人）的支持和推动，最终沪杭铁路过嘉兴后转弯南下，经海宁的硖石、斜桥、长安、许村一线进入余杭。沪杭铁路通车后，原本偏居海宁县域东北的硖石镇迅速繁盛，成为浙北重要的商埠之一。1949年之后，随着县治从古镇盐官迁来硖石，硖石进一步成为海宁的政治、经济、文化中心。

后人评价，一个城市的兴起往往离不开历史的风云际会。如果没有徐申如，硖石很可能不会有沪杭铁路经过；如果没有沪杭铁路，海宁的政治经济中心可能还在老县城盐官，或者早就已经迁移到其他交通区位优势更好的地方……

如果进一步“透过现象看本质”，则可以发现，任何一个事物的发展绝不仅仅取决于偶然的际遇：徐申如的可贵之处首先是其善于接受新理念、新思维，敢于把铁路、电灯、电话在当时来说是非常超前的新事物引入（事实上沪杭铁路修筑过程中海宁本地也有人竭力反对，甚至采取极端手段进行阻挠破坏）。

值得庆幸的是，徐申如们这种“敢闯、敢冒”的精神和善于经略的特质不仅推动了海宁的近代化，而且也在很大程度上影响了海宁地区的“精神气质”——“精神气质”是法国经济学家佩雷斯特提出的一个概念，佩雷斯特经过近半个世纪的研究后认为，“精神气质”在一个地区的发展过程中起着关键性的作用。

在当代海宁经济社会发展过程中，海宁创造了诸多“浙江第一”、“中国第一”乃至“世界第一”，而本书的讲述对象海宁中国皮革城就是其中的卓越代表之一。

# 第1节　从“卖海宁”到“买海宁”

## ——浙江皮革服装城“横空出世”

### ☞ 1. 开放的产物：南巡讲话催生大市场

海宁中国皮革城的前身浙江皮革服装城于1993年开工建设、1994年建成开业，但是海宁中国皮革城的诞生离不开1992年发生在中国南方的一件大事，那就是邓小平南巡讲话。

1992年1月18日至2月21日，邓小平先后赴武昌、深圳、珠海和上海视察，沿途发表了重要谈话。

“改革开放胆子要大一些，敢于试验，不能像小脚女人一样。看准了的，就大胆地试，大胆地闯。”

“没有一点闯的精神，没有一点‘冒’的精神，没有一股气呀、劲呀，就走不出一条好路，走不出一条新路，就干不出新的事业。不冒风险，办什么事情都有百分之百的把握，万无一失，谁敢说这样的话？”

“抓住时机，发展自己，关键是发展经济。我国的经济发展，总要力争隔几年上一个台阶。”

“发展才是硬道理。”

1992年3月26日，《深圳特区报》以《东方风来满眼春》为题刊发了邓小平在深圳考察期间的重要谈话。之后，“南巡讲话”通过各种途径和载体迅速传遍大江南北，迅速在全国掀起了新一轮解放思想、推进改革开放的热潮。

“南巡讲话对我们的激励作用是很大的。和全国一样，海宁的经济社会在1992年以后又逐渐进入了加速发展的轨道。海宁中国皮革城可以说正是新一轮发展的产物。”多年之后，时任嘉兴市委常委、海宁市委书记沈雪康回首往事，不无感慨地说道。

### 皮革业：历史悠久的“卖海宁”

地处长江三角洲南翼的海宁属于典型的江南水网地段，气候温和、雨量丰沛，自古以来就以农业发达著称。据《浙江风物志》记载，公元1127年宋高宗南渡时，大量随迁的中原居民将绵羊等家畜带到江南，水草繁盛的海宁逐渐成为湖羊产地。由于海宁出产的羊皮等毛皮产品质地优良、制作上乘，逐渐成为朝廷贡品，如明代嘉靖年间修编的《海宁县志》记载：嘉靖三十一年，邑里官府管辖手工业人匠有熟皮匠3人、双线匠68人，岁贡皮翎羊皮500张、杂色毛皮855张。

清末民初，海宁工业逐渐兴起，其中硖石沈寿林等办起了硝皮作坊。1926年3月，硖石皮毛商贩胡振芳邀请在杭州武林皮厂做工的万恒友、张登鹤、王胜高等人，开办双山皮厂。该厂早期以手工操作，生产轻革（羊皮革），后受西方工业革命影响，先后置办柴油机、重革压光机、轻革打光机、磨车、挤水机、转鼓等机械设备，替代了传统的手工操作，积极开发重革（牛皮革）产品。双山皮厂是海宁第一家具有采用近代工业技术的制革企业。此后海宁境内又出现了三友皮厂等一批皮革企业。至1950年代，海宁皮革毛皮企业（作坊）已经发展到十数家，主要产品为羊皮、牛皮和皮毛等，产品畅销上海、杭州、南京、西安等地。

1956年11月，海宁部分制革厂（作坊）、吴兴县双林镇利农制革厂、桐乡县李发记制革厂、乌镇联合制革厂等并入公私合营双山皮厂，成立公私合营海宁制革厂。至1958年，拥有129名员工、年产皮革3万张的海宁制革厂已经成为全国制革行业的骨干企业。1970年代，由于发明猪皮绒面服装革等多项核心制革技术，海宁制革厂成为国家轻工业部的重点扶持单位，成为全国制革行业“排头兵”。

值得一提的是，海宁制革厂等老牌皮革企业为海宁当地培养、储备了一大批技术人员与骨干，尽管海宁本地湖羊养殖规模逐渐萎缩，但是海宁原料、销售“两头在外”的皮革产业基础已经形成。1980年代开始，随着个体私营经济的勃兴，海宁制革厂不少技术、销售、管理人员纷纷“下海”办厂，海宁皮革业出现了乡办、村办、联户办和个体办“四个轮子”一起转的欣欣向荣局面，在海宁各地出现了不下20家皮革、皮衣企业。并且形成了以海宁制革厂为龙头的制革业和以海宁皮件厂为龙头的皮革服装业格局。

1984年，雪豹集团的前身——海宁辛江皮件服装厂创立。1989年，上海金陵中路雪豹皮草行开业，雪豹首开品牌皮衣专卖商场。在广告语“雪豹，宝中之宝”的吸引下，众多上海滩时髦人士在雪豹皮草行排起了长队，甚至出现了凭票购买的火爆场面，更有一些“黄牛”趁机以每张票加价一百元的价格做起了“倒票”生意。

1990年代初，海宁许多皮革厂家开始模仿雪豹创建品牌，迅速兴起了二三百个皮革品牌。1992年在邓小平“南巡讲话”鼓舞下，海宁市委市政府决定将皮革产业作为当地重点培育的主导产业之一，进一步鼓励各种所有制的皮革、皮衣企业放手发展。

地处东南沿海的海宁皮革业者很早就有强烈的经商意识。早在1944年，双山皮厂的创始人胡振芳就把工厂交给儿子胡寅管理，自己赴上海专门做皮革生意。改革开放后随着海宁皮革业的兴起，大批的海宁人开始走南闯北、甚至走出国门推销皮衣。较为著名的除了上海的雪豹皮草行，还有海宁豹帝裘皮制衣实业公司在武汉开设的豹帝皮草行、莫斯科“海宁楼”等。

但是大多数处于初创期的海宁皮革企业由于规模较小，只能靠老板或销售人员背着产品去全国各地叫卖兜售。他们有的租用一点小店面，有的则疏通关系进入商场，但受制于人的结果必然是费用高、结款慢、风险大。初涉市场经济的海宁皮革业者也实践着“说尽千言万语、走遍千山万水、想尽千方百计、历尽千辛万苦”的“浙江精神”，甚至有人付出了高昂的代价——曾有一位从事俄罗斯边贸的海宁皮革老板辛辛苦苦回笼了60万货款（在一般工薪阶层年收入不过万元的20世纪90年代初期，这无疑是一笔巨款），不料在返乡途中遭劫，导致倾家荡产！

### 呼声渐起

“日中为市，致天下之民，聚天下之货，交易而退，各得其所”——出自《周易·系辞下》对于“市”的描述告诉人们，集市具有悠久的历史。进入当代，随着工业化的发展，一种新的“市”，即专业市场开始出现了。

据《义乌工商志》记载：“义乌小商品市场最早起源于20世纪60年代末的廿三里。”这段史料告诉人们，即便是在集市被作为“资本主义尾巴”明令禁止的年代，浙江已经开始了专业市场的萌芽。

1979年春，国家工商局传达党的十一届三中全会精神时明确提出集市贸易是社会主义经济的必要补充，不得当作所谓“资本主义尾巴”割掉。具有灵敏商业头脑的浙江人很快就抢得先机，各种专业市场从1980年代开始逐渐在浙江以及周边各地兴起。

1982年，获得政府批准设立的义乌小商品市场正式出现。1984年，义乌县委、县政府明确提出“兴商建县”发展战略。随后义乌小商品市场以改扩建为契机几经更新换代，至1990年时已经成为中国最大小商品专业批发市场。

1982年，路桥小商品批发市场创建，至1990年前后已经成为中国重要的工业品市场。

1986年，占地3500m$^2$的棚屋式柯桥轻纺市场建成，并连年扩建，于1992年3月正式更名为“中国轻纺城”，成为全国首先被冠名“中国”的专业市场。

1986年，离海宁不过50公里之遥的江苏省吴江市盛泽镇办起了东方丝绸市场，至1990年代初，盛泽镇已经有“华夏第一镇”之称。

1988年，紧邻海宁的桐乡创建濮院羊毛衫市场，濮院镇和附近的嘉兴洪合镇迅速成为中国最大的羊毛衫集散地。

在专业市场纷纷兴起的热潮中，海宁人也没闲着。1989年，民间纺织业发达的海宁西部地区在交通便利的320国道七号桥自发办起了“七号桥丝绸被面市场”，虽然只有44间门面，但也成了周边颇具影响的丝绸被面集散地。1992年，海宁市工商局、海宁市供销总社、许村镇政府联合投资兴建了拥有311间营业用房的许村被面市场。营业用房被一抢而光，成为当时全国规模最大、档次最高、成交额最大的被面市场。

各地专业市场尤其是许村被面市场的兴起无疑也引发了海宁皮革业界的思想激荡。虽然在部分已经形成较大规模且拥有营销网络的皮革企业眼中，专业市场是“无用之物”，但是对于那些每年需要背井离乡走四方推销产品的小企业和小商户来说，许村被面市场之类的固定集散地对于行业来说“有，总比没有好”。

**契机出现**

就在海宁皮革业界对专业市场产生朦朦胧胧的向往的时候，一个现在看来堪称具有重大历史意义的契机出现了。

20世纪80年代，和很多城镇一样，海宁市区也在工商部门的支持引导下因陋就简形成了小商品市场，和后来的被面市场、皮革服装市场不一样，小商品市场主要是面向本地的一个小规模集散地。

当时的海宁小商品市场是位于长埭路上的一个马路市场。1986年海宁撤县设市之后，海宁市区向西拓展，这条宽度不过十余米的马路逐渐集中了海宁市政府、海宁宾馆、海宁人民医院等众多重要单位，成为闹市区。特别是随着小商品市场日渐繁华，市场所在路段成了海宁市区环境脏乱、交通拥堵的“长待路”，直接影响到政府部门和人民医院的正常运行，也给海宁城市形象带来不利影响。于是小商品市场的迁建被提上了议事日程。

海宁市政府也规划了占地30亩的新址，并请苏州某高校进行了规划设计，但是由于投资预算高达4600万元，而市政府和工商局都拿不出这么大一笔钱，于是事情一直耽搁到了1993年。为此工商局等相关部门也非常着急。自1992年至2001年担任海宁市副市长的金富荣很清楚地记得当时的场景：1992年，他从海宁市财政局长升任分管工业的副市长，1993年换届之后分管财贸。换届大会刚结束，海宁市工商局长朱震就推着自行车撵上来找他：“金市长，现在你分管我们了，小商品市场的事情要你管了。”

据金富荣回忆，1993年海宁市委市政府很快就对此事进行了专题讨论和分工，而1992年南巡讲话的背景也给此事带来了一个非常有利的基调：解放思想，大胆尝试！

经过研究，海宁市委市政府确定了“三个相结合”的指导思想，即：小商品综合市场和专业市场开发相结合；市场建设和房地产相结合；本地资金和外地资金相结合。

在当时，这“三个相结合”无疑是观念和方法的重大突破。

4600万在当时是个非常大的投资项目，所以海宁市委市政府广泛征求包括省工商局等在内的多方意见，浙江省工商局局长金连庆在听取汇报时表示：海宁像义乌那样搞小商品市场恐怕有难度，但是海宁皮革业产值已经有十多亿，是不是可以考虑搞皮革市场？金连庆的建议令众人眼前一亮，再加上民间也确有类似呼吁，于是有了“小商品综合市场和专业市场开发相结合”。

市场建设和房地产相结合，意味着政府（工商局）虽然还是投资主体，但建设过程将遵循市场经济原则，参照房地产开发的模式进行。时任嘉兴市委常委、海宁市委书记沈雪康多年以后还感叹：房子没造好就可以通过预售的方式筹措后续资金，这种模式当时给我们带来的观念冲击和思路启发真的很大!

本地资金和外地资金相结合，则是体现了“筑巢引凤”的对外开放思想。1993年，海宁市政府先后与杭州、香港等地的投资商进行洽谈。经过艰苦谈判，1993年9月7日，海宁市工商局与福建石狮的怡华企业有限公司签订了合作开发的协议。根据协议，海宁方面以30亩建设用地作价660万元控股60%，怡华企业则以现金入股并负责解决全部开发资金。

此外，市场选址也经历了一个小插曲：虽然硖石镇是海宁皮革产业的发源地，但20世纪80年代海宁“西片”即长安、周王庙、辛江一带的皮革产业更成气候，所以当时民间一度也有在长安建造皮革专业市场的呼声。但是市委市政府考虑到在乡镇建设市场管理不够方便，再加上当时小商品市场搬迁的契机，最终还是将市场选址确定在海宁市区。

这一选址也为浙江皮革服装城吸引沪宁杭苏锡常等大中城市及周边地区消费者埋下一个很好的伏笔。和现在相比，当时的海宁交通还不算太方便——高速大巴直到1998年沪杭高速公路全线开通之后才出现，当时进出海宁最便捷且相对廉价的交通方式还是坐火车。海宁站是沪杭线上客流量较大的几个主要站点之一，停靠班次也较多。而“下火车就到”这一便利的地理位置无疑也对外地消费者形成了很大吸引力。另外20世纪80年代末建造的海宁汽车站与浙江皮革服装城也只有一路之隔，当时已开通上海、苏南、省内主要城市数十条长途班线，以及周边县市及海宁市内的中巴线路，这也便利了周边消费者前往海宁购买皮衣。

1993年12月19日，市场一期工程正式在海宁火车站广场南侧奠基。整个工程总高6层，总建筑面积3.6万$m^2$，是当时海宁最大的单体建筑。

1993年12月19日，浙江皮革服装城开工建设。

“市场虽然开工了，发展方向也确定了皮革专业市场，但当时能不能搞成功，说实话大家心里还是不太有底的。”金富荣这样说道。

1994年年中，海宁方面找到了经济学泰斗费孝通先生为新市场题词。之前准备了三个名称：华东皮革服装城，浙江皮革服装城，海宁小商品市场。但后来见到费老时，海宁方面只拿出了“浙江皮革服装城”和“海宁商城”两个底稿，原因有几个：

①“皮革服装城”不仅可以涵盖海宁皮革皮件行业，还能延伸到纺织服装，这样“余地”大一些。

②万一皮革服装专业市场办不起来，就“退据”小商品市场，所以“海宁商城”的题词也准备好。

③海宁只是一个华东六省一市几百个县级城市之一，当时人们的观念中上海才有资格称“华东”，所以用“华东皮革服装城”感觉底气不足。

## ☞ 2. 抢占制高点：开业迎来首届全国皮革服装展销会

### “海宁速度”折服北京

“市场江浙沪，资源在北京”——这是数年后有人对浙江皮革服装城以及海宁皮革产业蓬勃发展的总结之一，意思是浙江皮革服装城成功地开拓了以“长三角”客源为主的皮革消费市场，而深层次原因则是用好了来自高层的政治资源和行业资源，从一开始就把海宁皮革产业放到中国皮革产业的大格局中进行培育，实现了“高举高打”。

这话不无道理。浙江皮革服装城刚开工，海宁市委市政府就开始着手考虑市场开业之后如何宣传、招商、揽客的问题。而其中首要的问题是能不能一开业就“一炮打响”。为此，海宁市委市政府决定“跑部前进”，争取轻工业部在海宁举办全国皮革服装展销会。

1994年7月，金富荣和市府办副主任许金忠、工商局副局长邢志耀一起到中国轻工总会拜会了于珍会长，并在于会长的指示下向中国皮革工业协会理事长徐永、副理事长兼秘书长张淑华等作了专题汇报。海宁尽管只是全国2000多个县（市、区）之一，但由于海宁制革厂等计划经济时代的“旗帜”，徐永、张淑华等相关领导对海宁并不陌生。而海宁方面提出的建议也得到了他们的重视，并表示：如果浙江皮革服装城如期竣工开业，可以考虑在海宁举办首届全国皮革服装展销会。

8月上旬，徐永、张淑华一行专程赶赴海宁考察。看到市场主体结构才建到三四层，两位领导一再追问金富荣：“这个工程放在北京也不算小，没个一两年下不来。你们说9月22日就开业，来得及吗？”随后他们在和海宁市市长钱满程会面时，明确表示，市场必须在9月上旬完工，否则就取消在海宁举办展销会的计划。

“钱市长和我都是一再拍胸。其实自己心里也是急得不得了。”金富荣这样说道。

为了确保市场如期完工，海宁“举全市之力”组织施工会战，金富荣几乎每天都要过问好几次施工进展，而负责现场施工指挥的邢志耀更是“盯”在工地连轴转，一天沈雪康和金富荣等市领导去现场检查工作时，邢志耀已经累得站立不稳，干脆坐在马路边向领导汇报情况。

8月18日，市场工程主体完成结顶；8月30日，工程全部完工。

9月1日，徐永和张淑华等中国皮革工业协会领导再次来到海宁，此时呈现在他们眼前的是一座已经基本竣工的大型专业市场。徐永惊叹不已：“你们海宁太厉害了！把不可能的事情做成了！”

海宁在建设浙江皮革服装城过程中表现出来的组织能力和执行力、高效率不仅促使轻工业部大力支持在海宁举办展销会，而且也对海宁市委市政府扶持、培育皮革专业市场及皮革产业的决心和能力高度认可，这也为此后国家轻工业部（局）、中国轻工业联合会、中国皮革工业协会等国家部委、行业组织和海宁开展的长期深度合作奠定了良好基础！

## 浙江皮革服装城“横空出世”

1994年9月22日，浙江皮革服装城开业。同时，小城海宁迎来了改革开放之后首次全国性盛会——首届全国皮革服装展销会。

用当地老百姓的话说，这次展销会“来头很大”：中国轻工总会为支持单位，由中国皮革工业协会主办，海宁市政府承办，国内贸易部消费品流通司协办。组委会由中国轻工总会会长于珍、浙江省副省长龙安定担任名誉主任，中国皮革工业协会理事长徐永任主任，海宁市市长钱满程任常务副主任。

1994年9月22日，浙江皮革服装城开业。

为了确保展销会顺利召开，展销会组委会、海宁市工商局和组委会交易组分头发动企业参展。组委会负责市内国营和集体皮革服装企业的宣传发动，下达参展任务；工商局负责全市个体私营企业，先后召开个体私营企业和在皮革城内购买营业用房的经营户会议；交易组深入市内生产皮革服装的重点乡镇召开座谈会。与此同时，《海宁日报》、海宁人民广播电台、海宁电视台自1994年8月起设展销会专栏（专题）进行定期宣传。另外还在《经济日报》、《新民晚报》、《钱江晚报》刊登大幅广告。

出席9月22日展销会开幕式的领导可谓阵容强大：来自北京的有中国轻工总会会长于珍、副会长潘蓓蕾、徐荣凯、傅立民，国家工商局局长刘敏学、副局长曹天玷，全国人大新闻局局长周成奎、副局长沈掌荣，中国皮革工业协会理事长徐永、副理事长张淑华，国家内贸部消费品流通司司长姜增伟、副司长李鸣德等。来自浙江省的则有浙江省委副书记、副省长柴松岳，省委副书记卢展工，副省长刘锡荣、张启楣，省人大常委会秘书长鲁松庭，工商局局长金连庆，商业厅厅长王锡琪、副厅长王先龙，浙江省旅游局局长俞剑明、副局长祝炳，嘉兴市委书记王国平、副书记徐良骥等。

展销会设展位400个，展区面积1.04万$m^2$，参展的海宁皮革服装企业200多家，市外来自北京、上海等17个省市区及海外的皮革（裘皮）服装企业41家，展出皮革服装、裘皮服装（款式）及其他皮革制品1000多种，其中皮夹克、皮风衣、皮马褂、皮裙子等1994年至1995年最新款式300多种。西班牙、香港等国家和地区的50多位海外客商，和北京、上海、辽宁等省市的上百家大中型商场客商来展销会经贸洽谈、看样订货，签订合同成交额2.63亿元。

至此，在高朋满座、鼓乐齐鸣的热闹中，浙江皮革服装城“闪亮登场”。

首届全国皮革服装展销会。

## ☞ 3. 海宁皮革城，价格真比杭州低三分之一？

### “市场”被市场“撞了一下腰”

9月份的江南虽然已经立秋，但气温还处于夏秋之交，有的年份“秋老虎”还会不期然地出来给人们的生活捣捣乱。在正常的气候情况下，江南一带的人们一般要到中秋节之后才逐渐把短袖衣（裙）换成长袖，到10月中下旬才穿秋衣，至于像皮夹克这样的御寒服装，通常要到数九寒天时才拿出来。

首届全国皮革服装展销会结束之后，来自全国各地的展销商算是完成了上级主管部门下达的“参展任务”，收摊走人了；海宁本地的皮装企业在浙江皮革服装城守了几天，看到上门来的顾客寥寥无几，也纷纷按照“老套路”继续走南闯北去了。

于是，在初秋的燥热消退之后，浙江皮革服装城也一下子变得冷清起来。以至于社会上流传起了这样一句话：“热热闹闹开张，冷冷清清经商，不声不响关门”。

初创的浙江皮革服装城这个有形市场（market）被无形市场或者说商界（business）冷不防“撞了一下腰”。多年之后我们再回顾这段历史，能够相对容易地窥见其中的原因。

浙江很多地方（如义乌小商品市场，温台地区的一些专业市场）起步于草根，后来随着改革开放的大气候形成，地方党委政府尊重群众的首创精神加以鼓励和引导，逐渐形成了雄霸一方的知名市场。但浙江皮革服装城客观上是一个“自上而下”的政府工程。应该说，海宁市委市政府对市场经济的大潮具有很高的敏感性，也善于争取国家部委和省、市等高层资源，而且自身具有决策的果断和出色的执行力，因此能够高起点地完成了浙江皮革服装城的建设和开业。

但是党委政府的“有形之手”在当时还没有和市场经济的“无形之手”握在一起，而且皮革业界对于专业市场这一新生事物的认知和接受程度依然存在很大分歧。那些规模较大的企业认为自己已经拥有了较为广泛的销售渠道，不需要依赖专业市场。一些已经注册了商标的企业则认为自己是品牌产品，而专业市场是“地摊货”、“低档产品”的代名词，所以对专业市场自觉不自觉地保持了距离。小企业、小商贩虽然渴望有一个集散地，但是小本生意经不起等待，所以也不敢在一个缺乏人气的市场里坚守。

另外，如果说专业市场是“舞台”、经营户是“演员”，那么其兴旺还需要一个至关重要的“观众群”、或者说“埋单者”。在当时，海宁皮革固然已经在全国各地有了初步的知名度，也有不少采购商前来海宁订购产品，但是对于他们来说，专业市场无疑也是陌生的，甚至是靠不住的。至于普通消费者，到专业市场直接购买商品的消费习惯也远未形成。

**海宁皮革城，价格真比杭州低三分之一？**

革命先驱者打天下首先要依靠两个人：宣传部长和组织部长。前者的作用是鸣锣开道、鼓吹发动，后者则是网罗人才。

办专业市场也离不开宣传和组织。面对浙江皮革服装城创办初期的困境，市场方面首先想到了继续发挥“有形之手”的作用，吸引和挽留经营户。海宁中国皮革城董事长任有法当时担任海宁市工商局市场工商所副所长、浙江皮革服装城招商科科长，他多年后回忆道：市场组织了6名工作人员，每人负责二三十家经营户，采取“人盯人”的办法，动员他们回市场正常开业。通过一个多月的努力，经营户们或碍于面子、或抱着再试试看的心态，陆陆续续又回到了市场。

“如果十天半个月没有生意，他们还是要走的。毕竟生意才是硬道理。”任有法回忆道。

怎样把市场宣传出去、把客商吸引进来？任有法想到了新闻媒体。

1994年11月中旬，《钱江晚报》记者查晓强到浙江皮革服装城来采访市场运作情况。任有法跑前跑后帮助安排采访，中午还在服装城旁边一家小餐馆招待查晓强。任有法还清楚地记得当时的场景："当时钱江晚报对浙江皮革服装城这样的新生事物很关注，采访和吃饭时谈得也很尽兴，两个人喝掉了一瓶4块钱的白酒。"

11月18日，星期五，一篇题为《海宁皮革城，价格真比杭州低三分之一？》的报道在《钱江晚报》刊出：

这些天，打开收音机，拧到杭州或上海的电台，你会听到海宁人在为自己的浙江皮革服装城大做广告：不论大名鼎鼎的"虎豪"、"兽王"，还是名不见经传的杂牌，"价格比大商场低三分之一"。一件3000元的皮衣能便宜三分之一，可是笔不小的数目！不知是否当真。

好在杭州到海宁路不远，坐上7点40分开的362次列车，9点20分就能在海宁站下车了。进了皮革城，便先找"兽王"经销点。去海宁之前，记者特意到延安路上的"兽王"专卖店抄了份价格表，以便有个对比。拿出价格表一比，果然与广告上说的八九不离十：标号"25123"的男式防水皮兰狐领大衣，杭州的零售价为4160元，海宁售价3424元；标号"25246"的绵羊皮水貂领男茄克，杭州卖1980元，海宁为1627元；标号"13067"的进口皮兰狐领女大衣，杭州卖4420元，海宁为3638元……记者看到，墙上钉着"兽王"经销点的铜牌，店里的张云萍小姐说，他们从杭州"兽王"进的货，之所以卖得便宜，是因为卖的是批发价，与零售价之间有25%的差距。利润虽薄，但生意不错，好的时候零售每天十多件，平时也有七八件，来批发的则更多些，每天有几十件出手。

"虎豪"皮衣是来自温州平阳的另一个知名品牌，在海宁的皮革服装城里要数它生意最好。这里每件皮衣虽然也标着厂里统一定的零售价，但经过讨价还价，最后都可以出厂价成交，与杭州虎豪商厦的价格比较，也有着25%的价格差。

转了一圈，记者看出了些门道：牌子响亮的，海宁比杭州的便宜程度不到广告所宣称的三分之一，但对那些产地在海宁，牌子也不十分响亮，或者还是默默无闻的众多品牌来说，广告一点也没骗人，甚至还有更便宜的。“梦丹丽”是全国首次颁发真皮标志的18个厂家之一，在该厂的经销点里，经理指着标号“1-18”的兰狐领进口皮男装说：“这里标价2480元，2000元就可成交，但是进了上海的东方商厦，要在2000元上加价40%，价格卖到了3000多元，华联商厦少些，也得加30%。我这里标批发价，卖出厂价，有利润就行，能不吸引顾客吗？”在二楼82号摊点，来自嘉兴的女老板正以每件680元的价格卖她的绵羊皮带兔毛领男大衣，生意红火。她告诉记者，这批货定牌制做后，在上海南京西路某皮件公司的商场出售，每件要卖900多元。“只要过得去，有赚头，就可以啦”，女老板知足地说。

海宁是国内皮革服装的传统产地，有人说过一句玩笑话，说5个上海人身上穿的皮衣，有4件出自海宁。话虽夸张了些，但从中可见皮革服装作为一个支柱产业在当地之重要。当地工商部门提供了一个数字，说全市有一定规模的皮革、服装企业多达1200家，其中进入皮革服装城设点的300余家，把大楼的一二层占得满满的。摊点多了，价格自然得便宜。

报道刊出之后，恰逢周末，浙江皮革服装城客流量明显增加。而且这个周末成为浙江皮革服装城客流量的一个爆发点，此后客流量一路攀升，至1994年底，市场成交额达到5.8亿元，这一成绩不仅出乎市场方的预料，连海宁市主要领导也欣喜不已：“看起来是成功了！”

浙江皮革服装城人流涌动

## “妙在物美，果真价廉，市场繁荣”

20世纪90年代至21世纪初，中国专业市场经历了从民间自发到政府鼓励的转变，从而进入了大发展的时期。海宁中国皮革城的兴起正合了“时势造英雄、英雄造时势”这句俗语。

那么，1994年《钱江晚报》的一篇报道缘何能够成为市场客流的激发点？

从传播的角度看，当时互联网尚处于萌芽状态，不仅互联网对传统媒体的挑战尚未出现，连传统媒体也还处在“一家独大”的时期。以浙江为例，当时民生类报纸只有《钱江晚报》、《经济生活报》等少数几家（后来在浙江报业市场与《钱江晚报》争霸的《都市快报》迟至1999年才创刊）。而《钱江晚报》作为由浙江日报社主管主办的唯一一家省级晚报，在当时的浙江读者心目中可能仅次于上海《新民晚报》。浙江皮革服装城受到《钱江晚报》关注所带来的社会影响无疑是巨大的。再加上市场当时在各种媒体逐渐地加大广告宣传力度，“买皮衣，到海宁”很快在江浙沪地区叫响了。

从专业市场自身的发展看。得到了政府组织和引导的专业市场（典型者如浙江皮革服装城）往往拥有大规模的交易场所，基本上为室内店面形式，配套设施如消防、餐饮、治安管理等比较齐全。品种繁多、价廉物美是这一阶段专业市场的主要“卖点”。原中国个私协会会长任中林在1992年考察温州妙果寺小商品市场时的评价概括了这一特点：“妙在物美，果真价廉，市场繁荣。”随着专业市场的完善，其集聚效应和辐射作用更加明显，不仅成为以个私企业为主的块状特色经济的重要贸易窗口，而且还成为不少国有、集体企业打开市场销路的重要渠道。

从消费的角度看，20世纪90年代初期的东部沿海地区逐渐进入消费升级阶段，消费者在支配其收入的时候，要受到个人偏好、收入弹性、替代效应等一系列因素的制约。同样一件皮夹克，当时在上海、杭州等城市的大商厦至少卖2000元以上，而在浙江皮革服装城可能不到1500元（差价几乎是当时很多工薪阶层的月工资），所以虽然当时从沪宁杭等大城市到海宁还不像现在这么方便，但是其差价还是会引起广大消费者的高度敏感。

1996年9月28日，原全国人大副委员长彭冲（左二）在时任海宁市委书记沈雪康（右一）、时任海宁市副市长金富荣（右二）等陪同下出席第三届全国皮革服装展销会。

## 第2节　万家机声有喜忧

随着浙江皮革服装城名声鹊起，海宁迅速成为一个重要的皮衣、皮革制品批发集散地。“买海宁”的局面开始形成，并且呈现了“方兴未艾”甚至“野蛮成长”的局面，以至于1998年前后当地政府不得不进行治理整顿，而市场一度也陷入低谷。

### ☞ 1.“本店没有海宁货”

1994年浙江皮革服装城开业之后，短短两三年即成为浙江最有名的专业市场之一，在全国皮革业更是迅速确立了集散中心地位。

笔者本人也清楚记得市场开业之后的市场及周边地区的繁荣景象：每到皮衣销售旺季的周末和节假日，海宁火车站和汽车站总是特别繁忙乃至混乱。在西山路、工人路等周边地区，从河北、河南、辽宁、吉林、黑龙江、内蒙古等省市远道而来的采购商、原料商的汽车经常把狭窄的街道挤占得拥堵不堪……

“暮春三月，江南草长，杂花生树，群莺乱飞……”这段描述欣欣向荣的江南春天的著名文字或许也适用于创建初期的浙江皮革服装城——一方面呈现了生机勃勃的繁荣景象，另一方面也出现了各种“杂花”，其中突出的是假冒伪劣产品。

笔者的一位朋友讲起过自己1997年在海宁买皮革的故事：一个样子很好的手包，摊主跟我讲是真皮的，开价180元讨价还价后只花20块就买下了。我也很高兴，买好后拎着在海宁市区逛了一圈准备去火车站，看到马路对面有三轮车，我挥手招呼三轮车过来，没想到手包的带子被我这么一甩居然就断掉了，包包飞到了马路中间。

“我也懒得去捡回来找老板‘打回关’了，干脆把带子也扔出去算了。”如今这位朋友说起这件“糗事”，忍不住哑然失笑，“其实当时的海宁货就是皮革行业里的‘温州货’。”

众所周知，20世纪70年代末期之后浙江温州率先抓住中国消费品市场短缺的机遇，很快成为国内最重要的轻工产业基地，各种满足人们温饱所需的“吃、穿、用”产品源源不断地销往全国各地。但是这种在原材料、技术、人才匮乏且商业规则尚不规范的基础上发展起来的“轻、小、集、加”（即轻工业、小企业、产业集群、加工业）产业一度也是泥沙俱下，90年代初期温州甚至被称为全国制假售假的“大本营”，“温州货”也成为假冒伪劣的代名词。

《新华社建社75周年纪念文丛》收录了1990年9月11日的电讯稿，题为《商业部长买鞋上当记》。这篇当年引发广泛影响的新闻写道：

商业部长胡平买了双皮鞋，穿上脚不到24小时，后跟就掉了一块。这件事最近在商业部机关大楼里广为流传，成为人们痛斥伪劣商品的话题。

7月12日下午，胡平在湖北省调查研究，逛了逛武汉百货商场。在皮鞋柜台前，胡平看中了一双带网眼的棕色牛皮鞋，试了一双，号不合适；又试了一双，正好；于是付款49.5元，买下了这双鞋，并当场穿上新鞋，继续参观。

之后，胡平穿着这双鞋走访了粮库、肉联厂和服装学院，13日下午回到北京，谁知到家一脱鞋，就发现右脚一只鞋的后跟已掉了一块。翻过来，调过去，细看才发现这双鞋既没有商标，也没标明产地和生产厂家，只是鞋底上有“上海”两个字。

17日，在11城市一商局长会上，胡平不点名地讲了这件事，又深有感触地说，劣质产品泛滥，太可恶了。这个问题，生产者有责任，商业企业进货把关不严，也有责任。

会后，武汉市商委的同志主动向胡平要回了那双鞋，经查：鞋底是上海的，鞋是武汉制作的。

21日，轻工部长曾宪林约见胡平，听说胡平买了双"一日鞋"，便说："鞋的质量问题是当前消费者反映最强烈的问题，轻工部已打算专门举办一个假冒伪劣鞋的展览会。"

胡平当即表示："我支持，如果你搞这个展览会，我希望我买的那双鞋也能作为一件展品，曝曝光。"

如今，胡平已经穿上了武汉百货商场为他换的新鞋，可是他的心情并没有轻松。他说："我是一个部长，买了劣质鞋能及时退换。但若是普通消费者呢?"

后来温州人在反思当年的经济发展中的这段历史时将此事也"对号入座"，因为很多打着"上海"产地旗号的假冒伪劣产品其实就是温州货。早在1987年8月8日，有关部门就曾经在杭州武林门广场将5000多双温州产的假冒劣质鞋当众焚毁。1989年，一名东北女青年给未婚夫买了一双温州皮鞋，刚穿两三天，结婚筵席上，新郎的皮鞋开了帮，不看不知道，一看吓一跳，原来里面塞的全是马粪纸。新婚夫妇气愤地把破鞋寄给温州市长，还附上纸条"吐槽"：温州人拿这种劣质皮鞋坑人，当市长的脸红不红?

"温州货"的坏名声一直延续到20世纪末，直到温州著名鞋商王振滔1999年在武林广场的又一把火才算是让温州货扬眉吐气了一把。

温州奥康集团有一定知名度之后，从1997年至1998年，武汉、安庆、公安、高密、临沂、泰安等地相继发现假冒奥康鞋。山东高密更是出现了假冒奥康的"产业链"：在10家企业中，1家做商标，3家做包装，6家做鞋，配套成龙。在其他地方，也出现了"×奥康"、"奥×康"、"奥康×"等近似商标。

1999年12月15日，在杭州武林广场，2000多双假冒温州鞋在“打假保名牌”的横幅下被投入熊熊大火。对于为什么把焚烧侵权产品的地点也选择在武林广场，王振滔表示：“从哪里跌倒就从哪里爬起来！”

20世纪90年代中期蓬勃发展起来的海宁皮革业和浙江皮革服装城，也经历着和“温州货”类似的阵痛。

本书开头曾经讲到，1989年上海雪豹皮草行开业之后出现海宁皮衣的抢购热潮。1994年浙江皮革服装城开业之后，随着市场在上海、杭州等周边大中城市知名度的扩大，消费者纷纷赶往海宁购买皮衣，销售旺季也出现了浙江皮革服装城的诸多商铺被消费者挤得水泄不通，甚至几个消费者为争抢同一件皮衣发生争执的场景。

正所谓“罗卜快了不洗泥”，随着市场需求量的快速扩张，加上一些从业者唯利是图追求高利润，来自外省的劣质皮趁虚而入。于是在海宁也出现了“一日衣”、“一日包”。

如果说当时浙江皮革服装城赢得沪杭宁等大城市消费者青睐应了“酒香不怕巷子深”，那么业界的害群之马很快也让海宁皮革业饱尝“坏事传千里”的苦涩——在上海、杭州的一些商场皮衣专柜，纷纷打出“本店没有海宁货”的告示，而海宁本地一些本来已经有一定品牌知名度的企业，也不得不在对外销售时改口称自己的产地是上海或者杭州。

这种情况很快引起了海宁皮革业界有识之士的忧虑和海宁市委市政府的重视。各种整治活动全面展开。

1998年12月6日，浙江皮革服装城管委会、海宁市技术监督局、工商行政管理局、公安局和硖石镇政府联合发出通知，开展革皮市场综合整治活动，禁止外地劣质革皮流入海宁市场。

一时间，打击假冒伪劣成了浙江皮革服装城的“中心工作”之一：管委会主任章竞前亲自“挂帅”，干部员工全体动员。在海宁市委市政府的统一部署和指挥下，对市场和企业进行清查，还由多部门联合在进入海宁的几条主要公路设卡检查，发现有劣质皮革原料当场予以查扣没收。

1999年4月28日，海宁市有关部门将查获的100余件劣质皮衣和1.1万余平方尺的劣质革皮，在硖石镇北郊当众焚毁。1999年8月，在海宁市第十一届人民代表大会第二次会议上，张关宝、吴甫明等12位代表又联名提出《加强皮革质量管理，稳定发展皮革支柱产业》提案，大会将该提案列为第4号议案。

另据《海宁皮革志》记载，从1998年底开始的革皮原料整治活动中，先后捣毁多个劣质皮衣加工点，查处劣质革皮35万平方尺、劣质皮衣580件，案值135万元。革皮检测中心承担报验革皮9518批次，其中2208批革皮被判为劣质皮，作遣返原地处理，并将典型案例通过新闻媒体曝光。

虽然对假冒伪劣的打击并不能“毕其功于一役”，但是一系列的整治逐渐地取得了成效。当然还有很重要的原因，当消费者纷纷“用脚投票”的时候，即便是无利不早起的小商人也不得不冷静下来反思和修正自己的做法了！

2000年3月，浙江皮革服装城被评为“百城万店无假货”省级示范市场。

浙江皮革服装城对假冒伪劣产品“下猛药”。

## ☞ 2.“一哄而上”之困

有一个描述犹太人和中国人不同经营之道的故事：

第一个犹太人来到洲际公路边的小镇上开了个加油站，生意很旺；第二个犹太人来了，想到加油站的客户需要吃饭，就投资开了个餐馆，加油站和餐馆生意都很红火；第三个犹太人来了，发现路过小镇的客人越来越多，有的需要住宿，于是开了个旅店……久而久之，小镇成了一个繁华的都市。

第一个中国人来到国道边的小镇上开了个加油站，生意很旺；第二个中国人来了，就在马路对面开了个加油站，生意也还行；第三个中国人来了，又在旁边开了个加油站……加油站越开越多，生意越来越难做，商业竞争逐渐演变成掺杂使假、互相攻击，最后的结局是小镇恶名远扬，路人敬而远之，大家都落了个鸡飞蛋打——借用浙北俚语讲则是“打翻狗食盆，大家吃不成”！

这个故事当然有点极端，但在一定程度上也反映出中国市场经济发展初级阶段所出现的各种恶性竞争困局。

浙江皮革服装城创办之后很快就出现了欣欣向荣的发展态势，周边各种大大小小的“皮革市场”也开始出现了——

1996年初，由海宁市房地产综合开发公司创办的浙江皮革服装城六区正式开业。开业时共有摊位46个，其中底楼36个，二楼10个；

1996年4月，由海宁市燃料总公司创办的浙江皮革服装城三区开业，该市场共有经营面积1200m$^2$，营业用房98间；

1996年8月，由海宁明朝房地产开发公司建设的浙江皮革服装城五区成立，设有商铺300多家；

1996年8月，龙祥大酒店在底层商铺创建浙江皮革服装城西区，共有商铺200间，其中1997年高峰时有100多家商铺营业；

1996年8月，海宁市华海房地产开发公司创建浙江皮革服装城北区（八区），设有摊位300个，其中1996年开业时有250间投入运营；

1996年10月由海宁市经济协作公司与铁路嘉兴车务段联合建房4000m$^2$，其中2800m$^2$的商铺被设为浙江皮革服装城七区，共有铺位167个；

1996年9月，硖石镇政府斥资2679万元在沪杭铁路北侧建设海宁国际毛皮城，营业用房608间共计8056m$^2$（注：上述数据引用自《海宁皮革志》）。

在当时地处硖石镇沪杭铁路以北近老湖盐公路的“金三角”地区，1996年则先后出现了海宁皮革服装广场、海宁市皮件皮毛市场、海宁市皮件皮毛市场东区等三个皮革市场，建设投资单位包括海宁市物资局、双山乡政府以及私人投资者。

此外，1995年之后还陆续出现了海宁商城毛皮原辅料市场、浙江皮革服装城中央交易区毛皮交易区、海宁市西山皮革原辅料市场等多家皮革原辅料市场。

上述众多市场除了原辅料市场之外，其他市场均以皮革服装、箱包等为主要经营范围。为了规范各市场的经营，于1996年3月成立的浙江皮革服装城管委会将管辖范围延伸到各个市场（把浙江皮革服装城称为中央交易区，周边小型市场称为分区也是这个用意）。

但是恶性竞争还是不可避免地出现了。据《海宁皮革志》记载：1996年12月28日上午9时许，“铁北”（沪杭铁路北）毛皮毛件市场地段发生一起市场内经营户上路拦截进入市区外地车辆的事件，造成交通阻塞、秩序混乱，一辆上海大客车的挡风玻璃被击破。市政府召开紧急会议，及时采取措施，于当日下午1时许平息事件。

内部此起彼伏的无序竞争，加上1997年前后海宁皮革业一度出现的假冒伪劣问题，尚处在成长期的海宁大大小小的皮革专业市场不同程度地走向低谷，部分则不得不关停转型——

1997年开始，开业不过一年多的浙江皮革服装城六区经营逐渐萎缩，到2000年时仅剩10个销售箱包的摊位（海宁中国皮革城迁建后，该交易区进一步萎缩）；

浙江皮革服装城三区于2000年停办，资产拍卖后改为旅馆；

浙江皮革服装城七区于2002年因经营状况不佳而关闭；

浙江皮革服装城五区开业时红火一阵，1998年开始营业摊位明显减少，1999年以后摊位出租状况进一步下滑；

浙江皮革服装城西区1998年以后摊位逐渐减少，2007年之后只有底层沿街路口还有23个摊位继续营业；

海宁国际毛皮城1997年开业摊位不足一半，1998年调整市场结构改为原辅料市场，但经营状况依然不佳，于1999年春节前关闭；

海宁皮革服装广场、海宁市皮件皮毛市场、海宁市皮件皮毛市场东区等三个“金三角市场”因为地处当时的硖石北大门，客流量一度较大，但也只红火了两年就关闭或转为它用，如海宁皮革服装广场于1998年3月歇业，海宁市皮件皮毛市场于1999年调整为家具市场，海宁市皮件皮毛市场东区于2003年关闭。

## 第3节　变形记

考察中国专业市场的兴起和发展，不能忽略一个历史背景，那就是自20世纪70年代末以来中国社会的消费结构升级。

一般认为，20世纪70年代末以来中国已经经历了三次消费结构升级。

第一次消费结构升级。出现在改革开放之初至20世纪80年代末，当时随着中国农村改革的深入开展，中国城乡的温饱问题初步得到解决，对较为初级的轻工、纺织产品需求大规模释放。这一轮消费结构升级带动了相关产业的兴起，也加速了中国东南沿海的工业化进程。其中，浙江从20世纪80年代开始以“吃、穿、用”为主的农村工业化是这一轮经济热潮的典型代表。

第二次消费结构升级。20世纪80年代末至90年代末，中国城市消费品市场开始从“老三件”（自行车、手表、缝纫机）开始向“新三件”（冰箱、彩电、洗衣机）升级，农村消费品市场虽然比城市慢一个波段，但也逐步在普及“老三件”的基础上开始向“新三件”攀升。伴随着“新三件”走入寻常百姓家，以服装鞋帽为代表的轻工、纺织业的市场需求也从“温饱型”向“小康型”乃至“享受型”升级。

第三次消费结构升级。进入21世纪之后，中国居民消费水平开始进入以享受型模式为主要特征的第三次消费升级。住宅、通讯、汽车、教育、娱乐、医疗保健等新的消费热点不断涌现。而衣着类消费的基本法则早已不再是遮体御寒，而是强调个性和时尚。

研究海宁中国皮革城20年来的发展，无疑也离不开消费结构升级这一背景。

关于服装，《说文》这样解释道：“衣，所以蔽体者也。上曰衣，下曰裳。”而汉代刘向在其著作《说苑》中引用《墨子》佚文：“食必常饱，然后求美；衣必常暖，然后求丽；居必常安，然后求乐。”

古人关于衣物的阐释说明了一个朴素而又蕴藏巨大商机的道理，衣、食、住、行作为文明社会人们的基本生活要求，是随着生活水平的提高而不断升级的。而随着消费的升级，相关产品除了满足人们的基本要求之外，也需要满足人们对美丽、享受的更高要求，而满足这些高标准要求的内涵，用现代商业语言表述，正是“附加值”。

回顾20世纪90年代，包括浙江皮革服装城在内的大量专业市场率先在浙江一带兴起，正是顺应了第一次、第二次消费升级所带来的市场需求。而20世纪90年代后期浙江皮革服装城一度陷入低谷，也是因为业界在金钱面前表现出的浮躁和鲁莽，使得众多消费者在20世纪90年代末一度对海宁皮革敬而远之。

为此，浙江皮革服装城在1998年前后在牵头进行产品质量整治的同时，于1997年对市场结构进行了第一轮调整，尔后又从2002年开始进行了更大力度的升级。多年之后，海宁中国皮革城董事长任有法在回顾当时的一系列转型时说："掀起了一场皮装革命"。

1997年10月29日，原浙江省委书记铁瑛（中）在时任海宁市市长钱满程（左一）等陪同下视察浙江皮革服装城。

## ☞ 1. 结构调整和商铺升级

20世纪90年代中后期，浙江皮革服装城一方面迎来了建成开业之后的第一轮繁荣，另一方面也不可避免地陷入了"内忧外患"。

"内忧"除了前文所述的业界急功近利行为，一个重要的问题也日益明显地暴露出来：由于产品结构单一，皮革服装的销售季节性非常强，一般都集中在每年的冬季，而一旦出现“暖冬”现象，则很多企业、商户都可能遭遇滞销、积压风险，业界感叹做皮革生意其实也是“靠天吃饭”。

“外患”除了海宁市区出现的各种皮革交易市场以及所引发的无序竞争，还有来自省内外的竞争压力。当时，全国皮革服装产业已经形成了浙江海宁、河北辛集、辽宁佟二堡“三足鼎立”的局面，海宁虽然在质量、款式、缝制工艺等方面具有一定优势，但是皮革服装当时作为御寒冬衣其消费市场主要在长江以北地区，所以从区位条件和销售半径来看，当时的海宁是最不利的。与此同时，自浙江皮革服装城1994年9月建成开业并一度声名远扬、顾客盈门之后，在周边省市也出现了各种皮革、皮件专业市场，“鼎盛”时期仅“长三角”地区就有超过十个各种类型的皮革专业市场。而且有些市场依托著名的旅游城市（如苏州、无锡等），具有明显的交通及旅游资源优势，政策扶持力度也非常大。

针对浙江皮革服装城发展过程中出现的种种问题，海宁市委、市政府给予高度重视。时任市委书记沈雪康、市长钱满程，副市长兼浙江皮革服装城管委会主任金富荣以及相关部、委、办、局负责人先后组织或参与调研，探索市场培育的可持续发展之路。从1997年开始，浙江皮革服装城启动了结构调整，品牌化战略也逐渐形成。

专业市场：可持续发展的助推器

——访浙江皮革服装城管委会常务副主任徐建国

○本报记者

1997年9月，时任浙江皮革服装城管委会常务副主任徐建国接受《中国经济时报》专访。

1997年4月，海宁市政府召开市长办公会议专题研究浙江皮革服装城工作，会议明确：调整结构是市场培育的当务之急，要在保持皮革服装经营主体和特色的前提下，把箱包、皮鞋等其他皮革制品引进市场。

此时恰逢浙江皮革服装城进入传统的皮革服装销售淡季，管委会抓住这一时机，投资100多万元在中央交易区一、二期市场间的过道上搭建遮阳棚，引进箱包、皮鞋等经营户。通过公开招商、招租开设箱包柜台108个、皮鞋柜台100个、皮手套柜台84个、皮背心柜台200个。

经过一年多培育，至1998年浙江皮革服装城形成了以皮革服装交易区为主，箱包皮具交易区、皮手套交易区、皮背心交易区等为辅的多层次市场经营格局。当年箱包皮具等非服装类产品的交易额占到市场总成交额的1/3以上。

与此同时，在时任海宁市委书记钱满程等市委市政府主要领导的提议和推进下，2001年2月，浙江皮革服装城正式被批准更名为海宁中国皮革城。

1998年6月12日，时任全国政协副主席钱正英在时任海宁市市长应忠良（左一）等陪同下视察浙江皮革服装城。

2000年11月，时任浙江省人大常委会主任李泽民（右二）在浙江皮革服装城管委会主任章竞前（前左一）等陪同下视察。

2001年下半年，市委书记冯水华、市长赵树梅等海宁市主要领导就当时海宁皮革行业以及海宁中国皮革城面临的形势进行多次调研，针对海宁中国皮革城下一步发展提出了新的要求。海宁中国皮革城也由此以商铺升级、外立面改造等为抓手，启动了新一轮市场升级和结构调整。

2001年9月19日，原中共中央政治局常委、中组部部长宋平（左一）在时任海宁市委书记冯水华（右四）、时任海宁市长赵树梅（右二）等陪同下视察海宁中国皮革城。

2002年5月，海宁中国皮革城外立面墙开始进行改造，改造后的皮革城外立面变身为“土豪金”玻璃幕墙，令消费者耳目一新。

同时，皮革城内部环境进行了脱胎换骨式的改造和调整：市场内的通道由2.5米拓宽到6米；对交易区重新进行布局，位置居中的商铺扩大面积、提升档次，装修标准和购物环境像大商场看齐；箱包皮具交易区通过全面改造，形成了上百个具有较高档次的箱包、皮鞋商铺；开辟国产毛皮交易区，进一步丰富了皮革城的经营种类；此外还在市场内增设茶吧等服务配套设施，进一步优化购物环境……

2002年改造提升后的海宁中国皮革城外景。

## ☞ 2. “你们原来也卖品牌”

“专业市场的优势就是‘品种齐全+价格低廉’。”在专业市场领域，这样的观念曾经在很长时期内占“主流”地位。

相比之下，海宁政商各界却堪称率先跳出低价竞争的先知先觉者。

20世纪80年末，雪豹在上海等大城市一炮走红，这一成功榜样成为海宁认识品牌力量的最好教材。

而1997年前后出现的假冒伪劣风波也促使海宁业界在对质量问题进行“拨乱反正”的同时，不得不认真思考海宁皮革的可持续发展之路。包括海宁市委市政府在内，人们不约而同地将思路指向了同一个方向——品牌！

1997年初，一场题为“皮革产业如何调整产品结构和如何发展”的大讨论在海宁政商各界展开，这场大讨论达成的重要共识之一是：品牌优势是海宁皮革必须坚持和提升的“四大优势”之一。

业界也悄悄开始行动。1997年，来自意大利的啄木鸟品牌悄然出现在浙江皮革服装城中央交易区一楼，虽然只有十多个平方米的店面，而且产品售价明显高于一般产品，但还是受到了消费者欢迎。

业界的行动和海宁市委市政府以及浙江皮革服装城管委会的想法无疑是一致的。继1997年初的大讨论之后，1997年7月，海宁市计经委、技术监督局、皮革工业协会联合将雪豹、蒙努、雷豹等19家品牌企业作为“海宁市皮革服装质量首推品牌企业”。1999年，雪豹、蒙努等9个品牌被列为“中央电视台知名品牌”；2000年观潮节期间，海宁又组织7家“皮革城知名品牌”在央视一套推出品牌广告；2001年9月，经过严格评审且经《海宁日报》公示的“海宁中国皮革城十大知名品牌”评选揭晓……

2001年以后，海宁中国皮革城出现了本地企业自创品牌和知名品牌引进同步的小热潮。一时间，啄木鸟、老爷车、鳄鱼等知名品牌纷纷登堂入室，有人戏称这种现象是“啄木鸟满天飞，鳄鱼满地爬”。

虽然以今天的眼光回顾，当时海宁中国皮革城的品牌引进还是比较初级的，由政府出面的品牌评选活动近年来也被批评为“试图用计划经济的手段解决市场经济的问题”。但是放在当时的中国经济社会发展背景下看，海宁中国皮革城的品牌意识觉醒和行动无疑是领先的。

任有法后来在接受媒体采访的时候经常说到两句话，第一句是：“即使质量再好，没有品牌，将来也不会有什么出路；质量是守出来的，品牌则是逼出来的。”

第二句话是：“当时一些对专业市场这种新模式还不太接受的领导对皮

革城是持怀疑态度的，特别是出问题的时候更是斜着眼睛看我们的。后来有位领导来调研之后，惊讶地‘发现’：原来专业市场也能卖品牌！”

质量和品牌“两手抓”的策略使一度蒙尘的“海宁皮革”区域品牌重新焕发了生机，曾经“用脚投票”的消费者又回来了，更多的消费者也慕名而来了。海宁中国皮革城在经历了初创期的风雨阵痛之后，逐渐进入了发展的快车道。

2002年，海宁中国皮革城成交额突破40亿元。2003年6月，时任浙江省委书记、省人大主任习近平视察海宁中国皮革城，对皮革城取得的一系列成绩也表示了肯定和鼓励。2003年12月，经过浙江省重点市场考评小组考察，海宁中国皮革城被评为“浙江省重点市场”，同时被确认为“浙江省百强市场”。

# 第2章

# 双城记

从浙江皮革服装城起步时的“小车不倒只管推”，到1997年之后谋求转型，特别是2002年前后掀起第一轮“皮装革命”，海宁中国皮革城在短短数年间便演绎了无数精彩，堪称“九二派”（1992年邓小平“南巡”讲话后向商界转型的体制内精英）创业的经典案例。

同时，海宁中国皮革城以及海宁经济社会的飞速发展也带来了意想不到的困扰——原本地处海宁市区边缘的皮革城周边成了闹市区，交通、停车等成为大难题；原本让人感觉“大的吓人”的经营场地也已经难以容纳日益增长的客流，甚至出现了消防、安全等方面的隐患……

2004年前后，尚在“幼学之年”（古人对10岁左右孩童的称呼）的海宁中国皮革城不得不面对其发展史上一次重大转型：易地扩建！而这一当时饱受争议的跨越式战略举措以及其后获得的巨大“红利”则至今依然为人们所津津乐道。

## 第1节　从“老城”到“新城”

从开始酝酿扩容到完成易地扩建，海宁中国皮革城终于迈过了这道“坎”，也为后来的一再跨越式发展赢得了空间、奠定了基础。

### ☞ 1. “壮士断腕”求出路

#### 大市场变成了“螺蛳壳”

根据《海宁皮革志》记载，从1994年到2004年，皮革城的市场成交额分别为5.8亿（1994年10月至12月）、13.4亿、22.15亿、27.86亿、32.08亿、36.58亿、42.68亿、39.06亿、40.16亿、50.98亿、56.89亿。

不断攀升的成交额背后，自然是日益增加的客流量和车流量。有案可查的数据显示，2002年海宁中国皮革城接待旅游大客车1300辆次，2003年接待旅游大客车1834辆次，2004年接待旅游大客车5540辆次。

虽然几经扩建挖潜，海宁中国皮革城中央交易区面积接近6万$m^2$、停车泊位超过400个，但是不断攀升的客流、车流使得皮革城超负荷运转的警报频频拉响。以2003年为例，高峰日客流量超过2万人次、车流量超过3000辆。过分拥挤不仅影响了消费满意度，也带来了不小的安全隐患。

设计建造于20世纪90年代的消防设施也已经显得简陋，加之销售旺季时海宁中国皮革城周边车满为患，消防通道被频频挤占。一旦发生火警，连消防车也开不进去。

用任有法的话说，到2003年前后海宁中国皮革城每逢旺季，就成了“螺蛳壳里做道场”，经营户和消费者都有怨言，市场管理方也倍感压力：“看到客人多自然开心，不过客人太多了‘开心’变成‘担心’——万一出现什么安全事故，谁也承担不起责任啊！”

此外，随着海宁中国皮革城影响力日益扩大，更多的皮革品牌也希望加入这个大平台。部分摊位已经安排到了通道甚至楼梯间。但是空间实在有限，还有很多品牌不得其门而入。与此同时，“长三角”地区其他专业市场已经看到皮革服装巨大的消费潜力，纷纷开设皮装交易区，甚至开设有较大规模的皮革专业市场。

如果不抓紧做大做强，海宁中国皮革城就可能失去机遇，甚至连经过多年打拼积累的先发优势也可能会被“后来者”赶超！

**慎之又慎求出路**

2003年二季度，突如其来的“非典”疫情使得包括专业市场在内的众多商业场所陷入客流“冰点”，此时也恰逢海宁中国皮革城进入传统的市场淡季。管委会利用这个特殊的“农闲”时期展开了内部调研，并且以座谈会的形式请各方人士对皮革城下一步发展建言献策。对意见建议搜集整理后发现：绝大多数人都对市场发展前景看好，同时也有不少人对皮革城能否突破瓶颈、避免“盛极而衰”提出了担忧。

2003年下半年，时任海宁市委书记冯水华率海宁中国皮革城管委会以及海宁市委市政府相关部门负责人赴广东花都对专业市场发展进行专题考察。在考察总结会上，冯水华也给众人出了一个“题目”：专业市场的发展既处于战略机遇期，也面临转折期。海宁中国皮革城下一步应该怎么发展?

考察返程途中，冯水华两次把任有法叫到身边谈话，探讨海宁中国皮革城扩建提升的可能性、可行性。任有法也坦率地表露了自己的判断，2003年是启动搬迁扩建的“最佳时机”，2004年则是启动搬迁扩建的“较好时机”，如果再拖延就“就不用搞了”。

这次考察结束之后，海宁中国皮革城立即组织全面调研，并邀请相关专家参与论证，就搬迁扩建事项形成了选址、设计、搬迁实施等一系列方案。

2003年底，时任海宁市市长张仁贵听取汇报（王超英摄）。

从2003年四季度至2004年一季度，海宁中国皮革城管委会先后7次就方案进行专题汇报，汇报场合包括书记办公会、市委常委会、市长办公会、人大专题会议、政协专题会议、离退休干部通气会等。冯水华、张仁贵等时任市委市政府主要领导分别听取汇报并作出指示。

2004年6月，张金根调任海宁市代市长（2005年2月当选市长）。仅仅过了2个月，张金根就召集市政府常务会议听取海宁中国皮革城管委会专题汇报。也正是在这次会议上，海宁市政府正式决策海宁中国皮革城易地扩建，并决定成立皮革城搬迁领导小组，由常务副市长徐辉任组长，副市长施震东负责具体工作。

时任海宁市市长张金根（王超英摄）。

在海宁市委市政府的直接领导下，皮革城易地扩建地址选定东临南北大道、北临硖斜公路的原农批市场地块。

根据进一步细化的方案，首期启动建设130亩，预计总投资2.9亿元，2005年9月前完成建设，建成后可提供店铺1000个左右，经营人员4000人左右，高峰时期可容纳日客流量3万人次。

经过艰苦和细致的前期工作，农批市场以及周边的企业、农户及时实施了搬迁。2005年2月28日，海宁中国皮革城易地扩建工程（一期）举行了奠基仪式。

### 不要“三拍”要“一响”

海宁中国皮革城“新城”项目正式上马，真正的挑战却刚刚开始。

首先是部分经营户反对，特别是有商铺产权的商户多数不愿搬，占据有利位置的承租户也反对搬迁。

同时还有来自当地政界的担忧和压力。有人担心："这么好的市场，搬死了怎么办？"甚至有领导直言不讳地对任有法说："你胸脯拍得再响，如果市场搬迁失败，你就是海宁的罪人！"

任有法虽然心里有点七上八下，但是作为皮革城管委会班子的"班长"，他明确表示自己决不当"拍脑袋决策、拍胸脯上马、拍屁股走人"的"三拍干部"，而是必须要"一炮打响"。而内心深处他也知道：开弓没有回头箭，皮革城易地扩建项目属于"只许成功、不许失败"的背水一战！

当时海宁市委市政府给海宁中国皮革城管委会确定的指导思想是：为了避免易地扩建后出现"新城"、"老城"自相残杀的局面，皮革城必须整体搬迁；在搬迁过程中，必须坚持公开、公平、公正的原则，兼顾各方的合法权益。

在皮革城搬迁动员会上，任有法代表管委会向商户宣讲相关政策。但是一些商户根本听不进正面的解释，有人甚至喊出了"坚决反对搬迁"的口号。任有法说："那是皮革城有史以来最狼狈的一次会议。"

会后，有300多个商户自行组织到海宁宾馆"开小会"，宣称要"坚决保护老城"、"谁答应搬就孤立谁"。甚至还有人放出"杀掉任有法"的"狠话"。

搬迁登记那几天，任有法特意在市场对面的宾馆租了一个房间以便观察登记情况，结果第一天几乎没人登记，三天的登记期结束，签字的商户累计也只有几十个。

为了扭转被动局面，海宁中国皮革城管委会培训了9个大学生约谈商户，每个商户的谈话时间为一小时，让他们充分发表自己的观点和诉求。事后统计，市场一共566个拥有商铺产权的老商户，他们访谈了511个。

摸清情况之后，管委会先后制定并出台招商方案13个，这些方案和细则全部通过《海宁日报》等渠道给予公开。整个新城招商共计召开选房会25场，完成老城产权置换房554间，销售和出租商铺793间，租、售合同金额达4亿多元。

值得一提的是，这个过程中管委会所有班子成员都严格遵守“约法三章”：谁也不允许直接或间接地插手商铺租售，对于亲戚朋友希望借机“通融”的要求一律做到“六亲不认”！

由于新城商铺招商和老城商铺置换切切实实做到了“真金不怕火炼”，广大商户也终于对海宁中国皮革城管委会的真诚、透明、公平、效率翘起了大拇指，市场搬迁实现平稳过渡。

2005年10月17日，海宁中国皮革城老城关门停业。翌日，总面积16万$m^2$、经营店铺1300多间的海宁中国皮革城新城正式开业。

2005年10月12日，海宁中国皮革城全体员工在“老城”留影。

顺利搬迁的背后是管委会干部员工巨大的付出：负责搬迁招商和市场管理的李宗荣副主任原本戒了两年烟，这回又抽上了；负责市场基建工作的钱娟萍副主任是员女将，她直接领导的工作人员也基本上是女同志，在项目建设期间，她们几乎把所有精力都扑在了工程上；任有法自己也瘦了十多斤。

海宁市委、市政府充分肯定了他们的工作，给了他们很高荣誉。在2006年初召开表彰大会，授予他们特别贡献奖。

## ☞ 2. 跳出老城天地宽

### 新城新气象

海宁中国皮革城新城是一个以品牌店、专卖店为主的现代化、商场化的大型皮革专业市场。皮革城的经营方式为批零兼营、综合服务。批发以展示、订货为主，面向国际、辐射全国，零售主要面向“长三角地区”的中高收入阶层及旅游团队。

新城一楼为箱包、皮具、鞋类、手套区，二楼为皮革服装区，三楼为皮装名牌区、皮装精品区和裘皮服装区，四楼为毛皮区、仓储区、餐饮中心和时装发布厅，屋顶则是空中花园式休闲广场。店铺平均面积60m$^2$，每层均设有休闲区，环境宽敞轻松，布局合理有序。同时，把入驻的知名品牌集中安排，设立名牌皮装区和品牌箱包专卖区。

新城建筑非常富有现代化气息，装潢考究，功能齐全，服务设施智能化。市场内设置导示系统，将68条大通道以国内外省市名或名山大川名命名。商铺、通道、厕所等公共设施全部亮化，一楼南北大厅有近600m$^2$的公共休闲场所。宽带直接入户，有线无线通畅无阻。顾客上下有19座自动扶梯和7座升降式电梯。新城的布局十分新颖。无论是一楼的箱包皮具区、二楼的皮革服装区，还是三楼的皮装名品和裘皮服装区，都是清一色的大开间店面，清一色的落地玻璃门窗，清一色的豪华型装饰，清一色的地砖铺面，清一色的雪亮灯光。与此同时，新城还以大服务支撑大市场，城内消防安全设施自动控制，服务设施全部智能化。新城拥有超大型的主体建筑和综合大楼，配有大型广场和绿化停车场，气势恢弘。点线面艺术化的有机组合，极具时尚张力和个性魅力。度身定造的色调与材质，凸显海宁中国皮革城的现代时尚商业特质和现代时尚建筑艺术价值。

海宁中国皮革城创办之初的定位是批发市场，经过1994年至2004年“第一轮创业”，逐渐摸索出了商场化零售、订单化批发的专业市场新路，在当时来讲，专业市场能够成为辐射周边大中城市的“零售乐园”的模式是非常先进甚至超前的。

2005年新城搬迁虽然已经是四季度，但是对全年的客流量和销售额带来的促进作用是立竿见影的：全年接待旅游大客车数量达到5700辆次，接待旅游中小客车达到22万辆次，后者几乎比上一年翻了一番；市场成交额则达到68亿元，比上年增长19.18%!

2005年10月18日，海宁中国皮革城全体员工在“新城”合影，开启新的征程。

## 新理念　新红利

海宁中国皮革城新城的设计则全面贯彻了新理念，而且有很多超前之处。

首先，新城预见到了中国即将进入“汽车社会”。2004年被媒体和业界称为“中国家用轿车元年”，2005年则被中国消费者协会预测为轿车大规模进入家庭的“爆发之年”。新城的选址和停车场的设计跳出了传统框框。新城所处位置交通便利，方便消费者自驾来海宁中国皮革城购物。为了避免再出现“老城”时期的停车难，新城建造了大型地面停车场和一个地下停车场，其中地面停车场面积2.9万$m^2$，拥有大小车位2335个，地下停车场拥有车位694个。

“应该说，当时设这么大的停车场还是很有些超前意识的，有人讽刺我们‘停车场比天安门广场还大’。我们自己也觉得，如果通过两三年的客流培育，停车场能够客满也就不错了。没想到2005年冬天停车场就基本停满了。”海宁中国皮革城副总经理李宗荣回忆道。

2005年10月开业的海宁中国皮革城新城，巨大的停车场停满了汽车。

其次，新城还将风尚元素融入新城整体设计，其中一个经典的故事是外立面的确定。在建设新商城时，任有法为外立面选择了黑白两色的搭配，当时有人囿于传统观念认为黑色不好看，但事实上这一色调是永恒的流行色。任有法说："黑色和白色是经典的颜色，很大气，也很有个性。我们要把建筑做成艺术作品，至少相当一段时间内不会过时，我们希望这个建筑蕴涵海宁的文化元素，蕴涵行业的文化元素。"如今海宁中国皮革城外立面不仅已经成为特色鲜明的"海皮色"，甚至成为一些模仿者直接套用的外形和色调。

再次，新城内部采用大商铺、宽通道的结构，使得购物环境不仅大大领先于传统的专业市场，与大城市的商场相比也毫不逊色。当时皮革城的通道设计为8米宽，也有传统人士对新城"通道比老城区商业街马路还宽"的做法不理解，这么宽的通道占据了很多面积，为什么不节约下来作为商铺使用呢？真的有这么大的客流量需要这么宽的通道吗？当时有些经营户就很不理解，"通道造这么宽，开飞机啊？"而新城开业后的客流量充分证明了这一设计的前瞻性和科学性。

海宁中国皮革城新城也是近十年来中国专业市场"商场化"、"SHOPPINGMALL化"的领导者。新城有效、有针对性地解决了老城的问题，企业和品牌在扩建后规模比老城扩大一倍，品牌能够跳出空间限制，能够尽情地展示品牌形象，能够自由地进行个性陈列。扩建后的皮革城，还引进许多国内外知名企业和品牌、国内十大真皮衣王企业。总之，搬迁后皮革城的品牌形象的提升向前跨出一大步，同时也使皮革城在全国皮革业龙头市场的地位得到进一步巩固。

众多商户受益于皮革城的易地扩建。

海宁皮具箱包商会常务副会长兼秘书长、陈风箱包行总经理陈风从"老城"在通道摆摊开始起步，逐渐成为皮革箱包商户中的骨干。2005年皮革城异地扩建后有了专门的箱包交易区。经过权衡，陈风不顾家人的反对"倾囊而出"一次性买下新城500$m^2$的铺面。2013年7月，陈风回忆这个过程时感慨道："现在看来，我当初买店面的决定是对的。现在店面很难租，而且租金很贵。"

2006年，已经经商多年的海宁飘泊路箱包有限公司总经理、海宁市皮具箱包商会常务副会长张海鸿打算进一步创业。其时海宁市委市政府和海宁中国皮革城也鼓励当地皮革箱包产业做强做大，这为张海鸿进入皮革城“安营扎寨”提供了机会。如今，张海鸿已经拥有小鬼当家、飘泊路和威玛仕三个品牌，分别针对3至15岁，15岁至30岁和30至50岁三个年龄段；此外他的公司还成为5个意大利品牌的中国总代理商。张海鸿说：“我的发展一直是跟着皮革城的思路，因为皮革城一直讲求品牌化和高端化。”

2006年10月9日，原中纪委书记尉建行（左三）一行在时任嘉兴市委常委、海宁市委书记俞志宏（左二）等陪同下视察海宁中国皮革城。

## ☞ 3. 盘活存量，做大增量

### “老城”善后

位于海宁火车站对面的老皮革城曾经见证了海宁皮革产业的发展，也曾经扮演过海宁时尚中心的角色。随着皮革城的迁址扩建，老皮革城也完成了历史使命。

海宁中国皮革城管委会一直坚持的观点是：完成搬迁后老城必须关闭，否则肯定会出现“老城死而不僵、新城难现活力”的窘境。

为了让广大商户安心，管委会也郑重承诺：老城坚决转型，不再经营皮革商品。这一承诺也使得在皮革城搬迁的当天，老城店面价格就从每平方米6万元直接下滑到4000元，这个现象自然也是迁入新城的商户们希望看到的。

搬迁后不久还有个小插曲：某公司入驻老城开办商业综合体。虽然合同条款规定不能经营皮革产品，但在付完定金以后，该公司偷偷摸摸地面向外地的皮革商户进行招商。海宁中国皮革城管委会及时发现并制止了这种行为。

2008年初，知名IT零售连锁企业颐高集团相中了老城，如今老城已经成为集一站式购物与品牌折扣两种商业业态于一体的综合购物城——龙城商业广场。

### 牛仔城兴衰

海宁中国皮革城异地扩建一期工程成功开业之后，很快就进行了二期工程的建设。二期工程位于一期西侧，总建筑面积达26万$m^2$，包括6.4万$m^2$的原辅料市场，6.6万$m^2$的鞋业广场，7.1万$m^2$的牛仔城，以及23层的商务综合楼、餐饮街、淘皮欢乐嘉年华、休闲文化广场等配套设施。

其中原辅料市场有商户200余家，为广大服装原料、服装辅料，特别是皮革原辅料经营者提供良好的交易平台，为海宁及长三角地区的皮革服装、皮具箱包和其它服装生产企业提供更为丰富的原辅材料和更为便利的服务。

海宁中国皮革城原辅料市场

鞋业广场位于二期市场东北角，紧邻皮革城一期，有300余家生产企业和经营户入驻。主要经营男鞋、女鞋、运动鞋、休闲鞋、童鞋、拖鞋等各种鞋类。其中一楼为名牌区、拖鞋区。一些颇具盛名的国际品牌如Clarks、莱尔斯丹（女鞋）、BELLE、思加图、爱步、沙弛等都已经入驻鞋业广场，并囊括了中国领先的名牌皮鞋企业；二楼为时尚区，三楼为羊毛衫馆和袜业馆。

在二期工程中，牛仔城的建设和转型后来成为人们津津乐道的话题之一。

牛仔城一楼为牛仔服装区，二楼和三楼为毛皮服饰交易区，更特设宽敞明亮，景色怡人的四季厅和中央大道，与鞋业广场以及皮革城休闲文化广场贯通相连。有250多家牛仔生产企业和经营户入驻海宁中国牛仔城，汇聚国内外牛仔服装、牛仔饰品、牛仔面料等各类牛仔产品，以打造成集“专业化信息发布中心、规模化采购中心、现代化展示中心、长三角物流中心”于一体的大型牛仔服饰贸易中心为战略目标，充分利用海宁及海宁中国皮革城的庞大资源和客源、以及最权威、最专业的服装纺织行业背景，创建“长三角”最齐全、最时尚的牛仔服饰业国际化贸易平台。海宁中国牛仔城分设时尚精品区，国际名品区，经典风尚区等三大主要经营专区，涵盖了牛仔服装、牛仔饰品、牛仔面料等各类牛仔产品，种类繁多，精品荟萃。

据介绍，当时之所以要开设“牛仔城”，是因为牛仔服饰属于没有季节限制与年龄限制的大众休闲服饰，与皮革服装等具有天然易搭配性和风格一致性。海宁生产牛仔服从20世纪90年代开始已有十多年的历史，在国内也有一定的知名度，牛仔城不仅有产业基础，还能填补当时长三角一带没有专业牛仔服饰市场的空白，借助皮革城的人气，将成为市场发展的新起点。

可能是存在一定的行业跨度，牛仔服装区一度成为海宁中国皮革城二期工程中的“冷角落”。倒是楼上的毛皮服饰交易区日益红火。为此海宁中国皮革城因势利导进行调整，于2009年将牛仔城整体转型为皮草广场。

虽然从牛仔服装区是一个“失败”的案例，但是这也为海宁中国皮革城的转型升级积累了宝贵的经验，而且让皮革城“失之东隅，收之桑榆”的是，毛皮服饰交易区需要扩张的时候，原来的牛仔服装区为其提供了现成的场地。

牛仔城转型为皮草广场还大大提升了海宁中国皮革城毛皮服饰交易在全国专业市场的地位——不下200家原本在北京从事毛皮服饰批发和零售的温州商户集团“南归”，几乎搬空了北京两个专业市场的毛皮区。

## 第2节　购物旅游新模式

### ☞ 1. 购物旅游新模式

任有法有句话：“我们的最大优势是对原有的客户资源进行深度开发，实现复合消费，这就是我们的创新。我们首先将购物与旅游结合起来，让‘观钱江大潮、购海宁皮衣’的口号深入人心，市场人气就会越来越旺。”

早在2002年，海宁中国皮革城就适时提出了打造“长三角特色购物中心”的目标，即通过借景引客，把海宁中国皮革城与上海、苏州、宁波、绍兴等长三角大城市紧密融合起来，通过皮革城购物与观钱江潮、看千年古镇乌镇、观南北湖风光等周围旅游景点紧密结合起来，实现客源、市场、设施、信息、品牌的共享。

为了确保购物旅游的可行性。皮革城还进行一系列的调查统计，分析发现皮革城的主要消费群体是长三角地区城市中、高收入阶层，其中上海消费者占总数的30%至40%，其次是杭州、南京、宁波、苏州、无锡、绍兴等地的消费者。有一组客流量数据较好地反映出了长三角地区消费者光顾海宁中国皮革城的情况：2002年75万人次，2003年90万人次，2004年110万人次。这些地区的消费者购买力较强，消费观念较新，是推动皮革服装消费的主力。在对企业经营情况的调查中，也反映出中、高档皮装比低档皮装好销的现象。因此，海宁中国皮革城管委会加强了和各大旅行社的联系，将游客吸引到海宁中国皮革城来。在上海、杭州、宁波、绍兴、嘉兴等地的旅游线路中，许多都增加了“海宁中国皮革城一日游”的项目。绍兴的许多旅行社就将“皮革城一日游”作为承揽游客的一张“王牌”。

2007年1月，经全国旅游景区质量等级评定委员会评定，海宁中国皮革城被认定为国家AAAA级旅游景区。这是继义乌国际商贸城成为全国首个AAAA级购物旅游区后，国内第二个获得此项认定的专业市场。

此后，“海宁中国皮革城一日游”进一步成为上海、杭州、南京等各大中城市入冬以来购物旅游的热门项目。譬如扬州晚报2009年专门组织了一次读者海宁购物活动，原计划组织100名读者，不料报名者十分踊跃，最终成行的旅行团有200名读者组成。据组织者统计，家庭购买量都在2000元左右，最高达到5000元。游客们表示，海宁之行让他们过了个愉快而实惠的假期，希望多组织这类活动。

2009年1月2日，由四辆青岛大巴组成的旅游团出现在海宁中国皮革城。据海宁中国皮革城副总经理查加林分析，这正是海宁皮革城这个AAAA级景区带动效应的体现：“一般来说夏季盐官是旺季，冬季皮革城是旺季。我们把二者搭配起来营销，就能做到优势互补。现在已经初步看到效果了，从山东远道而来的客人们，在皮革城购物后也能去盐官看看冬潮。”

凭借现代舒适的购物环境、品牌云集的专业资源、全省典范的商业文明，更以其时尚的化身，海宁中国皮革城目前已“握手”全国500多家旅游公司，年客流量500万多人次。

## ☞ 2. 主题式购物的魅力

浙江省工商局局长郑宇民指出，专业市场要从传统转向现代，从一般意义上的“专业”转向以“专”为主、综合为辅，从简单的租摊转向自主经营。要引入国外品牌的概念，管理的概念，规则的概念，电子商务等等，使商业业态不断完善。

说起专业市场的优势，很多人首先想到“价格便宜”——相对于大商场，专业市场的价格是一个重要的优势。但是，更大的吸引力还是来自于其“主题”。

在北京，“主题式购物中心”成为近年来一个重要的商业现象：主打奢华牌的金融街购物中心里国际大牌云集；突出时尚、个性的西单大悦城从周边传统百货店分走大批消费者……

皮革城、家电城、建材城——这些都是典型的主题式购物中心。这类购物中心主要满足特定业内人士和消费者固有的消费需求，其目标性非常强，具有“一站式”购买完成的特征。

当然，并不是随便挂一个“xx城”的牌子就成了主题式购物中心。一个真正能够为消费者提供价值的购物中心必须具备各种软、硬件条件，包括强大的产业支撑，被大众认可的品牌度，一流的经营管理水平和售后服务能力，便捷的交通物流条件，宜人的购物环境，等等。

海宁中国皮革城之所以能够成为中国最具影响力的皮革专业市场，就是因为已经在皮衣、皮草、皮具这个主题上做深、做精、做强。

### 主题式购物

随着“休闲体验式消费”的迅速发展，一种新型的商业建筑模式“休闲体验式购物中心”也得到了大量的实践，它不同于传统的商场，更强调购物空间的个性化与消费内容的多元化，吸引人们来此休闲、驻留、体验与购物。转型和差异化正成为购物中心的两大关键词。主题式购物中心正在兴起，购物中心已经逐渐在超越规模比拼的时代。虽然在购物中心建设的早期，竞争并不激烈，主题化并不受重视，而近些年，主题化开始成为潮流，这代表了一座城市、一个区域、一个国家的购物中心发展开始进入一种高级形态。当然中国购物中心的建设，也正在强调主题。

购物中心之所以要建设主题式的购物中心，其根本的目的就是要形成竞争中的差异化，形成差异化的主题就是要形成长久的品牌优势，从而推动商业的持续旺场。因此，建设主题式购物中心的出发点也是与经营息息相关的，它是一种潜在的、看不见的、润物细无声的支持，它将长期制造购物中心的核心吸引力。在遍布全球的众多MALL当中，每一个MALL都有百货公司，都有购物超市，都有步行街，都有餐饮娱乐场所，但是因为不同的主题，又会使消费者得到不同的体验。即使两个主题不同的MALL引入同一品牌百货店，都会因为购物中心营造的主题的差异性而使消费者得到不同的感受，这种体验的得来，与商业氛围相关，与购物中心自身所营造的主题更是息息相关。例如广州康王商业城的环球旅游式地铁商城，通过在各个区域不同的装修风格营造出中国、美国、日本、法国、意大利、瑞士、澳大利亚、巴西、泰国五大洲九大国的购物风情，形成差异化，以吸引消费者来此购物和消费，这种商业包装方法无疑向主题化商业迈出了有益的步伐。

**海宁的魅力**

海宁中国皮革城不同于其他专业市场的重要区别之一在于其购物旅游的主题。

一是其商业主题，即独特的商业经营脉络。经过多年培育，海宁中国皮革城已经成为中国规模最大、最具影响力的皮革服装、裘皮服装、毛皮服装、皮具箱包、皮毛、皮革、鞋类产品的集散地，目前在其海宁本部和各大连锁市场，集中了数千家皮衣、裘皮、箱包、鞋类专卖店。这些专卖店购物环境可与北京、上海、杭州等地的一流商场媲美，并具有大商场所不具备的专业优势、购物选择优势、消费者体验优势；

二是其特有的旅游休闲功能。如今除了海宁中国皮革城是国家AAAA级旅游景区，佟二堡海宁皮革城、成都海宁皮革城也已经成功创建国家AAAA级旅游景区，沭阳海宁皮革城、新乡海宁皮革城也已经成功创建国家AAA级旅游景区，其他连锁市场的高等级旅游景区创建工作也在紧锣密鼓进行之中。“购物+旅游”已经成为众多时尚潮人“每年必到海宁皮革城”的重要理由。

第三方调查也印证了海宁中国皮革城“主题式购物”的魅力——

2008年下半年，浙江省工商局和省消保委开展了“牵手消费爱国行”万人消费体验活动。各级工商部门、消保委依据各地生产和消费的不同特点，举行“食品无忧”、“穿在浙江”、“放心出行”、“明白装修”等丰富多采的消费体验监督活动，并发布消费体验报告。

宁波市消保委组建了一支30人的海宁中国皮革城消费体验团。30名参与体验活动的宁波消费者在海宁中国皮革城消费达3.68万元，并以书面答卷的形式对皮革城的配套设施、购物环境、商品价格、质量与服务提出了意见与建议。

通过对30份消费体验调查表统计，90%的消费者对海宁皮革城的停车、就餐、卫生等配套设施表示满意；77%的消费者反映购物环境比较好，服务员有礼貌；93%的消费者认为商品的品种与价格都不错。

# 第3章

# 时尚领军者结缘资本魔方

“不经历风雨，怎么见彩虹”——这句源自《真心英雄》的歌词至今依然被人们广泛引用。著名音乐人李宗盛创作《真心英雄》的1993年，正是海宁中国皮革城启动建设之年。当时投身皮革城创建的海宁政商各界，恰如歌中所唱：“在我心中，曾经有一个梦。”

而海宁中国皮革城由创建到做强做大的过程，也确实可以用“不经历风雨，怎么见彩虹”来归纳。无论是从“破土而出”至发展壮大过程中的筚路蓝缕、20世纪90年代中后期对质量和诚信危机的救赎，还是从一开业就在海宁举办全国皮革服装交易会“会盟天下”，以及不断进行的调整和升级，最后都凝聚成一种源源不绝的发展动力，促使海宁成为中国皮都、海宁中国皮革城成为中国皮革时尚的领军者。

2005年，海宁中国皮革城成功完成易地扩建，实现了从“老城”到“新城”的飞跃。但是在海宁市委市政府以及皮革城决策者眼里，这只是跨越式发展的第一步，在他们内心深处，一个更为宏大的规划正在悄然酝酿，那就是做强海宁、布局全国。而要实现这个规划，除了进一步增强自身“内力”，还需要借助包括财力、智力等各种外力。

时任嘉兴市委常委、海宁市委书记俞志宏多次提出，海宁中国皮革城要实现跨越式发展，上市是必经之路。他还建议，作为国有企业的皮革城在进行股份制改造时，要解放思想，允许企业领导和骨干持股，实现“共同建设、共同享有”！

从2007年初酝酿到2010年股票正式上市交易，海宁中国皮革城不仅从企业管理制度层面完成了一次系统的重构和完善，而且更重要的则是厘清了内涵式发展和外延式扩张并举的发展战略，从而实现了又一次华丽转身。

# 第1节　登陆深交所

## ☞ 1. 敲响开市宝钟

位于深圳罗湖区深南东路5045号的深圳证券交易所对于无数中国企业来说是一个圣地。2010年1月26日，海宁皮城（002344）经过多年的努力，终于登陆了这一圣地。

上午9：30，随着清亮的开市宝钟响声，海宁皮城正式挂牌上市。浙江证监局局长王宝桐，浙江省国资委副主任符晓东，嘉兴市领导裘东耀、蒋仁欢，海宁市领导徐辉、施震东，海宁中国皮革城股份有限公司董事长兼总经理任有法，以及海宁市有关部门领导出席了海宁皮城股票的上市挂牌仪式。

2010年1月26日，海宁皮城（002344）股票在深交所成功上市。

这是国内专业市场的第4家上市公司，也是皮革专业市场的首家（迄今也是唯一一家）上市公司。

从1999年2月海宁浙江皮革服装城投资开发有限公司成立，到2010年1月海宁皮城股票正式上市交易，海宁中国皮革城的上市之路可谓是“十年磨一剑”。

1998年，为了转换经营机制，明晰产权，浙江皮革服装城拟剥离非经营性资产，进行公司制改造。1998年8月11日，海宁市政府出具《关于同意设立海宁浙江皮革服装城投资开发有限公司的批复》（海政发〔1998〕69号），同意以浙江皮革服装城资产组建设立投资开发公司，归口浙江皮革服装城管理委员会管理。

根据海宁资产评估事务所1998年6月22日出具的海评字〔1998〕第47号《资产评估报告》，并经海宁市国有资产管理局于1998年8月20日出具的《关于对浙江皮革服装城股份制改造“资产评估报告”确认及产权界定的批复》（海国资产〔1998〕42号）予以确认，截至1998年4月30日，原浙江皮革服装城的资产总额为8692.54万元（其中流动资产327.72万元，长期投资446万元，在建工程103.96万元，固定资产6020.70万元，土地1456.84万元，无形资产110万元，其他资产227.32万元），负债为2878.45万元，净资产为5814.09万元，全部为国有资产。

1998年8月22日，海宁市体改委出具了《关于组建海宁浙江皮革服装城投资开发有限公司股本设置的意见》（海体改流〔1998〕123号），明确了投资开发公司的股本设置情况：根据海国资产〔1998〕42号资产确认及产权界定意见，评估后浙江皮革服装城所有者权益为5814.09万元界定为国有资产；剥离皮都宾馆、太平鸟俱乐部、皮都海鲜城的装潢及设备共706.28万元，划归海宁市市场开发服务中心；剥离后，浙江皮革服装城的国有资产为5107.81万元，由海宁市资产经营公司持有60%，海宁市市场开发服务中心持有40%。其中，投资开发公司注册资本4244.28万元，海宁市资产经营公司持有2546.57万元（占60%），海宁市市场开发服务中心持有1697.71万元（占40%）。

1998年9月10日，海宁会计师事务所对上述出资进行审验并出具海会验字〔1998〕第170号验资报告。截至1998年8月30日，投资开发公司已收到股东投入资产人民币5107.81万元，其中实收资本4244.28万元，资本公积863.53万元。

1999年2月25日，投资开发公司取得了海宁市工商局签发的注册号为3304811006821的企业法人营业执照，经营范围为投资开发、物业管理、革皮服装、革皮及制品、制革机械、皮革用助剂、百货、批发、零售。

2007年8月31日，海宁市政府出具海政函〔2007〕41号《关于海宁浙江皮革服装城投资开发有限公司企业改制总体方案的批复》及海政函〔2007〕42号《关于海宁浙江皮革服装城投资开发有限公司增资扩股的批复》，同意按投资开发公司以截至2006年12月31日的评估结果（投资开发公司净资产评估值为705577399.75元）折算的每份净资产14.82元为底价，引进战略投资者和公司管理层入股。管理层增资入股范围为2006年末投资开发公司中层副职以上管理人员，共计27人。

2007年9月2日，投资开发公司在浙江省产权交易所公开挂牌交易，2007年9月30日完成挂牌交易。最终宏达经编、卡森实业以及公司27名管理层人员均以每份净资产14.82元对投资开发公司增资。

2007年9月30日，投资开发公司原有股东资产经营公司、市场服务中心与新增股东宏达经编、卡森实业以及管理层27人签订增资扩股协议。宏达经编和卡森实业各投入资金4233.34万元，发行人27名管理层人员合计投入资金7055.5056万元。

经过此次增资，投资开发公司增加注册资本1047.38万元，注册资本增加至5808.16万元。上述出资业经海宁正泰联合会计师事务所审验并出具海正泰会验字〔2007〕第537号验资报告。

2007年10月31日，投资开发公司更名为海宁中国皮革城有限责任公司，经营范围变更为市场开发建设和经营管理、投资管理、物业管理、房地产开发经营（不含国家限制、禁止类项目，凭有效资质经营），并办理了相应工商变更登记手续，领取了换发的《企业法人营业执照》。

2007年11月26日，浙江省国资委出具了《关于海宁中国皮革城股份有限公司（筹）国有股权管理方案的批复》，确认公司总股本为21000万股，其中国有法人股合计17212.65万股，占总股本的81.97%，分别为资产经营公司持有11074.56万股，占总股本的52.74%；市场服务中心持有6138.09万股，占总股本的29.23%。

2007年11月28日，天健所出具了浙天会验〔2007〕第124号《验资报告》予以验证。2007年11月29日，股份公司召开创立大会。

2007年12月5日，公司在浙江省工商局办理了变更登记，领取注册号为330481000010962的营业执照，注册资本为21000万元。

2007年11月29日，海宁中国皮革城股份有限公司宣告成立。

## ☞ 2. 新制度

“全国有近10万个各种类型的专业市场，年成交额百亿元的也早就超过了千家，但迄今能够正式成为上市公司的还未超过5家。海宁中国皮革城为什么能够跻身上市公司行列？原因在于他作为中国皮革时尚领军者的定位和公司良好的成长性。”一位业内专家这样表示。

“坦率地说，我们并不缺钱。”海宁中国皮革城董事长任有法多次这样说道。

的确，经过多年的发展，这家由国有资本控股的企业在资产增值以及现金流方面表现都不错。那么，这家“不差钱”的公司为何要谋求上市？

任有法道出了其中缘由：“海宁中国皮革城不仅通过为皮革生产商提供销售的场地，更不断地致力于推动皮革产业链的完善和皮革产业集群的升级，通过挖掘行业客户的深层次和前瞻性需求，来实现公司新的发展，这是公司设定募投项目时的主要考虑。”

此外，对于海宁中国皮革城来说，上市也是一个对企业从发展战略、治理结构、内部管理等进行全面的制度重构的过程。用任有法的话说：“辅导机构对我们一遍又一遍地进行‘洗脑’，这也促使我们非常细致地对海宁中国皮革城走过的路回顾、反思、总结了一遍，真正摸清了家底、找到了坐标、明确了前景。”

对于海宁中国皮革城管委会的成员来说，上市也意味着重新抉择——管委会作为海宁市政府派出机构拥有事业单位编制，在“公务员热”至今未消的中国，行政事业编制意味着人人艳羡的“铁饭碗”。而成立股份公司之后，所有成员都需要相应地转变成企业身份。为此，海宁市委市政府以及皮革城管委会进行了人性化的操作，允许所有干部员工自行选择去留，如果不愿转变为企业身份，可由人事部门另行安排至机关、事业单位。

“绝大部分人都选择了留下来做企业。因为大家都看好皮革城的发展前景，不仅相信上市肯定能成功，而且对上市之后的发展也很有信心。”海宁中国皮革城副总经理（时任总经理助理）殷晓红说。

## ☞ 3. 新蓝图

在上市过程中，海宁中国皮革城制定了内涵式发展和外延式扩张并举的发展战略。

所谓“内涵式发展”，就是市场繁荣、商户盈利能力提高所带来的商铺租金上涨、酒店服务收入增加等；而“外延式扩张”则是指公司在国内其他大中型城市举办和经营以皮革制品为主导的专业市场所带来的新增销售收入、租赁收入和其他收入。

**【链接】**

公司将依托海宁皮革产业，通过构建市场综合服务体系、提升市场服务品质、完善产业链和升级产业集群丰富海宁中国皮革城内涵，将其建设成为世界皮革采购中心、中国皮革流行趋势发布中心、中国皮革信息发布中心和长三角特色购物旅游中心；以海宁中国皮革城为培育基地，适时实行外延式扩张，在国内其他大中型城市举办和经营以皮革制品为主导的专业市场。（摘自《海宁皮城首次公开发行股票招股说明书》）

关于内涵式发展和外延式扩张的故事，本书后面还会有详细的介绍。这里先讲一点当年决策的小故事。

台湾著名文化人高希钧教授有一个被广为引用的观点：中国人需要具备“科技脑、人文心、中国情、世界观”四大要素，才能符合现代社会发展的需要。其中，“世界观”的含义是指看问题需要宏观的眼光，在脚踏实地的同时也要放眼世界。

由于工作的关系，笔者十余年来多次与海宁中国皮革城董事长任有法进行过深谈。很多次，任有法都反问笔者问题，其中涉及较多的就是对宏观经济形势的研判。

而在涉及海宁皮城上市前景的时候，任有法认为作为消费升级的重要对象，2010年之后的很长时期，皮衣、裘皮、皮革制品不仅将在富庶的长三角、环渤海湾等地区继续保持稳定增长，在经济相对后发的中西部省市，这类产品也将迎来井喷。

同时，2008年世界金融危机之后，世界经济进入“后危机时代”，中国内需市场的启动和提升也将成为一个重要的发展大势，而作为内需大平台的专业市场将继续得到政策鼓励——

中国居民消费水平仍低于全球平均水平，消费能力仍有较大的上涨空间。根据世界银行关于各大洲26个代表性国家的数据显示，1985～2003年多数欧洲国家平均消费率在70%～80%；拉美的阿根廷、巴西、智利、秘鲁四国的平均消费率大概在70%～80%之间；同为人口大国的印度消费率水平也稳定在77%～78%，而中国同期消费率水平不超过60%。2004年，中国居民最终消费率为53.4%，2005年进一步下降到50%以下，同期世界平均消费率为78%左右。

2005年6月，国务院颁布了《国务院关于促进流通业发展的若干意见》，指出要按照市场经济规律和世贸组织规则，积极培育一批有著名品牌和自主知识产权、主业突出、核心竞争力强、具有国际竞争力的大型流通企业；鼓励具有竞争优势的流通企业通过参股、控股、承包、兼并、收购、托管和特许经营等方式，实现规模扩张，引导支持流通企业做强做大；国务院各有关部门和有关金融机构要扶持流通企业做强做大，在安排中央外贸发展基金和国债资金、设立财务公司、发行股票和债券、提供金融服务等方面予以支持。《国务院关于促进流通业发展的若干意见》为专业市场的快速发展提供了重要的政策支持。

# 第2节　海宁皮城：沪深两市的佼佼者

## ☞ 1. 领跑"A股30财务好公司"

2013年5月，有专业机构根据2010年至2012年连续三年的10个指标筛选出"A股30财务好公司"，海宁皮城名列"净利润平均增速"第一名。

该机构筛选的依据主要是：近三年加最新季报主营业务收入增长均超过10%；近三年加最新季报净利润增长均超过10%；近三年净利润平均增速超过主营收入增速；经营现金流均为正；净资产收益率超过10%；近三年资产负债率低于80%；最新市盈率40倍以下；市值小于500亿元；上市一年以上；过去一年股价跌幅不超过10%、涨幅小于100%。

经过上述10项指标的综合筛选，上榜的企业并非过去净利润增长最大的上市公司，公司的综合盈利能力才是决定上榜与否的关键因素。其中，以近三年净利润平均增长率为考核标准，名列榜首的是净利润平均增长109.43%的海宁皮城。海宁皮城也是这30家公司中唯一一家近三年平均净利润增幅超过100%的企业。

2013年8月底，根据刚刚出炉的中报，专业机构又筛选出20家稳定增长型财务好公司，筛选标准是：①今年中报、去年年报、2011年年报的营业总收入同比增长率>15%；②今年中报、去年年报、2011年年报净利润（扣除非经常损益）同比增长率>15%；③2012年年报ROE>10%；④市盈率小于40倍；⑤今年中报、去年年报、2011年年报经营活动产生现金流>0。

入选的20家公司中，有6家属于该机构“A股30财务好公司”的老面孔，其中就包括海宁皮城。

笔者撰写本书时，2013年报尚未对外公布。从海宁皮城此前披露的相关财报看，毛利率稳步提升是其在股市始终保持抢眼地位的一个重要支撑：2012年公司实现综合毛利率59.89%，同比提升5.08个百分点。历史数据则显示公司2007～2012年毛利率水平由34%提升至60%。

2013年前三季度，海宁皮城继续保持了盈利水平稳步上升的良好态势。海宁皮城2013年三季报显示实现营收22.21亿元，同比增52.56%，净利润7.89亿元，同比增71.06%（扣非后72.32%），每股EPS0.70元。与上一年同期相比，海宁皮城2013年前三季度毛利率同比增长10.35个百分点，至71.93%。

### ☞ 2. 沪深300指数优质股

2011年，海宁皮城入选沪深300指数，成为沪深股市的重要股票之一。

2013年10月25日，国家人力资源和社会保障部召开新闻发布会，介绍2013年第三季度人力资源和社会保障工作进展情况，关于养老金等长线资本入市、培育中国版“401K计划”的有关讨论再一次成为市场热门话题。

在中国股市，全国社保基金无疑是“理性投资者”的标杆，其选择的对象必须是具有健康、良好等“优等生”特质。根据已披露的2013年三季报数据显示，社保基金出现在230家上市公司的前十大流通股股东名单中，从持股市值来看，三季度，社保基金持股市值居前的10只个股分别为，中国重工（210557.68万元）、华侨城A（172427.80万元）、海宁皮城（137764.03万元）、中海油服（110164.41万元）、双鹭药业（85835.24万元）、海康威视（65999.44万元）、天士力（64317.10万元）、蓝色光标（62310.00万元）、国药一致（61645.88万元）、中国化学（61382.79万元）。

从这一数据可看出，截至2013年三季度末，海宁皮城已经跻身国家社保基金持股的前三甲。

还有一个值得关注的现象是，截至2013年三季度末，海宁皮城市值超过了东方市场（000301）、轻纺城（600790），也超越了小商品城（6000415），不仅成为地道的“专业市场股”，而且也成为“沪深300优质股”。

## 成功的经营模式

专业市场经营模式主要包括只租不售、只售不租以及租售结合等方式。专业市场的举办者和经营者按照其战略规划、项目定位、招商策略以及资金安排等确定具体经营模式。

海宁皮城确定的经营模式是“初次招商租售结合、后续经营租赁为主”，事实证明，这种模式对于保证专业市场的持续经营与发展是合理并且行之有效的。

对此，《海宁皮城首次公开发行股票招股说明书》这样解释：

（1）“初次招商租售结合”的经营模式能促进特定商品的大规模集聚在专业市场初次招商中，如果商铺只租不售，在经营状况较差的情况下，商户易退租或不续租商铺，造成“商铺空置——商品规模和数量减少——市场吸引力下降——商铺空置”的恶性循环；同时，初次招商过程中租赁价格较低，市场的举办者和经营者资金压力一般较大，较难保证后续配套服务的持续开展。如果商铺只售不租，市场的举办者和经营者将无法分享专业市场持续发展的经营成果，对市场的后续服务、管理将缺乏动力，不利于促进专业市场持续繁荣。

在“初次招商租售结合”经营模式下，市场的举办者和经营者选择向知名生产商和品牌经销（或代理）商销售商铺，并将其余商铺租赁给其他商户。知名生产商和品牌经销（或代理）商的长期入驻，有助于提高优质商户的稳定性和对市场的忠诚度，有利于树立市场知名度和品牌优势，将会持续吸引大量的消费者和采购商。随着市场客流量的增多，其它商户也会纷纷入驻并租赁市场商铺，从而形成“商铺租赁需求上升——商品规模和数量增加——市场吸引力提高——商铺租赁需求上升”的良性循环，促进了特定商品的大规模集聚。

同样，厂房等配套物业的销售将使生产商在专业市场周边长期入驻，促进市场内商品的有效供给。随着生产商的不断聚集，聚集效应所带来的成本优势逐渐体现，其他生产商也将纷纷加入市场周边的生产网络，从而更有力地保障了特定商品的大规模集聚。

（2）“后续经营租赁为主”的经营模式有利于市场经营者分享专业市场持续发展的经营成果在“后续经营租赁为主”经营模式下，专业市场经营者的利益与市场繁荣度密切相关。市场的经营者将努力提升后续服务与管理水平，推动专业市场持续繁荣，促进商铺租赁价格稳定上涨，从而分享专业市场持续发展的经营成果。

### “专业市场股”

“海宁中国皮革城正式上市之后，有人将其归为商业地产股，有人将其归为商业零售股——其实都不然，海宁皮城是地地道道的专业市场股。”这是海宁中国皮革城董事长任有法反复强调的一个观点。

他认为，已经在专业市场板块上市的尽管只有海宁皮城、小商品城、轻纺城等若干家，在全国近十万个专业市场中这个比例还很小，但毕竟也证明专业市场这个中国特有的业态在做精、做专之后也能被资本市场认可和接纳。

不过对于炒房团来说，专业市场属于什么板块并不重要。只要感觉有炒作机会，他们才不管你是什么产业、处于什么地区。譬如海宁中国皮革城多年来一直受到了不少业外资金的“青睐”。其中一些人尽管“财大气粗”手提LV，但对皮革产业和营销其实一无所知，其投资目的也很明确，就是“升值”。对此，有人认为应该感到高兴，因为这进一步证明海宁中国皮革城的商业价值，甚至有人建议“趁势”炒高商铺价格以获得更高的盈利。但是也有很多皮革业内人士对此表示担忧和反对，因为这不仅将加剧商铺供不应求的局面，而且表面“繁荣”会危害长期的健康发展，所以要旗帜鲜明地提出“不欢迎炒房团”。

“我赞成后一种观点！更具体地说，专业市场不仅不欢迎狭义的炒房团，而且也要慎重对待广义的炒房团（包括投机目的明显的开发商）。”任有法强调。

近年来，由于房地产业的火爆和房地产开发商的强势，凡是与“房”有关的都被纳入了“地产”——建厂房被称为工业地产，建市场被称为商业地产。在任有法看来，这种过于宽泛的归类值得商榷。至少对于专业市场来说，这种概念似是而非，因为表面上看专业市场由于也通过出售或者出租商铺实现其价值而具有房地产的通常属性，但其最根本的属性则是与一般地产不同的，那就是其专业性。举个例子说，一套普通住宅其实不仅可以住人——画家可以用来做画室，作家可以用来构思写作，创业者可以用来做办公室，整幢住宅楼甚至可以用来做酒店式公寓……但是专业市场则不一样，皮革城不可能卖化纤布，轻纺城则不可能卖皮衣皮具，否则经营者和消费者都会“用脚来投票”！

浙江省市场协会原秘书长吕振华曾经对房地产开发商介入专业市场开发表示担忧，指其“盲目”。客观而言，一些地方政府希望借助房地产商建设市场来获取土地收益并培育商业气氛，这种想法并没错；而房地产商希望通过建设市场推销商铺来获取高额利润的想法也可以理解。但这类

“官商合谋”往往并不成功，甚至坑害了大批的投资者——就好像知名喜剧演员范伟主演的一部很有意思的电影《耳朵大有福》，男主角王抗美误入传销窝点被工商问话时说“我寻思你说网络不违法，商务也不违法，怎么这两样搁一起就违法了……”——两方面看似“不错”的想法合在一起却酿成“苦酒”，原因何在？其症结就在于忽视了专业市场形成和发展的根本规律。

首先，专业市场是在与产业集群的互动中形成和发展的。以海宁中国皮革城为例，正是因为当地在20世纪80年代以后形成了全国最大的皮革产业集群，并自发形成了一些皮衣、皮具以及原辅料的交易店铺，在此基础上因势利导发展形成了全国最大的皮革专业市场。如果观察小商品城、轻纺城等知名市场，也是类似的发展轨迹。

同时，专业市场必须有强大的消费基础。同样以海宁中国皮革城为例，正是因为其地处“长三角”核心区域，而长三角地区又是全国经济最发达、消费者对消费升级需求、时尚敏感度最强的地区之一。而皮革城还有一个重要的基本功能就是原辅料供应和行情发布，其“天然”的消费基础则是海宁的数千家皮革企业——在此基础上不仅服务了海宁本地的产业集群，甚至还影响了全国的皮革产业。

另外，专业市场的经营者必须对产业和消费有深刻的理解。经过三十多年的发展，中国的专业市场已经从早期一般意义上的商品集散地逐步升级到聚合效应不断提升的“集约化平台”——成为效率更高的商品采购平台、商品品牌孵化平台、产业结构调整平台、研发设计创意平台乃至旅游休闲购物的重要结合点。

有数据显示，到2007年底，全国有9万多个各类型的交易市场，年交易总额近5万亿元，年交易额在亿元以上的市场达4000多个。其中，专业市场约占55%。从这组数字可以看出，只有3.88%的专业市场年交易额超过亿元！

中国目前存在的专业市场中，有三分之二甚至四分之三事实上处于“休克”状态。

任有法表示，需要强调的一点是：你开发的住宅即便户型差、地段差，便宜一点总有人来买。而专业市场如果做不起来，就永远是一堆“混凝土垃圾”。其造成的社会资源浪费是惊人的。

从投资开发的角度谈了投机性资本进入专业市场开发可能导致的不良后果，任有法又进一步剖析了投机性资本进入专业市场商铺炒作的危害性：主要是扭曲价格和商铺供求关系，给业界传递不正确的信息，甚至形成“三明治陷阱”危害实业者。

前几年有60多位温州投资客在南京某“大世界”投入上亿元购买商铺，让他们没想到的是，进行招商时对投资回报鼓吹得天花乱坠并出示与高层政要合影以示实力的开发商不久就因经营不善而推翻承诺，投资客损失不小——此类案例在近年来商业地产商开发的专业市场中时有所闻。

更值得警惕的则是投机资本的劣根性——通过炒作制造价格落差，在“传花游戏”中获取暴利制造泡沫，最终引发深层次的经济和社会危机。所以不仅发展成熟的专业市场应该理性地对炒房团说“不”，那些尚处于发展期的专业市场也该目光长远，避免身陷投机者的资本游戏无法自拔——那样最终只会沦为“弃妇”。

## ☞ 3. 良好的投资者关系

众所周知，中国股市承载了股民太多的“爱恨情仇”，很多时候上市公司难免会成为股民情绪宣泄的对象。

海宁皮城自上市以来不仅以持续稳定的业绩增长从公司价值层面履行了社会责任，而且平时也非常注重与投资者加强互动，保持了良好的投资者关系。

以下是2013年的一篇公开报道：

## 海宁皮城董秘“小清新体”互动受肯定

2013年08月13日14：50 来源：全景网 作者：甄金

互动平台上，宁波GQY董秘“毒舌”巧答投资者，大受追捧。其实董秘群体庞大，不仅毒舌重口味董秘受欢迎，走自然朴实、亲和力风格路线的董秘也颇受肯定。有投资者戏言，夏日里互动平台吹来“一股徐徐清风”，海宁皮城（002344）董秘李宗荣就是这样一位。

### “心急吃不了热豆腐”安抚泻火不含糊

“这几天二级市场电商股热起来了，我们也焦急啊。可心急吃不了热豆腐，路还得一步一步走啊。”这是在全景网互动平台上，海宁皮城董秘李宗荣近日对于投资者询问公司网站是否搭建完毕的回应。

还有投资者着急：“3D试衣技术，公司是否大规模应用。”李宗荣的回应坦然：“皮革城内的商户2011年引进过3D试衣设备，不知是技术尚未成熟，还是人的身材差别太大，结果不是大规模应用推广，而是没过多久悄悄撤了。”

他后面还跟着来了一句自我宽慰：“鞋合不合适，穿了才知道，衣服合不合适，也是穿了才知道。非标准化产品，还是体验消费靠得牢!”

对于上市公司的最新动向，一些投资者急着了解，又不免着急上火，这位董秘安抚泻火不含糊。

### 面对质疑四两拨千斤

如今世道很多都缺，单不缺毒舌，包括投资者。就有这样一位投资者发问：卖皮草的公司，就要加强媒体宣传，靠嘴巴说是没用的，高管拿出切实的行动!

看起来，这位投资者非常不满意海宁皮城。董秘的回应显得四两拨千斤：“媒体宣传有时是通过采访作的报道，这时必须要靠嘴巴说的。公司宣传有全年的计划，淡季保暖，旺季加温。现在是淡季。”回应切中要点，还言简意赅。

## 面对指责拉投资者进一个战壕

当然，面对更毒的指责，这位董秘是耐心解释，还做出自我反思，更有把投资者拉进同一战壕的魅力。比如，有投资者指责公司管理层不善宣传，李宗荣解释，“面向投资者的宣传报道确实比较少，我们以为股东是自己人，是老板，向自己老板的吆喝费能省就省了”，很多投资者立刻舒心不少。而“这方面是不是太抠了？”所露出的自我反思姿态也让围观群众忍俊不禁。

股价是投资者最关注的。有投资者抱怨，海宁皮城股价短期表现不理想。董秘回应，“笑看潮起潮落，潮退了不裸泳才是王道。共勉。”群众们有点安心。

## 应对提问不专业客客气气不嘲讽

海宁皮城主营商贸物业，以“海宁中国皮革城”为公众认知，不过再大众的公司，也会碰到抓瞎的投资者。这不，就有投资者在互动平台问，“公司今年的研发费用是多少？”董秘回应客客气气又不带嘲讽：“公司是商业–物业经纪类公司，没啥可研发的啊。”

## 60后董秘亲力亲为回答

记者浏览了近期海宁皮城的互动记录，发现这两天，一向回应迅速的海宁皮城有点冷清，好多个问题都未解答。记者联系上海宁皮城证代杨克琪，对方表示，董秘李宗荣正在俄罗斯业务出差。他表示，互动平台近日回复都是“董秘亲力亲为”。

资料显示，李宗荣1969年出生，曾经任职海宁市政府办公室，自2007年任职海宁皮城董秘。记者还注意到，这位颇有亲和力的董秘互动从不用搪塞官方字眼，也不会动用一般投资者看不懂的专业术语，语言简洁、清晰。

## 60后董秘偶尔卖卖萌轻松一下

记者此前采访过的多位董秘一致认为，投资者关于业绩方面的提问是最难回答的，因为涉及到信息披露的问题。在这类难题回应上，记者注意到，海宁皮城这位60后董秘非常擅用网络流行词汇，大打轻松牌来应对。比如，有投资者问："公司期望持续保持增长，可能性大吗？"李宗荣回复："不管你信不信，反正我是信了。哈哈。"

据公司证代介绍，李宗荣平时十分关注微博和微信，对新生事物有很大的兴趣。这位60后董秘甚至偶尔会卖卖萌，比如问投资者还有啥要互动，会抛出一句，"弱弱地问一句"。

## 李宗荣：理解万岁

有投资者感言，互动平台不是一个标准应答器，而是看到一个个鲜活的人。人需要彼此理解，就需要平等对话，这也就是上市公司与投资者互相了解的根基。这也许就应了李宗荣在互动平台说的"理解万岁"。

# 第4章

# 由“市”及“城”

“城市”这个概念对于大众而言已经耳熟能详。所谓“城”，是指古代为了防卫外敌入侵而用城墙、护城河等围起来的区域，《管子·度地》有云：“内为之城，内为之阔”。而“市”则是指进行交易的场所，“日中为市”。换言之，“城”为行政地域的概念，即人口的集聚地；“市”为商业的概念，即商品交换的场所。

海宁中国皮革城作为“市”，不仅带动了海宁乃至中国皮革产业的发展和转型升级，也直接促进了海宁城市的发展。而随着异地扩建之后的海宁中国皮革城二期、三期、四期、五期、六期工程的建设，海宁中国皮革城已经具备了大型城市综合体的规模和功能，也成为海宁市区城市发展的重要推动力量。

与此同时，在海宁中国皮革城管委会的引导下，海宁较早地开始了皮革工业园区的培育和发展，对海宁皮革产业的集聚和海宁“中国皮都”品牌的打响也起到了有力的促进作用。

此外，海宁中国皮革城在推进立体化的发展过程中，也形成了在大城市中心城区才具有的楼宇经济现象——这从一个侧面也说明了海宁中国皮革城的产业集聚效应。

## 第1节　十年筑“城”记

从2005年2月28日，海宁中国皮革城易地扩建工程（一期）举行奠基仪式开始，海宁中国皮革城新址的建设和发展已经有10个年头。而这也是海宁中国皮革城众志成“城”、加速发展的十年。

海宁中国皮革城异地扩建的一期工程和二期工程，本书第二章已经作了重点介绍。三期工程（品牌风尚中心）因其特殊的战略意义将在后面着重介绍。本节主要介绍一下四期、五期、六期工程的情况。

### ☞ 1.“集腋成裘”促升级

裘皮服饰已经有很长的历史，中国商代甲骨文中就有表现“裘之制毛在外”的象形字。

史传距今3000多年前的殷商末年，丞相比干曾在大营一带为官。当时这里遍地荆棘，野兽肆虐，于是比干贴出告示鼓励民众打猎食肉，而将大小不一、色泽相异的兽皮收集起来，经反复泡制和试验，终于发明了熟皮技艺，使生硬的兽皮变得柔软，进而分类缝制成裘服。

随着鞣制技术的日益成熟，人们通过硝熟动物的毛皮来制作成裘皮服装，并且有了“集腋成裘”这个常用的成语。而比干也被后人奉为“中国裘皮的鼻祖”。在传统的皮草行还流传下了一条不成文的规矩，那就是凡进学徒，都要先拜过祖师爷比干，然后才能拜师学艺。

与革皮相比，裘皮原料及其制品价值相对更高，素有“软黄金”之称，裘皮原料及制品不仅具有保值增值功能，而且变现也较其他商品容易。

来自上海的服装店老板叶先生近几年多次专程前往海宁中国皮革城选购服装。据他介绍，其实自己家里貂皮已经有不止一件了，之所以特意到海宁来选购，一方面是作为服装业内人士走遍全国也的确找不到比海宁更好的裘皮市场，另一方面则是看中了裘皮的保值增值功能。

据了解，水貂皮根据产地主要分为北美（美国、加拿大）、北欧、中国等三大产地，就品质而言北美最佳，北欧次之，国产略差。

“品质越好的水貂越保值！”叶先生的观点在从事皮革业近二十年的海宁都彭服饰有限公司总经理蒋益喜那里得到了印证。蒋益喜告诉记者，优质的水貂不仅不会折旧，还会增值……

以上这些因素也是激发业界和消费者对裘皮热情的一个重要原因。

2010年11月13日，经过一年多建设，海宁中国皮革城四期暨裘皮广场正式开业，海宁市委书记沈利农、浙江省皮革行业协会会长李伟娟、海宁市人大、政府、政协领导出席开业典礼并剪彩。

这是2010年海宁中国皮革城继品牌风尚中心、佟二堡海宁皮革城之后又一个投入运营的大型项目，海宁中国皮革城的“立体化效应”也因此而进一步显现。

## 中国：悄然崛起的皮草消费大国

中国不仅仅是世界最大的毛皮动物饲养国，还是全球毛皮行业从业人员最多的国家、最大的原料皮进口国、最大的毛皮服装生产国和出口国、最大的消费国之一。中国轻工业经济运行及预测预警系统显示，2013年，全国天然毛皮服装行业累计完成产量达到465.40万件。

国际毛皮协会（IFTF）的数据显示，中国毛皮产业从业人员近700万人，整个产业惠及2000万人的生活。从1956年到2008年，中国的毛皮动物养殖行业总共创造了2500亿元人民币的产值，对中国的经济发展作出了重要贡献。

国际毛皮协会CEO马克·欧顿（MarkOaten）认为，即使是在2008年全球发生经济危机后，奢侈品消费仍然大行其道。人们穿着毛皮服装的初衷除去保暖之外，还出于追求“看得见的奢华”。另外，国际范围内，国际梯形台上也是比过去以往任何时候都更多地展示毛皮时装，顶级的设计师在使用着毛皮。

他强调，毛皮行业能保持强劲的势头最主要的原因是因为中国，中国有巨大的市场，不断崛起的具有消费能力的中产阶层。

国际毛皮协会协助有关方面完成的中国毛皮产业第一份综合性调查报告

显示，中国已是世界最大的裘皮贸易国，中国的毛皮行业发展了近60年，达到了相当规模。作为最大的原料皮进口国，中国的原料皮总进口额从2001年的1.72亿美元增加到2010年的6.18亿美元，增长率超过259%；作为最大毛皮服装生产国和出口国，中国的毛皮服装生产和出口约占全球的70%；作为最大的消费国之一，2010～2011年，全球毛皮制品零售总额为150亿美元，其中中国占了总额的四分之一。

该协会预测：到2015年，中国将成为世界最大的毛皮服装消费国，毛皮服装总需求量约为174万件。

另据中国皮革协会的资料显示，全球裘皮总产量已经进入了相对稳定的时期，而中国裘皮消费则进入了快速的上升通道，因而占全球的比重还将进一步上升。估算下来，目前中国每百人有能力拥有裘皮服饰数量是三到四件，裘皮消费刚好进入“井喷期”。

而据中国皮革协会副理事长、海宁中国皮革城董事长任有法分析，与国外“贵族化”不一样，裘皮服饰在中国走的是时尚化、平民化的路线，估计中国有裘皮消费能力的人口不少于4亿，所以市场潜力非常之大。

事实上，“中国买家”也已经成为丹麦哥本哈根皮草拍卖会、芬兰世家皮草拍卖会、美国传奇拍卖会、北美NAFA拍卖会等全球主要皮草原料拍卖会上举足轻重的购买力量，其中就有不少来自浙江海宁的企业家。

### 市场功能立体化，抓住机遇促升级

海宁中国皮革城自2005年异地扩建之后，市场成交额从1994年创办之初的5.8亿增长到2008年的65.2亿元，其作为中国规模和成交金额最大、配套最完善、现代化程度最高的皮革专业市场的地位更加稳固和突出。

尤其值得一提的是，经过多年发展，海宁中国皮革城的经营产品从最初单一皮革服装逐渐扩展到皮革服装、裘皮服装、箱包皮具、皮鞋、皮革原辅料等多门类的皮革产品。在海宁中国皮革城“新城”一期1300多件大开间、现代化的商铺内，也出现了专门的裘皮服装区和毛皮制品区。

市场也先后被国家和省命名为“国家级皮革服装中心批发市场”和“浙江省重点市场”。同时，皮革城利用位于长三角中心的区位优势和皮革产品的高档、时尚特性，积极与旅行社合作，发展休闲购物游。2009年，皮革城接待客源超过424万人次，成为长三角地区特色购物旅游中心。

此外，一些原先在广东、北京、温州、杭州等地的裘皮、毛皮企业纷纷迁移到海宁，海宁皮衣产业链不断丰富和完善。

2007年3月，海宁中国皮革城与哥本哈根皮草合作成立了海宁—哥本哈根毛皮学院，此举不仅提供了裘皮领域的人才保障，而且可以给中国客户和从业者提供皮草知识、皮草设计、潮流趋势、店面摆设、销售技巧等方面培训。

“针对裘皮消费不断升温的趋势，我们开辟了专门的裘皮交易区，市场反应非常热烈。为此，我们因势利导，在2009年10月启动了裘皮广场的建设。专门针对裘皮消费特点设计建造的裘皮广场更是受到了广大企业的追捧。”海宁中国皮革城董事长任有法这样说道。

2009年10月18日，海宁中国皮革城四期工程正式奠基。该项目位于海宁市海州西路北侧、海宁大道西侧，与皮革城一、二期工程仅一路之隔。工程占地近75亩，总建筑面积约为12万$m^2$，总投资约3.4亿元。

工程建设包括高层商务办公楼区、裘皮服装专业市场区以及皮革博物馆区三大功能区块。其中高层综合楼位于地块西侧，由两幢23层高楼组成，是本项目的制高点和地标建筑。其功能包括保养中心、裘皮批发、商务和办公等。皮革裘皮市场为四层建筑，主要布置商铺，是本项目的心脏，建筑面积约5.2万$m^2$。皮革博物馆为三层建筑，是衔接两幢高层塔楼的桥梁。建筑面积为2850$m^2$。

## 业界追捧

2010年4月26日至28日，海宁中国皮革城四期暨裘皮广场招商选房仪式在皮都锦江大酒店隆重举行。作为皮革城引导产品细分、扶持裘皮发展的拓展平台，裘皮广场项目从启动之初就受到广大裘皮企业及经营户的密切关注。本次为期三天的选房会吸引了来自全国各地的数百家裘皮生产企业及经销商积极参与，选房异常火爆，现场高潮不断。

本次选房采用商铺租赁期限内承租权费投标的方法选择商铺，所推商铺均采取租赁形式，租赁期为2010年10月1日至2015年6月30日。商铺价格由租赁期内承租权费和租金两部分组成，其中租赁期内承租权费为投标标的，中标后一次交清；每间商铺的租赁单价事先确定并在投标前公布，租赁期内固定不变，租金每年缴纳一次。本次选房会通过投标方式，有220户认租了裘皮广场225间商铺共2.74万$m^2$，为推出租赁面积的97.81%，总承租权费金额约6.37亿元，合407.68元/$m^2$·月，认租商铺平均租金水平为195.5元/$m^2$·月。

本次选房会采用暗标竞价商铺租赁期限内承租权方式选择商铺，根据楼层区域、产品结构及竞标对象不同，分三天四场次进行，共有来自全国各地的220多家裘皮生产企业及经销商积极参与，现场人潮涌动，座无虚席。暗标竞价的方式也吊足了现场竞标者的胃口，数十家企业及个人竞投一个铺位的情况成为常态，随着一个个高价位的产生，现场的掌声和欢呼声也此起彼伏。

面对火爆的竞标场面，不少企业主均表示，“金融危机”之后，裘皮行业整体发展态势趋好，尤其是2009年下半年意想不到的火爆销售让不少人觉得做裘皮颇有潜“利”是造成这次选房热潮的原因之一。

裘皮广场项目的正式启动，意味着海宁中国皮革城市场内涵更为丰富，提高了市场核心竞争力，中国皮革时尚策源地再一次实现了扩容和提升，市场的火爆招商也让皮革城的品牌效应再一次得到了彰显。

现场企业主和经营户纷纷表示，他们就是冲着海宁中国皮革城的金字招牌来的，这几年皮革城的发展有目共睹，市场的繁荣也让经营户赚了不少钱，这次推出的新市场也是绝佳商机，他们对市场的发展有信心。皮革城有关领导也表示，经营户选房踊跃就是对皮革城品牌的信任，市场管理方一定以此为动力，整合资源，做好宣传，与经营户一起共同打造好四期裘皮广场。

### 商业和文化价值的乘数效应

作为中国皮革业的专业公共营销平台，海宁中国皮革城是公认的皮革业龙头市场。四期工程的建成开业，无疑极大地提升了经营户的裘皮经营水平，促进皮革城经营产品的有效延伸，充分发挥专业市场的集聚作用，使裘皮服装专业市场成为皮革城又一市场亮点。

另外，皮革文化是海宁四大文化之一，也是中国皮革文化的重要代表，海宁皮革渊源流长，在历史上是重要的湖羊繁育基地，优质的羊皮为海宁的制革业提供了丰富的原料。“家家户户羊满圈，张张羊皮晒铺面”，是对海宁数百年传统皮革手工业兴旺发达的生动描绘。建设皮革博物馆，是展示海宁皮革文化和海宁皮革历史的有效载体。

任有法表示，四期工程的建设对于海宁中国皮革城而言，不仅是扩容，更是提升——通过打造市场销售、管理办公、博物展览于一体的现代化皮革行业商务区及专业市场，将产生极大的商业和文化价值的乘数效应。

而推动中国皮革业在争夺时尚话语权方面更上一层楼，无疑是海宁中国皮革城启动四期工程的初衷。

任有法表示，回顾海宁中国皮革城的发展，不仅在硬件建设方面不断做大，而且逐步形成了引领潮流的市场定位、完备的市场功能、良好的产业互动、强大的发展后劲——这一系列优势形成了海宁中国皮革城作为皮革时尚策源地的核心竞争力。

放眼全国皮革产业的发展，越来越多的业内有识之士正在努力通过研发、设计、营销等领域的提升使得皮衣、皮革制品消费从一般的产品消费升级为时尚消费。皮革时尚已经成为时尚产业的重要组成部分。

海宁中国皮革城是中国皮革时尚产业的领军者，从“皮衣时尚潮起海宁”到“我看世界风尚看我”，时尚已经成为发展之纲。在时尚大旗的指引之下，海宁中国皮革城不仅为消费者提供了越来越时尚的皮衣、皮革产品，也通过三期工程（品牌风尚中心）、四期工程等项目的建设为业界搭建进一步迈向时尚化、品牌化的发展平台。

“随着四期工程的建设，海宁中国皮革城作为‘中国皮革时尚风向标’的地位将进一步显现。将真正成为一座时尚之城、休闲之城、科技之城、文化之城！”任有法这样说道。

### 购物立体化形成裘皮消费井喷效应

“2007年至2008年，裘皮消费不断升温。这两年，则可以说已经形成了井喷势头。2009年，海宁中国皮革城裘皮销量增长30%以上。”任有法表示。

任有法的观点也得到了业界同行的佐证：全球大的皮草拍卖行之一——丹麦哥本哈根皮草拍卖行首席执行官托本·尼尔森在2010年秋冬裘皮发布会上表示，尽管皮草价格比2009年翻了一番，但是抵挡不住中国消费者的购买热情，目前中国已占全球裘皮贸易额的一半以上。

任有法在2009年底算了一笔账：“目前中国每百人拥有的裘皮服饰数量是三到四件，和汽车拥有量差不多，刚好进入‘井喷期’。与国外‘贵族化'不一样，裘皮服饰在中国走的是时尚化、平民化的路线，估计中国有裘皮消费能力的人口不少于4亿，所以市场潜力非常大！"

他还表示，随着裘皮广场的开业，海宁中国皮革城实现了从皮革原辅料到终端产品的立体化；终端产品则实现了皮革服装、裘皮毛皮服装、箱包皮具、鞋类等皮革皮具的立体化。

"对于广大消费者来说，海宁中国皮革城吸引他们的首先是专业、时尚、品牌。在这个基础上，这里的产品则又是立体的、多元的、丰富的。从消费心理学的角度看，专业化购物适合现代生活的快节奏，而立体化购物则能够给消费者带来有乐趣的消费体验。"任有法这样说道。

### ☞ 2."品牌集团军"现身皮革城

品牌生活馆是近年来兴起于大中城市的新型营销模式——作为一种以消费者体验为核心的全新载体，品牌生活馆以其温馨的交流空间、全新的购物环境吸引着众多注重消费品味的都市白领。海宁中国皮革城品牌旗舰店广场（五期工程）就是基于这种理念设立的。

任有法则表示，海宁中国皮革城一直倡导打造拥有商业文化内涵的市场，一期二期四期建立了前卫时尚的综合商业建筑群的形象，五期暨品牌生活馆将延续皮革城商业的文化性、品牌性的专业市场群的建筑概念，大力推广海宁中国皮革城的商业文化，进一步完善优化AAAA级旅游景区。

**政府重视　顺势而为**

海宁经济最大的特点是产业集群特色明显，经过多年发展，全市形成了以皮革为支柱产业，装饰布、经编为优势产业，电子、化工（医药）为新兴产业，富有特色的工业经济新格局。

进入21世纪，海宁市委市政府全面启动实施"工业强市"战略，提出了

“建设世界轻工先进制造基地”的发展目标，并制订了产业发展规划和相关政策，海宁市优势工业又一次迎来了新一轮大发展的历史机遇，产业的大发展。

随着俄罗斯和东欧市场管理的逐渐规范和市场需求的升级变化，海宁皮革服装出口市场已逐渐转向北欧、西欧、北美等地区，基本实现销售市场多元化。伴随皮革服装从制服过渡到休闲，从以秋冬大衣为主过渡到春夏流行时装的潮流转变，海宁皮革服装的设计、加工也已从传统的以保暖为主、用料厚实样笨重向轻、薄、透、露的皮革时装转变，同时也向裘皮服装、尼克服等更高档的产品方向拓展，基本实现皮革服装产品结构的调整升级和领域拓展。

与此同时，海宁市轻工行业除皮革、家纺、经编外，牛仔服装系列、袜业、鞋业均已具有一定的生产规模，建设一个轻工终端消费品的专业市场，必将大大加速这些行业本身的发展。

海宁市委市政府也把启动市区专业市场群建设列为“十一五”和“十二五”期间发展三产中的工作重点。历届市领导多次亲自听取汇报，多次实地察看，提出具体调研要求，市人大、政协专门召开座谈会听取各方意见和建议。海宁中国皮革城管委会组织进行了前期调研，海宁市家纺、袜业、牛仔服等行业的企业都表达了积极支持的态度，这就为皮革城扩建五期工程的开发提供了重要保证。

根据海宁中国皮革城的规划，皮革城五期工程暨品牌旗舰店广场致力于构筑新的信息发布平台、商品交易平台，有力地推动海宁市皮革相关产业以及牛仔服装行业、袜业、鞋业与其他轻工行业的发展，全方位构筑海宁经济的新优势，优化海宁经济的结构，推动海宁经济全面协调发展，全面实现市委市政府建设世界轻工先进制造基地的发展目标。

**划时代内涵提升：皮革城卖时装**

2012年9月26日，经过一年多的建设和精心装修，海宁中国皮革城品牌旗舰店广场正式开业。

2012年9月26日，中国皮革协会名誉会长张淑华女士（右）出席皮革城五期开业仪式，受到海宁市委书记林毅（左）、副市长胡燕子（中）等热情接待。

品牌旗舰店广场位于海宁中国皮革城西北片区，项目总建筑面积约为18.2万$m^2$，包括两幢共2.2万$m^2$的SOHO和16万$m^2$的商场。此次开业的品牌旗舰店广场位于商场一至四层，套内面积达4.85万$m^2$（建筑面积9万多$m^2$），经过严格的招商删选，共有185家品牌旗舰店入驻。

海宁中国皮革城品牌旗舰店广场在业态上完全颠覆了传统专业市场的格局概念，参照高端大商场根据商品结构分为时装馆、箱包馆、皮装馆、综合馆、女装馆五大部分，包罗了皮装、时装、皮具等多个种类商品。每个馆店铺不算多，但每间店铺面积最小也在200$m^2$以上，是一个“生活馆”的“世博园”，是一个“旗舰店”的“大本营”。

位于一楼的时装馆主要引进了纺织类的时装品牌，雅莹、久姿、凯撒等多个在国内市场拥有较大影响力的时装品牌已经率先“抢滩”。

据介绍，作为海宁中国皮革城业态拓展的全新尝试，品牌旗舰店广场在硬件装修、购物环境、服务体系等多方面都不亚于上海、杭州等一线城市的一线商场。

在一楼时装馆，400～500m$^2$的“大店”比比皆是，而且商家都进行了精心装修和布置。如首次入驻海宁中国皮革城的布类女装品牌雅莹不仅店铺面积接近500m$^2$，而且完全按照其在上海等大城市旗舰店的标准进行装修。

“时装馆的设立意味着海宁中国皮革城开始向皮革、裘皮以外的品牌时装延伸，这对于皮革城的业务拓展具有划时代的意义。”一位品牌专家这样表示。他认为，布类品牌时装的出现使得海宁皮革城的业态更加丰富和饱满，消费者更能够获得“一站式”购物的乐趣，而皮革城则获得了一个全新的增长空间。

另据海宁中国皮革城副总经理李宗荣分析，经过多年的努力，海宁已经涌现出一大批皮革、裘皮品牌，这些品牌发展到一定程度，发展包括布类时装在内的系列产品是必然趋势，而时装馆的设立将成为众多新锐品牌和消费者提供“亲密接触”的平台。

### “只认品牌不认人”

在海宁中国皮革城发布的品牌旗舰店广场招商细则上，有这样一句话：“在承租期内或商铺续租时，均‘只认品牌不认人’，如不再经营该品牌，则需将商铺无条件还给本公司。”

据介绍，品牌旗舰店广场制定了很高的准入门槛，要求入驻者必须是有自主品牌、有一定经营规模的皮装、时装、箱包皮具生产企业或品牌经营商。

招商细则明确规定：①优先面向商标持有人招商；代理经营品牌者需取得品牌持有人出具的不可撤销的尚余五年以上有效期的授权委托书；②谢

绝纯投资者参与，谢绝只授权、不经营的品牌参与，谢绝有仿冒名牌、傍名牌嫌疑的品牌报名；③具有连锁经营和大店经营经验者优先考虑；④每个企业、每个品牌只能选其中一个馆报名，多报无效。

在确定最终名单的时候，由中国皮革协会常务副理事长李玉中、中国服装协会副秘书长周一奇、浙江省皮革行业协会理事长李伟娟、海宁中国皮革城董事长任有法以及海宁三大商会、皮革协会、设计师协会代表等10位业内权威专家领导组成的重量级评审团对全部候选企业进行了审核评分，开业内之先河。

此外，品牌旗舰店广场开业后，全部商铺将实行“明码标价、明折明扣”和“七日内无条件退货”的商家承诺制度；所有入场经营者要求办理公司执照，原则上不办理个体工商户执照；女装馆由皮革城经营管理公司统一收银。

单店规模大、装修标准高、品牌起点高无疑是品牌旗舰店广场的显著特征。那么对于消费者来说，是否会出现消费价格“水涨船高”的局面呢？

对此李宗荣表示消费者大可不必担心：首先作为工厂直销店，海宁皮革城天然的价格竞争优势始终是其重要的“卖点”；同时海宁皮革城已经成为一个以皮革、裘皮领衔的大型专业商圈，五期开业后商户将超过3300家，竞争无疑是激烈的，而充分竞争也意味着买卖双方更能够在一个合理的价位上成交。

### 低碳思维嵌入品牌内核

近年来，“低碳经济”、“低碳社会”、“低碳城市”、“低碳生活”等一系列新概念、新政策应运而生。摈弃传统的经济增长模式和生活方式，直接应用新世纪的创新技术，通过低碳经济模式与低碳生活方式，实现可持续发展——这些理念已经成为全球共识，各国政府都极其重视发展低碳经济。

在此背景下，越来越多的企业将低碳思维嵌入了自己的品牌内核。在海宁中国皮革城五期工程的建设和运营中，即充分体现了这一理念：

①全面贯彻“节能设计、节能运行”的能源利用指导思想，按照国家和浙江省规定的节能设计标准与规范进行项目设计，并按设计要求施工。

②在建筑物墙体、楼（屋）面、遮阳等建筑围护系统，空调、照明等设备系统，推广应用节能材料、产品和技术，禁止和限制使用粘土砖和高耗能的用能设备系统。

③建筑平面形式尽量简洁，减少外墙面积以减少热扩散面积。建筑的外墙、屋顶要采用高保温性能建筑材料和建筑构造方案。窗的面积要适当，尽量利用自然采光，减少人工照明。选用的照明灯具应符合国家现行相关标准的有关规定。

④设备、设施全部采用新型或改进型节能产品，以降低能耗。引进设备在技术先进、报价合理的基础上同时比较节能效果。

⑤电气设计中采用低损耗变压器，并设无功功率补偿装置，提高功率因数，降低损耗，供电设备置有完整的计量系统，对不同使用功能的场所用电、用水安装计量仪表，单独进行记录核算，以节约耗能。

⑥所有卫生设备均采用节水产品，给排水设计中生活给水一律选用节能型的自闭式冲洗阀。

⑦设立节能管理机构，派专人负责节能管理工作，将节能工作切实落实到位。

“虽然和制造业相比，海宁中国皮革城属于典型的‘无烟产业’，低能耗、低排放。但是作为一家负责人的企业，我们还是要把低碳理念融入到企业发展的方方面面，为生态文明建设贡献自己的点滴力量。”任有法这样说道。

事实上，不仅海宁中国皮革城五期市场融入了低碳理念，拥有大面积屋顶的一期、二期、三期市场也已经开始为生态社会建设贡献自己的力量——

从高处俯瞰，海宁中国皮革城一期、二期和四期市场的屋顶一片浅蓝，太阳能光伏发电设备形成了一道独特的风景。在海宁中国皮革城屋顶成功试水的这一光伏发电项目，就是备受关注的“金太阳”示范工程项目海宁皮革城3.6兆瓦光伏发电示范项目。据悉，该项目是全国首个依照国网公司新政并网的分布式太阳能光伏发电项目。

2012年10月28日，由海宁市政府主办的海宁中国皮革城3.6兆瓦光伏发电示范项目并网仪式正式举行。分布式光伏发电项目指位于用户附近，所发电能就地利用，以10千伏及以下电压等级接入电网，单个并网点总装机容量不超过6兆瓦的光伏发电项目。该项目由天通高新集团与海宁中国皮革城采取合同能源管理的模式建设，总投资约5000万元，是2011年国家“金太阳”示范工程项目。

根据测算，该项目每年能够为海宁中国皮革城供电300余万度，节约电费30余万元。如与相同发电量的火电厂相比，每年可节约3000余吨标煤。

### ☞ 3. 六期：打造省级现代服务业集聚示范公共服务平台

2013年9月28日，计划总投资约13.4亿元的海宁中国皮革城六期项目正式奠基。项目总占地面积9.79万$m^2$，项目总建筑面积约为32万$m^2$，建设内容包括国际馆、皮衣批发中心、展览中心。

海宁市人大副主任许煜威，海宁市副市长胡燕子，海宁市政协副主席高兴龙，海宁中国皮革城董事长任有法等相关领导、嘉宾为出席了奠基仪式。

国际馆将引进国际二三线的皮具、箱包、皮鞋、时装品牌；皮衣批发中心建成后拟集聚海宁及周边地区小规模皮衣生产企业；展览中心拟面向本公司、本行业及社会承揽展会。项目建成后将进一步增强皮革城的会展服务功能，提升对海宁皮革城全国连锁市场的集散支撑能力，特别是加速海宁皮革产业的国际联网，加快海宁在国际产业链中从贴牌制造基地向贸易集散中心拓展的步伐，为海宁打造为世界级的皮革贸易与资源配置中心发挥提供有力的平台支撑。

皮革城六期工程不仅是皮革城的重大项目，也是海宁市2013年服务业的重大建设项目，将建成皮革城市场升级的新标杆、海宁城市地标的一个新亮点。

在《2014年浙江省扩大有效投资“411”重大项目表》中，海宁中国皮革城六期作为（省级现代服务业集聚示范区）公共服务平台项目，被列为续建类重大项目。

## 第2节　园区：“中国制造”大平台

近年来，产业园区作为区域经济发展的龙头，已经成为各地对外开放、招商引资的主要载体，同时也是发展优势产业、促进产业集聚的重要平台。

专家认为，园区经济是适应当前市场经济的创新性、人文性、生态化、现代化和国际化而兴起的新兴市场竞争主体，是地域经济主体的现代化、特色化和社会化。

海宁皮革行业的园区建设发端于20世纪后期，如今不仅已经成功打造了海宁皮都科技园、海宁中国皮革城出口加工区、海宁中国皮革城箱包皮具加工区，还先后启动了海宁皮革时尚产业园等新型园区建设。一系列的举措对于引导产业集聚、夯实海宁乃至中国皮革制造业基础、促进行业加快转型发展都起到了积极作用。

## ☞ 1. 快人一步的园区建设

### 海宁皮都科技工业园

1999年11月22日，海宁市政府市长办公会议研究决定，在海宁市区西北部开发建设占地4.72平方公里的“海宁中国皮都科技工业园”。

园区坚持“高起点规划、高标准建设、高效能管理”的指导思想，加快开发建设，加强对外招商。同时出台了一系列优惠政策，为入园企业在政策、机制、服务和各种税费上提供便利条件，引导众多皮革企业和其它无污染企业流向园区。

短短数年，就有蒙努、长虹等80多家皮革骨干企业进入园区，其中投资在500万元以上企业11家，1000万元以上企业6家，开发面积近700亩。总投资超过了2亿元，形成了100万件皮革服装和800万件（套）皮革制品的生产能力。至此，一个规划布局合理、产业优势明显、环境服务一流的全国著名特色工业园已经初具雏形。

“从租金和税收两个方面，政府出台了大量扶持政策，鼓励企业创新。

我们鼓励更多有创新能力的企业以此为契机，集中资源发展。除了海宁市建设的园区外，各个乡镇也纷纷建立了自己的平台。这些丰富的平台，支撑着皮革产业快速发展。”嘉兴市政府副秘书长（2002年至2011年任海宁市副市长）施震东这样说道。

### 出口加工区

2002年12月18日，海宁“百亿工程”项目——海宁中国皮革城出口加工区一期工程奠基启动。

海宁中国皮革城出口加工区位于海宁市区北郊，海宁皮都科技工业园区北侧，是由海宁中国皮革城股份公司（原名浙江皮革服装城投资资开发有限公司）投资兴建的皮革产品产业园区，一期和二期合计占地面积386亩，截止目前已建成皮革服装加工子区和箱包加工子区各一个，建成标准厂房91套计26.5万几$m^2$，入驻皮革服装、皮草和箱包皮具等生产企业78家，吸纳劳动力近10000人，成为推动海宁皮革产业发展又一支生力军。

值得一提的是，由于海宁皮革业的集聚效应和出口加工区优越的创业环境，又有4家皮革企业、8家裘皮企业分别从北京、温州、杭州等地迁入。

海宁中国皮革城出口加工区。

### 箱包皮具加工区

海宁中国皮革城箱包皮具加工区自2005年6月启动。加工区位于海宁市皮都路西侧，总建筑面积4.5万余$m^2$，可吸纳20多家企业。

随着2006年4月首批企业入驻生产，结束了海宁以前只有零星几家箱包企业、皮革城箱包基本是外地货的历史。

入驻园区浙江高臣皮业有限公司总经理吴应培谈到为何要投资办箱包企业时说："创业的又一个机遇来了。海宁的政策环境好，多年的皮革服装经营积累了宝贵的客户资源，皮革城扩建提供了一流的销售窗口，这些优势资源合理利用与整合，为创业奠定了良好的基础。"

吴应培投资创办的海宁太平洋联合箱包有限公司引进了法国"巴黎世家"和意大利COBO（羚羊）等知名箱包品牌，在皮革城设立100多$m^2$品牌专卖店。还有国内注册箱包品牌4个，在国外依据马德里条约注册皮具品牌3个，为发展自主品牌打基础。

他表示，要以皮革城箱包皮具加工区为基地，以皮革城为展示窗口，依托国际品牌，培育自主品牌，努力办成一个真正"海宁造"的一流箱包皮具生产企业。

### 海宁皮革时尚产业园

2012年9月25日，海宁中国皮革城时尚产业园开工奠基仪式隆重举行。皮革城时尚产业园位于桐九公路以东、姚九线以南，纬九路以北区块，总建筑面积约12.5万$m^2$，估算总投资2.4亿元。项目由32幢单体建筑组成，包括标准车间、综合用房及辅助车间。

该项目得到了市委市政府以及上级领导的高度重视——奠基仪式由海宁市副市长胡燕子主持。海宁市委书记林毅、市人大常委会主任徐辉、市委常委、组织部部长沈雨祥、副市长俞亚明、市政协副主席高兴龙、以及意向入驻企业代表出席奠基仪式，并为项目开工典礼剪彩。

2013年下半年，海宁皮革时尚产业园陆续交付使用。

2014年初，嘉兴市经信委主任卓卫明专程赴产业园考察调研。在项目现场，卓卫明一行边走访一边听取关于时尚产业园项目的介绍，同时参观了已入驻园区的一家皮革企业。了解了时尚产业园的投资背景、建设规模、施工进程以及未来展望后，卓卫明指出，该项目的开发和建设，是皮革城实施内涵式增长战略的又一重大举措，针对目前皮革产业部分企业发展的现状，必须充分发挥皮革时尚产业园的集聚效应和龙头带动作用，帮助解决皮革中小企业的发展需求，助推皮革产业的转型升级，帮助企业应对市场的激烈竞争。

### ☞ 2. 产业集群升级的海宁经验

“这得益于海宁的产业优先发展战略。”谈到海宁皮革园区建设，曾担任海宁市副市长的金富荣这样说道。

海宁历届市委、市政府始终把皮革业作为全市经济发展的第一支柱产业和产业发展战略的重中之重来加以定位，切实强化计划指导和政策扶持。早在1996年，市委、市政府就明确提出海宁经济发展的“135”发展战略，将皮革业列为海宁的特色支柱产业，其后十几年来始终坚持把皮革业作为全市经济发展战略中的重中之重，优先加以发展。

在将培育打造海宁中国皮革城作为核心战略的同时，海宁先后制定了《海宁市工业结构调整指导意见》、《海宁市皮革产业集群转型升级实施方案》等一系列纲要性文件，出台各种政策对皮革产业进行扶持，在技改贴息、信贷支持、土地安排、加快折旧等方面给予倾斜。

如今，海宁皮革业依托皮革城和相关园区平台，加快了集群化、规模化、网络化发展步伐。已经形成了以沙发套和成品沙发、皮件服装、制革为支柱，以皮革票夹、箱包、皮革化工箱包五金配件和皮革手套等小制品为补充的较为完整的皮革产业体系。

在推动皮革产业向现代产业集群转型升级中，海宁市积极组织实施科技创新工程。一方面，积极鼓励和引导企业加强专业人才的培养和引进，加强与国内大专院校、科研院所的技术合作，提高科技创新能力。另一方面，帮助部分大企业引进了一大批国际先进的制革、成衣设备，使整体装备能力处于国内先进水平。同时，政府投入2600万元资金用于科技创新服务平台建设，引进了方圆皮革检测中心、中国皮革和制鞋研究院、温州大学等研发机构，组建了皮化研究公共实验室，把制约皮革产业发展的关键、共性技术作为主要研究方向。企业创新能力的提升以及区域创新体系的逐步完善，提高了海宁皮革产业的整体竞争力。

一直以来，制革企业给人的印象就是高污染、高能耗、高水耗，近年来，制革业的环境污染问题已经严重制约该行业的健康发展。为破解环保难题，海宁的制革企业不约而同地把目光转向强化源头控制和循环利用研究。

针对人们关于皮革制造业污染环境的担忧，海宁市也采取了关停落后产能和加大技改力度的双重举措。

海宁瑞星皮革有限公司和四川大学合作的“500万标张/年制革园区清洁生产与废物循环利用的关键技术及示范项目”形成了源头控制污染——废水综合利用——废料资源化利用的循环经济技术与发展模式，最终实现制革园区污染的“近零”排放。

海宁大众皮业与中国皮革研究院签订了铬回收的项目合作，此项目正式使用后，所有的鞣制生产线都将与这套设备“接轨”，通过铬回收，铬鞣废液利用率可达到90%。不但可以变废为宝，更实现了清洁化生产。

新项目带来了环境效益，源头控制成效明显。制革企业不但从废弃物中回收有用材料，变废为宝，还大大降低了治污成本。譬如大众皮业运用铬回收技术后，不需要再把铬污泥委托给别人处理，一年能省下10多万元处理费。

瑞星皮革推广无氨脱灰技术后，原水的氨氮指标下降了50%；低硫少灰保毛脱毛技术批量应用后，原水COD和氨氮的指标分别下降了40%和30%。

另外，海宁蒙努皮革制品有限公司早在2008年就尝试无硫脱毛技术应用于牛皮沙发革生产，产品还通过了科技部等四部委的认证。

## 第3节　楼宇经济悄然形成

经过20年发展，海宁中国皮革城不仅成为全国规模最大、最具影响力的皮革专业市场，而且还不断衍生出狭义专业市场以外的价值，其中一个较为典型的方面是：一般只在大城市才出现的楼宇经济，在海宁中国皮革城已经颇具气候。

### ☞ 1. “皮革城长高了”

就城市形象而言，北京、上海、杭州等中心城市和一般中小城市的区别主要在哪里？直观地看，中心城市往往是高楼密集、经济高度集聚。

近年来，在很多中心城市，“楼宇经济”已经成为一种新型的经济形态，这种经济形态以商务楼、功能性板块和区域性设施为主要载体，以开发、出租楼宇引进各种企业，从而引进税源，带动区域经济发展为目的，以体现集约型、高密度为特点。

楼宇经济是集聚现代服务业与制造业企业总部的高级经济形态，能够在非常集约的空间内汇聚可观的人才流、资金流、信息流，创造持续的就业与税收，产生的财富效应与节地效应非常明显。

在中国，楼宇经济的提法始于20世纪90年代，是经济学界提出的一种复合概念。楼宇经济的概念和实践首先出现在深圳和上海，随后出现在沿海的一些经济发达城市（杭州、宁波、福州、大连、天津、无锡等），并且也日益被其他一些城市政府所接受。

在一些大城市的中心城区，譬如杭州市下城区，由于楼宇集中且吸纳了大批金融机构和企事业单位的总部入驻，更是早在数年前就率先提出了“楼宇设区”的概念。

近年来，楼宇经济成为中小城市发展城市经济过程中的一个重要抓手，譬如海宁市有关部门出台的相关促进意见，希望藉此来壮大区域经济规模、增强区域经济核心竞争力。

正所谓“无心插柳柳成荫”——从皮都锦江大酒店开始，海宁中国皮革城不仅成为交易市场的“巨无霸”，也已经成为一个具有相当规模的“楼宇社区”。

在海宁中国皮革城一期市场南侧，是皮革城乃至海宁市区的重要标志性建筑——皮都锦江大酒店。这幢28层大楼高118米，建筑面积5.1万$m^2$，投资2.4亿元，是一个集商务办公、酒店、餐饮、休闲娱乐为一体的高档商务楼，其中酒店定位为五星级，建成开业时是海宁市唯一按五星级标准建造的酒店；

皮都锦江大酒店

位于海宁中国皮革城西侧的皮革城大厦高23层，总规模4.9万$m^2$左右，概算总投资1.5亿元左右，目前4个楼层为海宁中国皮革城股份有限公司办公场地，其他楼层则入驻了不下30家皮革企业；

海宁中国皮革城三期工程暨品牌风尚中心由72幢1500～3300$m^2$多层楼宇、高25层的网商大厦、一幢12层设计大厦及风尚会所服务区组成，总建筑面积20万$m^2$，总投资6亿元，目前已经入驻一百多家各类企业总部、设计机构等，成为全国著名的皮革专业CBD（关于这一项目，本书还将有专门章节做详细介绍）；

在海宁中国皮革城四期地块，除了现代化的交易市场和皮革博物馆，还有两幢23层方形建筑形成地标式双子塔。这两幢高93米的高层商务办公楼建筑面积约为5万$m^2$，功能包括皮革研发中心、会议、大型展示、商务和办公等；

海宁中国皮革城五期暨品牌旗舰店广场位于海宁中国皮革城西北片区，项目总建筑面积约为18.2万$m^2$，包括两幢共2.2万$m^2$的26层SOHO式公寓和16万$m^2$的商场。SOHO式公寓的建设可满足广大企业商住需求；

于2013年9月份奠基的海宁中国皮革城六期项目位于海宁中国皮革城二期原辅料市场西侧。项目总投资13.4亿元，总占地面积约147亩，建筑面积约33.8万$m^2$，包括展览中心、国际馆、皮衣批发中心，计划2014年下半年逐步投入使用。

此外，在佟二堡、成都、哈尔滨等连锁市场，海宁中国皮革城本部市场发展楼宇经济的经验也得到了成功复制。

### ☞ 2. 城市经济的“发动机”

学术界认为，发展楼宇经济至少有五个方面的战略意义。

①楼宇经济的崛起是城市土地集约利用的要求。城市土地资源短缺，需要集约化利用土地。目前我国大中城市土地资源的越来越短缺，城市经济要持续发展，必须集约利用土地，需要一种以集约化发展为本质特征的经济形式的出现。楼宇经济正是对土地集约利用的经济。

②楼宇经济的崛起是现代服务业集聚和辐射的必然结果。现代服务业、知识经济的发展，为楼宇经济发展提出大量需求。随着各大城市工业的外迁和比例的降低，现代服务业在各大城市日益发展，现代服务业已日益成为各

大城市产业发展的支柱和方向。城市知识型服务业对城市周边区域乃至全国的市场都极具吸引力和影响力。现代服务业在城市的集聚，需要楼宇提供办公空间。

③楼宇经济的崛起是价值链分解的必然结果。在全球分工不断加剧的大背景下，价值链不同环节呈现出快速分解的态势，而相同或相近的环节在同一空间中不断积聚，以至于出现各种专业性极强的功能区域。在经济发展的早期，企业在办公空间上是一体的，研发、管理、设计、生产等位于同一办公地点。但随着企业价值链的分解，管理与研发、生产分离。企业由单一中心、独立行为、地方观念向多个中心、相互依存、全球观念转变。企业的管理功能更趋向于是中心，而研发功能更趋向于专业的科技园，生产功能更趋向于低价便宜的郊区或工业区。价值链各环节的分解和同类集聚，打破了过去传统的企业自建自用的办公场所，新的集聚需要新的商务楼宇提供空间支持。

④楼宇经济的崛起是楼宇本身集聚的要求。在楼宇出租竞争日益激烈的情况下，楼宇的集聚能提升楼宇集聚区的空间形象和吸引力，保持楼宇租金的增值。

⑤楼宇经济的崛起也是城市政府规划引导的结果。城市政府为了促进本城市、本城区经济的可持续发展，越来越加强规划的引导。城市政府根据产业发展规划和城市功能区的集聚规划，规划了各式各样的城市功能区，而各功能区的功能实现必然要通过楼宇的建设提供空间载体。

对照海宁中国皮革城诸多楼宇的发展情况，土地集约利用、现代服务业集聚和辐射、价值链各环节的分解和同类集聚、提升楼宇集聚区的空间形象和吸引力、提升城市功能等各种价值都不同程度得到了体现。

如今，海宁中国皮革城的楼宇群与海宁城南新区、海宁西部总部商务区的诸多商务楼群已经连成一片，这对于海宁市区从一个传统的县级小城成长为“长三角”南翼重要城市发挥了不可忽视的作用。近年来，海宁的城市品牌不断提升：2008年位列全国百强县市21名，2010年入选福布斯大陆最佳商业城市第91位、福布斯25佳县级市第16位，2011位列福布斯中国大陆最佳县级城市第11位（浙江第3位总排名第78位）。另外还被评为中国现代服务业十大最具投资价值县市区。

# 第5章

# 八千里路云和月：专业市场连锁的海皮模式

连锁经营作为一种现代化的商业模式，是商贸行业做强做大的“不二法门”。长期雄踞世界500强前列的沃尔玛、家乐福等零售业“巨无霸”都是连锁经营的成功实践者。

专业市场能否连锁经营？多年来，很多专业市场的策划者、举办者、经营者在思考和尝试这个议题。但是，由于种种原因，很多“连锁市场”只是徒有虚名，真正统一品牌、统一标识、统一管理、统一经营的专业市场连锁很长时间未能切实破题。

从2008年开始，海宁中国皮革城开始尝试在全国开设连锁市场。经过多年努力，成功地趟出了一条中国专业市场的连锁之路。

如今，在全国各地已经有多家海宁中国皮革城连锁市场正式开业：2010年9月，佟二堡海宁皮革城开业；2011年10月，新乡海宁皮革城开业；2012年9月，成都海宁皮革城开业；2013年10月，武汉海宁皮革城开业……

加上之前于2008年11月开业、2010年6月被海宁中国皮革城正式收购70%股权的沭阳海宁皮革城以及于2014年9月开业的哈尔滨海宁皮革城，至2014年下半年海宁中国皮革城已经完成在全国6个城市的连锁布点。另外，北京、天津、济南、郑州等海宁中国皮革城连锁市场也已经进入建设或筹备阶段。

海宁中国皮革城连锁模式的成功，得益于公司制定的内涵式发展和外延式扩张并举的发展战略——“外延式扩张”是指在国内其他大中型城市举办和经营以皮革制品为主导的专业市场所带来的新增销售收入、租赁收入和其他收入。与此同时，海宁中国皮革城在本部市场以及各连锁市场都加速了“内涵式发展”，即促进市场繁荣、提升商户盈利能力、带动相关产业发展，进而实现海宁中国皮革城自身规模和效益的不断上升。

# 第1节 “远征”佟二堡

佟二堡海宁皮革城是海宁皮城上市之后正式创办的第一家连锁市场。由于佟二堡作为全国三大皮革产业基地之一的重要战略地位、以及佟二堡海宁皮革城“内涵”与“外延”并举的成功实践，本章将为“远征佟二堡”重点花费一些笔墨。

## ☞ 1. 为什么是佟二堡

### “高粱米肚子，料子裤子”

辽宁省灯塔市佟二堡镇地处浑太平原，北距沈阳桃仙机场45公里，东距沈大高速公路灯塔出口25公里，南距辽阳市区25公里。

《佟二堡皮装裘皮产业2010～2015年发展规划》显示，截至2009年，佟二堡皮装裘皮生产企业有900余家，拥有7处10万$m^2$皮装裘皮专营市场和1公里长裘皮专营一条街，全行业从业人员达2.3万人，年销售额超过70亿元。

此处辽东半岛的佟二堡人很早就有经商意识。20世纪80年代初期，佟二堡人开始搞商品生产和经营，做过运动服、大纹哔叽、羽绒服等，后来开始从事皮装、裘皮的生产、经营和加工，逐渐形成了自己的两大主导产业，即皮装和裘皮产业，如今佟二堡已成为全国最大的三大皮装生产、销售基地之一（浙江海宁、辽宁佟二堡、河北辛集）。

佟二堡于1992年4月建立经济特区，2010年被辽宁省委省政府定为沈阳经济区新市镇，2012年被辽宁省委省政府定为沈阳经济区新城，1996年被列为全国综合体制改革试点镇之一，是闻名海内外的中国皮衣裘皮基地，被评为辽宁省特色旅游乡镇、中国皮装裘皮产业基地、中国皮革皮草服装名城、辽宁省示范服务业集聚区。

对于佟二堡乃至整个东北，海宁中国皮革城董事长任有法还有自己独特的了解和感情，因为从1974年到1990年，他在东北部队服役了17年！

“我在东北的时候，东北人有句话叫做‘高粱米肚子，裤子料子’，意思是吃饭可以吃的差一点，但是衣服不能不讲究。”任有法告诉笔者。

或许可能正是东北市场对服装类消费品的巨大需求，1993年佟二堡就出现了国内第一家皮衣市场，比海宁中国皮革城的创建还早了一年。

但是由于整个产业转型升级相对缓慢，专业市场也缺乏整合——当海宁中国皮革城实现上市并且向全国大规模扩张之际，佟二堡的皮衣销售还处在非常分散的状态。

### 政府抛出橄榄枝

为了促使佟二堡皮衣、裘皮行业尽快形成“大市场、大流通”的局面，辽阳市、灯塔市、佟二堡特区等各级政府多次派员赴海宁中国皮革城洽谈合作。海宁中国皮革城以及相关政府主要领导也多次赴佟二堡考察论证。其中2008年下半年，时任嘉兴市委常委、海宁市委书记俞志宏亲率专题调研组赴佟二堡考察。在经过详尽调研分析之后，俞志宏一锤定音：海宁中国皮革城到佟二堡开设连锁市场，完全可行！

值得一提的是，作为辽宁省近年来引进的规模较大的专业市场项目，佟二堡海宁皮革城项目得到了辽宁省政府以及各级政府的高度重视和大力支持。

在洽谈过程中，时任辽宁省省长陈政高专门在办公室会见了任有法一行，听取海宁中国皮革城对于项目合作的设想和意见建议，并当场拍板落实了拓宽沈大高速灯塔出口至佟二堡公路连接线等相关事宜。

此后，陈政高省长对佟二堡海宁皮革城给予了高度关注。在赴辽阳考察期间，他专门指示要求培育佟二堡裘皮皮装产业服务业集聚区。以皮装裘皮产业为龙头，形成现代化、国际化的皮装裘皮交易体系和东北亚重要的交易中心。

为落实陈政高省长在辽阳调研时的指示，协助辽阳市科学规划并落实佟二堡新市镇建设发展规划，加快把皮革产业做大做强，2010年4月28日，辽宁省服务业委员会主任赵颖奇带领有关负责人专程赴辽阳，调研佟二堡新市镇建设规划及皮装裘皮产业发展情况，冒雨视察了海宁皮革城施工现场等项目，听取了辽阳灯塔市和佟二堡经济特区关于皮革产业基本情况、发展趋势、未来目标、下一步工作措施和建议的汇报。

对于辽宁省各级党委政府给予的重视和支持，任有法也多次在各种场合代表海宁中国皮革城给予感谢。

佟二堡海宁皮革城

## ☞ 2. 给佟二堡带来了什么

随着建筑面积25.7万m²的佟二堡海宁皮革城三期于2014年下半年建成，佟二堡海宁皮革城作为“大东北皮革交易第一平台”的地位更加巩固——从2009年到2014年短短5年间，佟二堡海宁皮革城就实现了“三级跳”，成为海宁和佟二堡这两大皮革、裘皮产业基地之间合作共赢的典范。

## 两大产业基地的共赢之举

2010年9月28日，在赵本山、小沈阳等东北著名演艺明星的助兴和众多嘉宾、观众、消费者的欢笑声中，佟二堡海宁皮革城（一期）正式开业。

该项目占地147亩，建筑总面积17.4万$m^2$，包括近16万$m^2$4层交易大市场和1.4万余$m^2$14层商务酒店，设有近700家皮革品牌店，其中佟二堡当地皮革企业占50%，海宁皮革企业占40%。

在此之前，佟二堡海宁皮革城项目不仅得到了辽宁省各级党委领导的重视，也受到了证券投资界以及皮革行业的高度关注，而且其“打造大东北皮革交易第一平台”的广告语一经出现，就引发了社会的广泛关注。

有业内人士称：海宁和佟二堡这两大产业集群的强势联手将进一步加强中国皮革、裘皮时尚“动车组”的动力和发展后劲，并将为提升东北乃至全国的皮革、裘皮时尚消费带来深远影响。

在佟二堡海宁皮革城对外招商期间，东北、浙江、河北、广州、香港等地的商人们结对前往佟二堡海宁皮革城，700多个商铺抢购一空。如此火爆的招商情况，在全球金融危机以及佟二堡海宁皮革城招商零广告的情况下实属不易。

2010年9月28日，佟二堡·海宁皮革城不仅举行了隆重的开业仪式，同期举行第八届佟二堡中国皮装裘皮（旅游）节开幕仪式、大型文艺演出、哥本哈根皮草时尚发布等活动。

2012年9月22日，第十届佟二堡中国皮装裘皮（旅游）节开幕式暨佟二堡海宁皮革城（二期）皮装、裘皮品牌广场开业仪式、KC皮草之夜—2012中国皮革裘皮流行趋势发布会在佟二堡海宁皮革城中心广场隆重举行。

总投资3亿元、占地116亩的佟二堡海宁皮革城二期工程于2011年4月全面开工建设，总建筑面积13万$m^2$，包括3万$m^2$的原辅料市场，10万$m^2$的皮装裘皮市场。

佟二堡海宁皮革城原辅料市场是二期工程的重要组成部分，总建筑面积3万，商户172家，原辅料市场的建立为广大服装原料、服装辅料，特别是皮革原辅料经营者提供良好的交易平台，为佟二堡及东北地区的皮革服装、裘皮服装和其它服装、箱包生产企业提供更为丰富的商品和更为便利的服务。

二期皮装、裘皮市场广场位于一期市场北侧，总建筑面积10万$m^2$，市场规划店铺800余间，并通过中心连廊与一期市场互通。该项目吸引了大批有实力的皮革企业、经营户加盟，进一步提升了佟二堡海宁皮革城的经营档次、品牌氛围以及购物环境，也标志着佟二堡海宁皮革城B座皮装、裘皮品牌市场将与A座市场、原辅料市场一起，形成一个辐射东北三省的皮装、裘皮购物基地，进一步奠定佟二堡海宁皮革城在东北三省皮革专业市场领域的领导地位。

2013年5月16日，佟二堡海宁皮革城三期项目开工奠基仪式隆重举行。这是继2012年海宁皮革城二期项目成功运营以来，海宁皮革城的又一鼎新力作。

总投资8.5亿元的三期工程占地189亩，建筑面积25.7万$m^2$，由14.5万$m^2$的城市生活馆、8万$m^2$的皮装裘皮服装研发创业园和和2栋17层共3.2万$m^2$的公寓酒店、电子科技大厦三部分组成，计划2014年下半年建成投入使用。

### 转型发展的大平台

目前，已经有2000多家皮革专业商户入驻佟二堡海宁皮革城，其中100多个品牌为国际国内知名品牌，包括雪豹、圣尼等中国真皮衣王品牌，以及金罗兰、KC、東兰等知名裘皮品牌。

据了解，佟二堡海宁皮革城全部建成后不仅将成为佟二堡皮装市场的航空母舰，而且将产生良好的社会效益和经济效益——皮革城为当地提供了5000多个就业岗位，推动了佟二堡新市镇建设。因此有人士将佟二堡海宁皮革城的兴建称为东南沿海经济发达地区参与“振兴东北”战略的重要典范。

值得一提的是，佟二堡海宁皮革城复制了海宁中国皮革城先进的品牌营销、经营管理模式之后，不仅大大提升了佟二堡乃至东北的皮革、裘皮服装营销水准，而且对于佟二堡这个享有盛名的皮革产业基地的转型发展也带来了直接的推动作用。

2013年，4月23日，第16届“真皮标志杯”中国国际皮革裘皮服装设计大赛佟二堡赛区在佟二堡海宁皮革城拉开帷幕。本次大赛由中国皮革协会主办，在全国共设立海宁、佟二堡及成都三大赛区。

鲁迅美术学院、辽宁美术职业技术学院、大连工业大学服装学院、黑龙江大学艺术学院、长春工业大学纺织服装学院、清华大学美术学院、中央民族大学、天津工艺美术职业学院、山东服装学院等多所院校都派师生参赛。其中佟二堡赛区共收到来自20多所设计院校将近300份作品。

此外，皮装裘皮服装研发创业园、电子科技大厦等项目的落成，将进一步推动佟二堡皮革、裘皮服装行业的转型升级，使这个历史悠久的产业基地进一步焕发新的活力。

2011年12月25日，辽宁省省长陈政高再度到辽阳市进行工作调研，实地考察了灯塔市城市改造、佟二堡新市镇建设、佟二堡海宁皮革城裘皮产业发展和辽阳河东新城开发建设情况。

在考察佟二堡皮装裘皮产业基地佟二堡海宁皮革城时，陈政高指出，发展皮装裘皮产业，佟二堡有很好的基础。要加快研发中心建设，在鼓励企业自创品牌的同时，大力支持企业走出去收购国际知名品牌，引进研发团队，开拓国内外市场，把佟二堡推向全国乃至全世界。陈政高并给予了佟二堡海宁皮革城高度赞扬，希望佟二堡海宁皮革城可以越做越好，切实的推动佟二堡市场经济。

另据了解，佟二堡海宁皮革城先后被评为“辽阳市服务业发展贡献单位”，“辽阳市旅游购物示范店”等荣誉称号。

**再思考**

佟二堡海宁皮革城启动之初，在当地业界也引发了不小的震荡。不可否认，有当地业界人士对海宁中国皮革城这一“入侵者”持怀疑乃至戒备的态度。经过5年来的创业和融合，佟二堡海宁皮革城已经成为东北地区最具影响力的皮革、裘皮市场，这说明：

①作为中国三大产业基地之一，佟二堡具有比海宁更多的客观优势，譬如更靠近原料产地、靠近皮革服装尤其是裘皮服装的消费腹地，其皮革专业市场的起步时间比浙江皮革服装城还早至少一年，但是其市场升级明显滞后，而佟二堡海宁皮革城的崛起证明海宁中国皮革城具备了“中国皮革、裘皮产业流通渠道整合者”的能力；

②佟二堡海宁皮革城不仅给当地带去了全新的购物平台，而且给当地带去全新的理念，并且促进了当地皮革、裘皮产业的转型发展，这证明海宁皮革对中国皮革产业集群已经具有整合能力。

此外，佟二堡海宁皮革城的服务功能正在不断加强，针对专业裘皮养护服务紧缺的现状，佟二堡海宁皮革城联合KC皮草成立了皮草售后服务中心，在佟二堡海宁皮革城购买的裘皮均可以送到黑龙江省哈尔滨地区、吉林省长春市以及辽宁省佟二堡海宁皮革城内的所有KC皮草专营店享受一系列的售后服务保障。

据了解，佟二堡海宁皮革城售后服务中心成立之前，在东北地区裘皮市场售后是空白的，佟二堡海宁皮革城售后服务中心是东北地区首个售后服务中心，它的成立填补了东北地区裘皮市场无售后的空白，同时也体现了佟二堡.海宁皮革城真正服务于消费者，把消费者的购物体验及售后服务质量放在首位的宗旨。

# 第2节 “赶考”中心城市

从目前海宁中国皮革城本部已经各连锁市场的分布看，“产地型市场”和“销地型市场”两大归类已经非常明显。依托皮都海宁和佟二堡皮革产业集群的本部市场和佟二堡海宁皮革城无疑是典型的“产地型市场”，而近年来陆续建成开业的成都海宁皮革城、武汉海宁皮革城，在建的哈尔滨海宁皮革城，以及积极筹建中的济南、郑州、天津、北京等连锁市场，则有一个共同的属性：依托中心城市、辐射周边广大区域的“销地型市场”。

这一过程不仅使得海宁中国皮革城多年来保持了做强做大的良好态势，也为专业市场的中国式连锁趟出了一条行之有效的道路。

有人说，好的商业模式是能够复制，同时不用担心别人简单地模仿。多年的实践也证明，海宁中国皮革城的连锁战略均符合上述两个特点。

## ☞ 1. 在“试水”中完善

### “试水”沭阳

江苏省沭阳县地处徐州、连云港、淮安、宿迁四市结合部，是江苏省北部地区重要的门户城市。沭阳拥有179万人口，是江苏省陆域面积最大、人口最多的县。

2008年11月，由海宁中国皮革城参股的沭阳海宁皮革城开业。2010年6月，海宁中国皮革城控股沭阳海宁皮革城，将其正式纳入海宁中国皮革城的连锁经营管理体系。

沭阳海宁皮革城总建筑面积5.2万$m^2$。其中主体高层17层、综合楼6层、裙楼4层。市场采用“MALL”设计理念，将专业皮革城、豪华酒店、时尚餐厅、写字楼等多重城市功能优化整合，裙房及综合楼1至3层为皮革市场，综合楼及主体1～3层为酒店餐饮用房；综合楼4～6层为商务办公用。

之所以选择沭阳，有几个方面的原因：

一、海宁中国皮革城创业的最初十年，成功实现了从“卖海宁”到“买海宁”，即通过市场的创立和发展，改变了海宁皮衣企业背井离乡兜售产品的局面，将海宁打造为全国皮革、裘皮行业的时尚设计和生产销售中心。随着海宁皮衣影响力的日益增大，以中小企业为主的海宁皮革、裘皮行业如何进一步开拓各地市场？和大企业不同，中小企业最需要的是能够“抱团出击”的大平台，所以2005年海宁中国皮革城在本地实现搬迁新址之后，对外开拓也逐渐提上了议事日程；

二、海宁中国皮革城通过客源分析发现，无论是旅游大巴、公共交通，还是自驾，基本已经形成了“150至300公里消费半径”，即海宁中国皮革城最有效的客源主要集中在周边300公里尤其是150公里距离之内的长三角地区，沭阳距海宁超过500公里，与周边苏鲁皖地区的交通便利，恰恰可以在客源覆盖上对海宁起到补充作用；

三、沭阳海宁皮革城规划建筑面积5.2万$m^2$的规模也符合海宁中国皮革城外扩之初的稳健原则。更重要的是，沭阳的开业和运作可以为海宁中国皮革城在其他城市的连锁积累经验、培养队伍。

沭阳海宁皮革城的商户主要来自浙江海宁、桐乡、温州及广东广州等地，国内主流的皮衣、皮草、箱包、皮鞋云集沭阳。与此同时，沭阳海宁皮革城借鉴海宁中国皮革城本部多年来行之有效的旅游营销策略，以宿迁、淮安、徐州、连云港、临沂五大城市为基础，不断开拓苏鲁皖豫四省客源，与青年旅社、中国旅社、春秋国旅、天马旅社等大量知名旅行社合作，开辟纯购物游、花香沭阳文化游、皮革城+总理故居、皮革城+老子山专线游等多种旅游专线，扩大市场消费半径，树立市场品牌。沭阳海宁皮革城还被国家旅游局评定为AAA级旅游景区。

开业以来，沭阳海宁皮革城吸引了周边城市大量客源，客流量每年呈现上升趋势，2013年全年客流量达25万人次。

### 从新乡到郑州

2013年12月25日，海宁中国皮革城与郑州市中牟县政府签订投资协议，投资7.5亿元在郑州市绿博产业园内建设郑州海宁中国皮革城，计划于2015年下半年开业。

海宁皮城的公告称：郑州海宁皮革城开业以后，本公司计划全部或部分关闭新乡海宁皮革城。

至此，海宁中国皮革城在中原地区的布局终于有了重大提升，而其在新乡的“试水”也有了一个较为满意的结果。

也许有读者会问：新乡海宁皮革城如果最终关闭，不是以失败告终吗？你怎么还说“满意”？且容本书慢慢道来——

2011年10月22日，新乡海宁皮革城正式开业。新乡海宁皮革城总经营面积约7.5万$m^2$，设有商铺600间。市场内经营户百分之九十以上来自于海宁原产地，均为当地品牌工厂在河南市场的直销店。

这是当时中原经济区规模最大的皮革专业市场，也是海宁中国皮革城实施外拓战略以来首次在大中城市开办“销地型”市场。

当时海宁中国皮革城为何会在新乡开设连锁市场？2011年，笔者曾两次随海宁中国皮革城副总经理李宗荣赴新乡调研和采访。

李宗荣告诉笔者，海宁中国皮革城在成功开设了江苏沭阳、辽宁佟二堡两个连锁市场之后，进一步确立了按照“大区”开设“销地型市场”的战略。

河南省地处中原腹地，300公里交通圈内可辐射近2亿消费者，而且《国务院关于支持河南省加快建设中原经济区的指导意见》明确提出要改造提升商贸、餐饮等传统服务业，突出发展物流、文化、旅游和金融等现代服务业。

“得中原者得天下这句话对于海宁中国皮革城来说可能太大了一点，但是入驻中原毫无疑问是海宁中国皮革城外拓的必要选项。”李宗荣这样表示。

和佟二堡海宁皮革城等外拓连锁市场自行规划、自行设计、自行建造不同，海宁中国皮革城落户新乡是新乡汇金城“以商招商”的结果。

新乡汇金城位于新乡市火车站广场、平原路与自由路交叉口，这里是新乡最核心的商业区，火车站、长途客车站、公交总站环绕周围，新乡市所有主要商业均分布在周边，交通便利、商业发达，是理想的购物旅游市场。

汇金城总建筑面积达70万$m^2$，项目由大型专业市场、购物中心、星级酒店、商务写字楼、步行街、SOHO公寓和住宅区组成。号称“中原第一城市综合体”。

在汇金城开发商的热忱招商之下，海宁中国皮革城、杭州四季青服装市场两家国内著名的专业市场落户于此。

“风险不大，可以尝试。”这是海宁中国皮革城董事长任有法在确定投资方案时的总结。

经过三年的运营，新乡海宁皮革城客流一路上升，2013年客流量达到39万人次。但是和海宁中国皮革城的“中原战略”相比，这一业绩却不能令人满意，而且新乡海宁皮革城遭遇的一些“瓶颈”已经日益显现：

一、新乡市尽管距郑州仅70公里 是豫北地区唯一的国家公路运输枢纽城市，京广、太石铁路在此交汇。但是新乡作为一个地级市，其在周边地区的辐射能力却相对有限。特别是中原地区的消费者还是强调城市“级别”，不像长三角地区沪宁杭等大城市消费者已经习惯前往海宁这个县级市购买皮衣。在郑州和新乡调研时，笔者也不止一次听到有消费者、经销商甚至媒体人士感叹：“这个市场如果办在郑州，效果会更好！”

二、新乡汇金城地处繁华城区，本地客流不愁，但是很重要的外地客流却存在消费体验不佳的问题——从高速公路新乡枢纽下来后，还需要穿过拥堵的新乡市区才能抵达目的地；而且抵达新乡海宁皮革城后，停车难也往往困扰着外地消费者；

三、相对于庞大的河南市场而言，新乡海宁皮革城无论是体量还是盈利规模，均严重偏小，与海宁中国皮革城强势的扩张战略不相一致。

为此，海宁中国皮革城将目光转到了郑州。郑州作为河南省会城市，是中原地区的经济中心和交通中心，而郑州海宁皮革城项目所在地“绿博产业园”紧邻郑州市郑东新区，位于河南省“郑汴一体化”规划的中心位置，交通便利，区位优势明显。“绿博产业园”内已经开业的“方特欢乐世界”和“绿博园”项目，有望与海宁皮革城实现客源共享和互补，项目选址具备了开发建设“海宁皮革城”的良好条件。

但是新乡海宁皮革城即便关闭，对于海宁皮城的投资而言不仅谈不上失败，甚至还颇有收益：为了培育商业氛围，新乡汇金城以相对优惠的价格将市场出售给海宁中国皮革城，经过三年多的发展，物业已经大幅度升值；同时汇金城作为新乡本地最繁华的的城市综合体，相关物业无论是出租还是出售，都还是能够为海宁中国皮革城带来持续的收益。

## ☞ 2. 向中心城市迈进

在当代经济社会活动中，中心城市无疑具有引领性、决定性的地位。进入21世纪之后，全球GDP的90%以上由城镇生产，而其中绝大部分由集中在中心城市。在城市化和全球化时代，中心城市决定着一个国家和地区的核心竞争力。

海宁中国皮革城在制定新一轮发展战略的过程中，始终把进军各大区的中心城市作为扩张的立足点。

西南地区的成都、东北亚区域的哈尔滨、环渤海湾的天津、齐鲁大地的济南、傲视全国的北京……这些具有举足轻重地位的中心城市纷纷进入海宁中国皮革城的战略视野，一个又一个“海宁皮革城”连锁市场落地生根、开花结果！

### “赶考”

说起地处北极圈的瑞典小镇阿姆霍特，很多中国人未必知道，但是说起宜家家居，中国消费者尤其是“中产”、“小资”阶层可以说无人不知。只有1.5万人口的阿姆霍特正是宜家集团的总部所在地。

这家创建于1934年的跨国公司迄今已经在全球拥有300多家门店，其2013财年数据显示，超过4500万人次的消费者访问过宜家商场，同比增长12%；网站访问量则超过3000万次，同比增长33%。

诞生于小镇却能够成为全球家居时尚的代言人——宜家的成功之路令众多起步于草根的中国品牌痴迷。

“表面上看宜家的总部在一个小镇上，但它之所以能够成为影响全球的企业，关键在于实现了在全球重要地区、中心城市的布局。譬如宜家进入中国市场首选的就是上海、北京、广州，然后是成都、南京这些大城市。”

“海宁中国皮革城也是起步于小城市。虽然得益于优越的交通区位优势和方方面面的努力，本部市场取得了很大成功，但是如果要巩固和提升专业市场领军地位，就必须到大城市去‘闯荡’一下。”

海宁中国皮革城董事长任有法这样说道。

2012年9月28日，随着海宁中国皮革城外拓连锁的“第四站”——成都海宁皮革城开业，海宁中国皮革城终于实现了在中心城市的“落子”。

在中国的版图上，地处西南的成都有中国“第四城”之称。在中国西部，成都不仅是川渝经济圈的重要一“极”，还对陕、甘、云、贵、藏、青等西部省区具有较强的辐射作用，理论上可覆盖近3亿的消费人群。

2011年11月26日，在十届全国人大常委、中国轻工业联合会名誉会长陈士能，全国政协常委、民革中央副主席钮小明，四川省人大副主任杨志文，中国轻工业联合会顾问、中国皮革协会名誉会长徐永，以及成都市新都区、浙江省海宁市主要领导的见证下，总投资13.63亿、总建筑面积45.6万$m^2$的成都海宁皮革城举行奠基仪式。

成都海宁皮革城位于新都区北部商城北新干线和新城大道西延线交叉口西北角，项目用地约198亩。与之前沭阳、佟二堡（一期）、新乡三个外拓项目相比，成都项目的投资力度、市场规模都远远领先。

在奠基仪式上，任有法表示，在成都北部新城现代商贸综合功能区打造“西部第一、全国一流”商贸集成服务新城的战略指引下，成都海宁皮革城将全力打造集大型皮革、裘皮服装、箱包展示交易中心、中国西部服装创意设计中心、高端商务酒店、休闲娱乐餐饮、高档公寓于一体的大型商贸旅游城市综合体。

## 多赢局面形成

2012年上半年，成都海宁皮革城举行第一轮招商。由于众多皮革、裘皮品牌的追捧，租售情况大大超过预期，成为当年海宁皮城业绩快速增长的重要亮点之一。

2012年9月底开业之后，成都海宁皮革城努力探索销地型市场的经营特点，面对几乎空白的市场和消费基础环境，寻找行之有效的方法。用海宁中国皮革城副总经理、时任成都海宁皮革城总经理王红晖的话说："首先是积极引导和培养消费者皮草消费观念，来做大市场消费规模这个大蛋糕。"

为此，成都海宁皮革城通过"女人的衣柜应该有7件皮草"、"男人的衣柜应该有3件皮草"等理念的传播，积极引导皮草消费时尚。与此同时，成都海宁皮革城以传播提升知名度、品牌度和培养消费忠诚度为关键，用核心战略引爆成都这个中心市场，辐射全川，采取以"促销带活动，活动带广告，先做客流量，后做客单价（先做知名度，后做美誉度）"的营销推广策略，将营销活动、广告、宣传报道和旅游营销进行有机组合，成功完成了销地型市场培育的探索之路。

通过创造性地开展"海宁来了，成都变了"、"时尚成都，找到'北'了"、"三百公里死亡圈，成都海宁皮革城引发西南皮革零售业大洗牌"等事件炒作，引发了消费者广泛关注和热议；通过举办"皮衣节"、"皮草节"、"感恩父母，送皮草"等一系列促销活动引发西南皮草消费热潮。2012年，成都海宁皮革城客流高峰时日车流量达1.3万辆，实现了"满场开业，旺场经营"的目标。

2013年，成都海宁皮革城客流量达到139万人次，其中旅游大巴实现突破性增长，达到4902辆次，同比增长600%——客流尤其是旅游大巴的剧增证明成都海宁皮革城已经进入客流的快速成长期。

王红晖表示，销地型市场在继承了原产地市场“时尚、款式新颖，工厂直销价”三大竞争力因素以外，还需在“市场商场化管理，软环境建设，专业化服务”上提升销地型市场竞争力。因此成都海宁皮革城将购物旅游和旅游营销模式在旅游行业进行更加深入有效的整合和推广，于2014年5月成功创建国家AAAA级旅游景区，成为西部首个购物型AAAA级旅游景区，进一步丰富了四川旅游产业的内涵，将购物旅游模式有效植入当地经济发展。

海宁中国皮革城董事长任有法对成都海宁皮革城的成功探索和快速成长非常欣慰：“以成都为代表的大城市对海宁皮革城按下了‘YES键’，而区域中心城市的辐射能力也为海宁皮革城的持续增长带来了无穷的动力！”

他还表示，成都海宁皮革城的成功运行，标志着海宁中国皮革城顺利完成大西南最核心区域的战略布点，更为重要的是为皮革城外拓发展、大型销地市场建设积累有效经验，坚定了“赶考”的信念，找到了“赶考”的法门。

成都海宁皮革城的开发建设也得到了成都市委市政府的高度重视，其运营以来的快速增长态势以及对周边商圈的带动和示范效应也得到了成都市的高度评价和赞赏。

2014年1月14日，成都市市长葛红林会见任有法时表示，作为海宁中国皮革城最大的外拓项目，成都海宁皮革城落户新都区以来，吸引了600多家品牌商户入驻经营，引进了国内外一线皮装品牌1000多个，并成功移植了“购物旅游”的商业模式，有力促进了成都市相关产业不断提档升级。

葛红林还对海宁中国皮革城在成都扩大投资的意向表示欢迎，他说：作为地方政府，成都市和新都区将一如既往做好各项服务，加快完善周边交通基础设施，积极搭建区域对外开放合作平台，确保项目顺利推进，合力将成都海宁皮革城做大做强，进一步促进成都市商贸旅游经济发展。同时，希望成都海宁皮革城争取在接下来的成都泛自由贸易区、免税区的建设中担当主力、大有作为，立足新丝绸之路的起点，辐射整个西亚地区，直通欧美；也希望海宁中国皮革城介绍和带动更多优秀企业来成都投资发展，进一步扩大合作领域，实现政企双赢。

任有法表示，决定规划和开发成都海宁皮革城二期项目，是基于对成都良好发展环境和未来市场潜力的综合考量，公司将进一步提升项目建筑形态，优化业态组合和品牌引进，确保成都海宁皮革城实现高端发展，努力为成都商贸旅游经济发展作出新贡献。

成都海宁皮革城。

## 在路上

“内涵式发展和外延式扩张并举是我们的既定发展战略，所谓外延式扩张，不仅是进一步做大海宁中国皮革城本部市场规模，更多的是体现在全国的连锁。这几年，我们基本保持了每年开业一个、开工一个、储备几个的连锁拓展节奏，这样的扩张还在持续。不排除将来还会出现一年中同时新开一个以上连锁市场的可能。”海宁中国皮革城副总经理李宗荣这样表示。

一个值得关注的现象是，从2011年开工建设成都海宁皮革城开始，海宁中国皮革城连锁市场战略几乎都锁定了中心城市。

继2012年9月成都海宁皮革城开业之后，2013年成为海宁中国皮革城在各大中心城市开业、开工、签约的“大年”。

2013年10月，武汉海宁皮革城开业。

2013年5月，哈尔滨海宁皮革城奠基开工，2014年下半年将正式开业。地处东北亚的哈尔滨市素有国内皮革、皮草消费“圣地”之称。哈尔滨海宁皮革城总投资约12亿元，占地面积约200亩，总建筑面积达40万$m^2$，规划建设约33万$m^2$的皮革专业市场和7万多$m^2$的配套商务楼，预计将开设近700家店铺，创造海宁中国皮革城单体连锁市场规模新纪录。2013年10月底，市场主体顺利结顶，仅用156天，创造了哈尔滨市项目高效建设典范；

哈尔滨海宁皮革城奠基开工。

2013年9月，天津海宁皮革城项目正式签约，该项目投资总额约为5.3亿元，总建筑面积约15万$m^2$，计划2015年三季度投入使用。此举将加快海宁中国皮革城在华北地区的连锁市场布点战略，开拓天津及环渤海地区市场；

2013年10月，济南海宁皮革城项目正式签约（2014年6月，该项目开工奠基），该项目地处济南“海那城”，面积约184.6亩，建筑面积约19万$m^2$。计划于2015年秋季开业的济南海宁皮革城位于济南市京沪高铁、城际高速、城市高架交汇处，地理位置优越，交通便利，市场辐射能力强，将是山东省唯一的海宁中国皮革城连锁市场；

2013年12月，海宁中国皮革城与河南省郑州市中牟县政府达成投资协议，计划投资7.5亿建设郑州海宁皮革城，项目用地面积约150亩，预计2015年秋冬季投入使用。

北京海宁皮革城项目也有望在2014年取得实质性进展。由于北京这座城市的特殊地位，北京海宁皮革城项目无疑也将具有标志性意义。

此外，2013年以来海宁中国皮革城还先后考察了多个城市的海宁皮革城选址，其中西安、呼和浩特、乌鲁木齐等多个城市有望成为外拓的“项目储备”。

“不排除将来把连锁市场开到国外去。”任有法曾多次透露这一雄心。

早在20世纪八九十年代，海宁的皮革企业就通过边贸的方式把皮衣、皮革制品销售到俄罗斯等多个东欧国家，在莫斯科曾经出现过海宁商人集中的“海宁楼”，但是这种相对粗放的贸易方式囿于种种主客观原因未能长期持续。建立在现代企业制度和规范的国际贸易基础上的“欧洲海宁皮革城”确实是值得期待的！

济南海宁皮革城正式签约。

# 第3节 浙货行销“动车组”

浙江经济靠专业市场起家，浙江转型发展也离不开专业市场——这个说法毫不夸张。浙江省委书记夏宝龙曾这样评价专业市场：拉动浙江经济的“火车头”、创业创新的催化剂、浙货销天下的主渠道、推动城乡巨变的加速器。

近年来、尤其是2008年“金融危机”之后，开拓国内市场成为曾高度外向的浙江经济转型发展的重要抓手，如何进一步发挥专业市场（有形市场和网上市场）的作用，也就成为关键。

用夏宝龙的话说，专业市场是浙江率先发家的至宝，是浙江走在前列的法宝。要把市场作为浙江制造业转型升级的向导，让市场成为浙商闯天下的切入点，将市场作为改善民生的基础保障，全力推动浙江市场转型升级，以市场转型带动经济转型升级。

浙江省委书记夏宝龙（中）在海宁中国皮革城调研。

海宁中国皮革城历来以内销为主，而随着其向全国“复制”这一模式，一个规模巨大、效益喜人的浙货行销“动车组”正昂然前行。

## ☞ 1. 多管齐下觅新路

### 浙货危机

研究浙江经济离不开两个关键词：一是“民营经济”；二是“出口创

汇”。长期以来，民营经济占比超70%和外向度超70%，这两个“70%”一直是外界描述浙江经济的最直观概括。

在改革开放初期，作为全国国有经济基础相对薄弱的省份，浙江人“洗脚上田”，依靠“千方百计、千山万水、千言万语、千辛万苦”的“四千精神”，因陋就简地从纺织服装、鞋帽、皮革、日用百货、小五金之类相对简单的产业起步，艰难地重启了被中断已久的工业化进程。

这是一个“勇气+运气”的时代。因为一无所有，浙江人显得特别敢作敢为；因为经历了从1949至1978年整整30年的折腾，中国当时面临的正是“缺吃少穿”的市场短缺局面，浙江企业针对“吃、穿、用”生产的各种商品尽管相对粗糙，但依然受到了市场的欢迎。

20世纪90年代开始，国内市场逐渐从“卖方市场”转变为“买方市场”，浙货俏销的局面开始改变。但是聪明的浙江人发现了比国内市场更为广阔的国际市场，大量商品转向外销，这一转维持了浙江经济不下十年的高速增长。

从浙江对外出口的整体情况看，浙江在“九五”至“十一五”前半期都保持了高歌猛进的态势：

据海关统计，“九五”期间（1996年至2000年），全省出口累计613.3亿美元，年均增长20.4%。出口额在全国的位次，由1996年的第8位上升为1998年的第4位，并连续稳居全国第四。一般贸易额稳居全国第一位，成为浙江出口的一大特色。外贸出口成为浙江经济增长的重要拉动力量。

“十五”期间（2001年至2005年），浙江出口总额累计达到2289.3亿美元，比“九五”的613.3亿美元增长2.7倍，“十五”时期年均增长31.6%。2005年，浙江实现贸易顺差462.1亿美元，占全国贸易顺差总额的近一半。

“十一五”初期，浙江出口继续保持了高速增长，2006、2007年的增速分别达到31.4%和27.2%。2008年四季度，“金融危机”全面影响浙江经济，全年出口增速有所下降，为20.3%。

2009年，“金融危机”对浙江经济的重创暴露无遗，当年出口额比上年大幅下降13.8%。

2010年、2011年，浙江出口增速有所回升。其中2010年在上年下降的基础之上增长35.7%，2011年则增长19.9%。

但是2012年浙江出口终于疲态全显，增速为3.8%，远低于7.9%的全国平均水平。2012年是浙江近十几年来除2009年以外增幅首次跌入个位数。也是继2011年之后连续两年出口增幅低于全国水平。①

2013年，浙江出口在上一年低增长的基础之上有所回升，增速为10.8%，增长率勉强回到两位数。

另外值得关注的一组数据是：来自海关的数据显示，2013年上半年浙江中小型外贸企业出口数量大幅减少，1至5月份，海关统计有外贸实绩的中小企业为4.18万家，减少幅度达1500家。而出口额1000万美元以上的大型外贸企业也减少了39家。杭州海关专家分析认为，这与浙江省外贸所面临的严峻环境密不可分。

在外贸黄金时代渐行渐远的背景下，“扩大内需”近年来成为浙江各级党委政府的一个主题词。用浙江省省长李强的话说：“别忘了国内市场就是世界最重要的市场之一。”

### 多管齐下觅新路

有学者认为，早年海宁治理劣质皮、温州焚烧劣质鞋是传统浙货为了保住市场的一种自我救赎。由于当时浙江经济的体制、机制先发优势依然存在，所以相对容易地实现了纠错。

---

① 浙江“九五”至“十一五”期间外贸出口数据引用自邹建锋著《浙江难题》，中国发展出版社2014年3月版。

随着消费品深陷“买方市场”或曰“消费者主权时代”，加上浙货的传统优势越来越受到兄弟省（市、自治区）的强有力挑战。如何实现浙货在市场上的新一轮振兴，就成为从官方到业界普遍思考的问题。

2008年“金融危机”之后，作为攻坚克难之策，浙江省先后开展了打造全国浙商营销网络、浙货万里行、建立浙江名品中心、建设省外营销中心、建设浙货营销中心等各种浙货推广举措。

譬如，根据2009年5月时任浙江省省长吕祖善关于建立全国浙商营销网络的指示，浙江省经合办牵头会同相关单位和企业在全国20个省区市设立了20家拓展浙江产品市场办公室、204家浙江产品营销中心和534家浙江产品重点经销户。2010年，在全国20个省、区、市先后有167家浙货营销中心建立，同时还确定了市场外重点经销户347家。营销中心和重点经销户覆盖20多个行业，几乎涵盖了浙江所有的主导产品和名特优新产品。

2011年，浙江省工商局和浙江省市场协会牵头组织省外浙商市场设立100个“浙货销售中心”，为浙货畅销全国、全世界搭建平台。2011年2月，“浙商全国专业市场联盟”正式成立，并发表了“联盟宣言”，倡议走出的浙商：优势互补，勇担责任，反哺浙江，对接产业，资金联合。设立“浙货销售中心”的工作目前还在持续。

浙江省经信委则多次举办了以“浙货万里行”为主题的商品展销、推广活动。

在2014年浙江省商务工作电视电话会议上，浙江省商务厅表示：着力提高浙货在国内外市场的占有率和竞争力是其工作重点之一。根据商务厅的计划，到2017年，浙江产品的国内市场份额进一步提升，市场覆盖面广、品牌影响力大、市场竞争力强的浙货营销体系基本形成。

上述浙货推广工作的一个重要载体就是浙商在省外各地举办的专业市场。来自省工商局的资料显示，作为浙江市场的延伸和重要组成部分，省外浙商市场目前已经成为省内市场重要的“外贸窗口”、下游市场和省外终端市场。据统计，在浙商创办的5000多个省外市场中，市场70%～80%销售的产品为浙江特色产品，每年销售浙货超过6000亿元。如海宁的皮衣裘皮、义乌的小商品、永康的五金用品、慈溪余姚的家电产品、中国日用品商城的塑料制品、绍兴轻纺城的轻纺产品、桐乡的羊毛衫衣、织里的童装产品等，都深受全国各地商家和百姓的欢迎。

“在金融危机影响之下，浙江这个以出口导向拉动的制造大省，面临着扩大内需的巨大压力和转型升级的迫切需求。考虑到它拥有数以百万级遍布全国各地、以商贸流通为主导行业的浙商群体以及由他们创办的专业市场，省政府决定通过资源整合，组建全国浙商营销网络，销售浙江产品。”浙江省经合办副主任郑宪宏这样介绍。

浙江省工商局副局长张雪林则表示，省外浙商市场是浙货外销的主渠道，另外，这些省外市场反馈的大量信息，如产品供求、营销动态、消费需求等，让浙商先人一步把握了新一轮经济的各种发展机遇，促进了浙江经济的转型升级。

浙江省市场协会原秘书长吕振华认为，在市场体系发展过程中，许多浙江商人走出浙江，到全国去创办市场，搭建销售平台。省内外市场形成了良性互动发展格局，促进了浙江本地经济持续健康发展。

## ☞ 2. 浙货行销“动车组”

目前，海宁中国皮革城除了本部市场，已有四川成都、辽宁佟二堡、江苏沭阳、河南新乡、湖北武汉5个连锁市场开业，形成了以海宁为核心、覆盖华东、华中、华北、西南、东北等几大区域的皮衣、裘皮销售平台网络。

海宁中国皮革城95%的客源是零售消费者，即内需市场的终端客户。从2013年的客流量看，海宁总部596万、佟二堡239万、成都135万、新乡38.9

万、沭阳24.9万，全部保持增长。

一组值得关注的数据是：海宁中国皮革城本部市场客流量近75%来自省外，各连锁市场所销售产品的75%以上来自海宁。

两个“75%”意味着海宁中国皮革城及其连锁市场已经成为浙货销售的大平台！而以本部市场为龙头的海宁中国皮革城“集团军”也成为浙商行销的“动车组”。

## 本部市场：75%客源来自省外

海宁地处长三角腹心，以其为圆心150公里半径内，覆盖了上海、杭州、苏州、无锡、常州、宁波等著名城市，如果把半径扩大到300公里，则进一步覆盖到南京、扬州、台州、金华等大中城市。

由于便捷的交通和文化相通，海宁中国皮革城从开业之初就受到了以上海为首的长三角大城市消费者的青睐。无论最早的沪杭铁路，还是20世纪90年代后期以来陆续开通的沪杭高速、苏嘉杭高速、杭浦高速、杭州湾跨海大桥、嘉绍跨江通道、沪杭高铁，都为海宁中国皮革城带来了大量客源（尤其是省外客源）。

另外，随着海宁中国皮革城的名声远播，“打飞的”远赴海宁购买皮草也成为不少外省时尚一族的首选，譬如中新社2007年2月14日的报道写道：

海宁皮革城还吸引了远在山东济南的时尚一族。1月13日，由济南某旅行社组织的首个皮草购物团从济南飞抵上海，这批兴致勃勃的旅客在上海换乘大巴直奔海宁皮革城，进行为期一天的海宁皮草购物游。一位约40岁的济南旅客指着自己的“战利品”笑着说，她买到了一件980元的中意皮衣，同样的皮衣在济南要卖近2000元，而这次的团费才608元，已经把路费赚回来了，这还不包括她给家人买的皮衣、皮拖鞋和皮包上节省下来的钱呢。

据海宁中国皮革城对自驾游客、大巴车的统计，以及对散客的抽样调查分析，海宁中国皮革城（本部市场）的客流量中，来自外省（市、自治区）的人士已经接近75%。这意味本部市场每年可能有75%的商品被外省顾客买走。

“这个比例可能还不止，因为外省市消费者到海宁来，购买意向很明确，平均消费金额也相对较高。”海宁中国皮革城副总经理查加林这样分析。

## 连锁市场：75%商品来自浙江

2012年3月至5月，海宁中国皮革城先后完成了佟二堡海宁皮革城二期、成都海宁皮革城等新建市场的招商工作。

这些市场的招商呈现三大特点。一是进入门槛高：以提升品牌优势、引领产业升级为目标，新市场全部以大企业、大商户、大品牌为主要招商对象，引进了包括真皮和裘皮衣王、名装、一线女装在内的优秀企业，不少是首次入驻皮革城。二是招商过程严：整个过程公开、透明，入围企业由专家团评审，确保公平、公正，900多个摊位完成招商无一起违规行为和上访事件。三是产业带动强：将2000万元产值、缴纳税收、自创品牌、研发能力、行业责任、社会责任等方面纳个评分标准，将皮革城的资源倾向规模、优质，社会责任强的企业，新招商户75%为海宁皮革企业，当年海宁市规模以上皮革企业数量同比增长30%以上。

“75%”无疑是一个重要的数字，这说明海宁中国皮革城在连锁外拓的过程中，也为以海宁皮革为代表的浙江皮革、裘皮产品“抱团出击”提供了大平台。

2013年以来，海宁中国皮革城的连锁外拓呈现加速发展的态势。随着佟二堡三期、哈尔滨项目、总部六期相继开建，2013年新开工面积达76.2万$m^2$，再创历史新高，总投资超过32亿元。

根据规划，在外拓连锁方面，2014年海宁中国皮革城将争取正式签约2至3个项目、达成意向2个项目、考察洽谈3个项目。力争到2016年，完成在全国主要省级城市的连锁市场布点。

有数据显示，海宁中国皮革城每新开一个市场，仅“铺货”就需要数十个规模企业全年的产量，再加上海宁中国皮革城核心品牌延伸对市场销售的巨大带动作用，为海宁乃至浙江全省皮革、裘皮产品更多地走向全国功不可没。

浙商开拓全国市场的“海宁皮革城现象”也引起了浙江省相关部门和领导的关注。2013年8月30日，浙江省商务厅副厅长徐焕明率市场处处长周关林、商发处相关人员及浙江商贸流通企业代表一行11人莅临哈尔滨海宁皮革城项目施工现场考察指导，海宁中国皮革城副总经理殷晓红及哈尔滨海宁皮革城有限公司总工程师张国兴陪同考察。

皮革城副总经理殷晓红向徐焕明一行介绍了哈尔滨海宁皮革城项目的最新进展情况，随后徐焕明详细了解了海宁皮革城在开拓国内市场方面的做法，并对海宁皮革城在省外建连锁市场、整体推广浙江特色产品的做法表示肯定，认为这是一种很好的模式，并要求海宁皮革城不断创新，成为浙货外销的典范。

## ☞ 3. 线上线下融合：海皮城打造专业皮革电商

2013年9月12日，海宁中国皮革城网上交易平台海皮城（www.haipicheng.com）正式上线。这也意味着海宁中国皮革城营销进入了线上线下融合发展的新阶段。

**海皮城上线**

自2007年开始，皮革城努力探索如何依托海宁皮革的产业优势和海宁皮革城的市场优势，走出适合自己的电子商务发展道路。依托海宁成熟的皮革产业，数千家网店在海宁应运而生。统计数据显示，2012年海宁市皮革制品仅淘宝网交易额就达38亿元，皮革制品网上销售额占全市网上销售额九成以上。

2012年9月，建筑面积达3万$m^2$的海宁中国皮革城电子商务创业园（皮革城网商大厦）正式投入使用，目前已有72家网商入驻创业园。

与此同时，经过近一年的深入考察和反复谈判，海宁中国皮革城于2013年3月与工商银行浙江省分行签订正式合作协议，决定整合双方各自优势，打造皮革城网上交易平台——海皮城。

海皮城将充分依托海宁皮革产业和皮革城实体市场，打造以“优质商品、优秀品牌、优异服务”和品牌企业直销、线上线下联动（O2O）为主要特征的第三方电子商务平台，通过三到五年的努力，力争成为国内最具知名度和影响力的皮革专业购物平台和批发平台，作为皮革城电子商务大平台中的重要的组成部分。

首批入驻海皮城的品牌企业已有100余家，包括雪豹、诺之、思齐之家等国内一线皮革服装企业。共有皮衣、皮棉衣、皮羽绒、水貂、兔毛、皮毛一体等各大类万余种上线产品。

借助海宁中国皮革城强大的实体市场，海皮城采用企业直销、线上线下联动方式，在入驻企业方面严格把关。每一家入驻的商家都要签署承诺书，为消费者提供正品保障、七天无理由退换货、假一赔十等一系列最优质的售后服务。

### 开启融合发展新时代

“互联网颠覆的是传统产业的传统商业模式，而传统产业本身则是互联网需要加以融合发展的对象。所以不应该简单地把互联网与传统产业对立起来。换句话说，未来真正的赢家是那些既把传统产业做深做透、又善于学习应用互联网的企业家！”海宁中国皮革城董事长任有法这样表示。

据统计，2012年中国电子商务交易额8万亿元，同比增长31.7%，网络零售额超过1.3万亿元，同比增长67.5%，全年行业营收2000亿元。据商务部分析预测，2013年全国网络购物的销售额将同比增长40%以上。另有专家预测，到2015年我国电子商务交易额将达18万亿元，其中网上零售额将达3万亿元，占社会消费品零售总额比重10%，市场空间十分巨大。

近年来网路零售出现了线下体验、线上支付的新趋势——在大型实体店开设网上商城的同时，京东等“纯电商”也在开设线下体验店。

“这种融合发展模式也是海宁中国皮革城电子商务的未来方向。”任有法说道，“通过电商平台接触皮革城的新顾客可以来皮革城尽情地体验，皮革城的老顾客在工作繁忙时可以通过电商平台轻松购物——电子商务和皮革城实体店客流量将形成互相促进的趋势。”

**企业纷纷捕捉新商机**

思齐之家是海皮城首批入驻商家之一。该公司于2010年就专门成立了电子商务部，开始摸索线上运营。当年，思齐之家在天猫开设了第一家网上店铺。2012年，公司正式入驻网商大厦，在电子商务领域的步子也大了起来。“除了天猫商城外，又在淘宝上开设了两家店铺，同时还有京东商城上的一家旗舰店以及1688上的一个批发平台。”公司业务部经理曲艺说道。这些网上销售渠道在定位上有所区分，又相互弥补。去年，公司的网络销售额已经近3000万元。

“今年我们主要是想开始做品牌。在淘宝和天猫这样的平台上，产品的品牌认知度还比较低。而借助海宁皮革城这样一个著名品牌，在海皮城这样专业的网上市场上，我们可以更容易、更直接地打造自己的品牌，这也是我们入驻海皮城的一个主要原因。”曲艺说。

与思齐之家有着相同目标的皮革企业不在少数。譬如在皮装界有“常青树”美誉的雪豹也成为海皮城首批入驻者。

“在实体领域，我们在行业内是数一数二的。但在网络上很多消费者对公司品牌并没有认知。”雪豹公司电商部经理吴宜航表示，“海皮城的上线为公司提供了一个绝佳的契机。因为它是国内最专业的网上皮革市场，有资源上的优势，能够有效地提高品牌的知名度。”

海皮城上线之后，通过皮革城的整体推介宣传、活动促销，联合淘宝、京东等知名网商全网营销，使网站知名度逐步提高，起到了引流的效果，海皮城的访问量、交易量都在稳步上升。至2013年10月份，每天的访问量就已接近5万人次，最高纪录为10多万人次。10月份一个月，海皮城共成交1400多笔订单，单笔最高金额近2万元。

2013年9月12日，海宁中国皮革城网上交易平台海皮城（www.haipicheng.com）正式上线。

# 第二部分
# 时尚密码
## 专业市场与制造业的中国式互动

# 第6章

# 中国皮革时尚Style 2.0

2013年，海宁中国皮革城六期开工，其中包括一个会展中心。事实上，会展经济已经成为海宁中国皮革城的重要功能之一。

## 第1节 不“疲”的皮博会

海宁中国皮革博览会前身是1994年首创的全国皮革服装展销会，在时任海宁市委书记钱满程等主要领导关心和推动下，通过向浙江省政府、国家轻工总局等努力争取，终于在2000年成功升格为中国皮革博览会。

一路走来，海宁中国皮革博览会即是海宁中国皮革城不断提升软实力的重要平台，也是海宁中国皮革城从无到有、从小到大、从弱到强的重要见证。

### ☞ 1. 从展销会到博览会

**政府搭台 企业唱戏**

本书第一章介绍过，1994年9月海宁中国皮革城的前身——浙江皮革服装城开业之际，在中国轻工总会的支持下，举行了由中国皮革工业协会主办、海宁市政府承办、国家内贸部消费品流通司协办的首届全国皮革服装展销会。

作为海宁1986年撤县设市以来首次高规格、上规模的会展活动，海宁不仅“举全市之力”投入，而且竭尽所能地动员了国家相关部委和浙江省的力量。

据《海宁皮革志》记载：

成立全国皮革服装展销会组织委员会，名誉主任于珍（中国轻工总会会长）、龙安定（浙江省副省长），主任徐永（中国皮革工业协会理事长），常务副主任钱满程（海宁市市长），副主任3名：郭志良（海宁市副市长）、金富荣（海宁市副市长）、张淑华（中国皮革工业协会副理事长兼秘书长）。委员19名：周楚兴（海宁市计划经济委员会）、许金忠（海宁市办公室）、徐建国（海宁市委宣传部）、朱震（海宁市工商行政管理局）、曾华狮（浙江皮革服装城）、章雪良（海宁市公安局）、顾洪泉（海宁市财政税务局）、钱培伦（海宁市乡镇企业局）、吴荣华（海宁市民政局）、许建国（海宁市二轻工业总公司）、顾银霞（海宁市丝绸公司）、宓其荣（海宁市吉恩仕集团）、吴鸿彬（海宁市教育局）、陆炳奎（海宁市建设局）、沈玉书（海宁市交警大队），以及长安镇、周王庙镇、辛江乡、石路乡4个乡镇的领导各一名。

组委会下设6个工作组：综合组（即办公室），组长朱震（海宁市工商局），副组长许金忠（海宁市办公室）、李陈甫（海宁市计经委），组员徐丽华（市政府办公室）、任有法（市工商局）、陆金甫（市工商局）；宣传组（人员由海宁观潮节组委会宣传组统一安排）；交易管理组，组长周楚兴（市计经委），副组长李陈甫（市计经委）、张信如（市工商局），组员周利德（市计经委）、连仁华（市工商局）、汪海林（市工商局）、卢国跃（市工商局）、许耀（市工商局）、沈祖泉（市总工会）、褚有伦（市总工会）；接待组，组长邢志耀（市工商局），副组长章妙荣（市工商局）、叶松（市工商局）；安全保卫组（人员由海宁观潮节组委会宣传组统一安排）。

展销会组委会、海宁市工商行政管理局和组委会交易组明确分工，发动市内皮革服装企业踊跃参展。组委会负责市内国营和集体皮革服装企业这块宣传发动，下达参展任务；市工商行政管理局负责全市个体私营经济皮革服装企业这块宣传发动，先后召开了个体私营企业会议和在皮革城内购营业用房的经营户会议；交易组人员深入市内生产皮革服装的重点乡镇，召开座谈会进行宣传发动。与此同时，《海宁日报》、海宁人民广播电台、海宁电视台自1994年8月起设展销会专栏（专题）。

1994年8月10日，展销会组委会在海宁召开新闻发布会，邀请浙江、上海两地主要新闻媒体记者参加。9月，在北京召开新闻发布会，邀请中央级新闻单位记者参加。

由于组织得力、措施到位，首届全国皮革服装展销会搞得有模有样。据《海宁皮革志》记载：

参展的海宁皮革服装企业200多家，市外来自北京、上海等17个省市自治区及海外的皮革（裘皮）服装企业有41家：上海飘鹰制衣公司、北京皮件四厂、北京环球皮毛公司、天津市天津皮件厂、香港城都制衣厂、香港凯撒皮草行、广东省东莞京宏实业公司、新疆王家渠华新皮革工业联合公司、新疆阿尔泰地区皮革毛皮工业公司、武汉奔驰皮革制品公司、陕西省西北轻工学院制革厂、河北省邢台制革厂、山西省太原皮件厂、山东省济南裘革制品厂、山东省菏泽市桑盾集团革皮服装厂、南京凌龙服装有限公司、江苏省镇江皮鹿丹服饰有限公司、无锡市皮件厂、杭州兽王实业总公司、杭州富伊集团裘革实业公司、杭州皮革制品工业公司、宁波（渥太华）皮革皮毛公司、宁波皮革服装总厂、绍兴市皮件厂、诸暨皮革厂、温州天美针服皮塑厂、义乌市皮革塑料实业公司、湖州南浔顺昌皮件有限公司、南浔皮件总厂、德清新市皮革厂、嘉兴昌河皮件厂、平湖皮件厂、桐乡越丰制革厂等。

展出皮革服装、裘皮服装（款式）及其他皮革制品1000多种，其中皮夹克衫、皮风衣、皮马褂、皮裙子等1994—1995年最新款式300多种。展销大厅设电视墙，播映皮革服装流行趋势和展出产品企业介绍。西班牙、香港等国家（地区）的50多位海外客商，和北京、上海、辽宁等大城市的上百家大中型商场客商来展销会经贸洽谈、看样订货，签订合同成交额2.63亿元。

20世纪90年代，各种节会开始在东部沿海地区率先兴起，这些节会往往依托当地的产业特色：日用品交易会、童装节、黄桃节、西瓜节……

节会的兴起一度呈泛滥之势，有媒体也曾经对某些地方节会的作用和意义提出质疑。但是无论如何，对于地方经济社会发展来说，节会的举办的确还是起到了聚集人气、推广产品、提升知名度的作用。

而这些节会的共同特点则是“政府搭台、企业唱戏”或者“文化搭台、经济唱戏”，其核心目的都是为了助推地方经济、相关产业的加速发展。从这个角度看，首届全国皮革服装展销会是其中一个成功的典型。

## 从展销会到博览会

1994年首届全国皮革服装展销会取得成功之后，皮革服装展销会成为浙江皮革服装城每年秋季的“重头戏”，规模和影响力也逐年扩大——

于1995年9月11日至15日举行的第二届全国皮革服装展销会展位增加到750个，参展单位达713家，其中有来自浙江、广东、广西、山东、安徽、湖南、河北、辽宁、吉林、黑龙江、内蒙古、新疆、青海、香港、台湾等省（自治区、地区）和法国、西班牙、新西兰等国家的参展企业93家。展销会期间，客商与参展厂家协议成交额3.25亿元，现货成交额3500多万元。其中海宁皮革制衣总厂协议成交额超过4000万元，另有浙江富邦皮革有限公司、广州杰帕公司、浙江豹帝实业发展公司、浙江虎豪实业有限公司、海宁狼神制衣实业公司、香港凯撒皮革服装有限公司、浙江翔鹰实业总公司、海宁狮力制衣实业公司、海宁卡森皮革有限公司等9家企业协议成交额在500万元以上；

1996年第三届全国皮革服装展销会共设展位1700个，参展企业1200多家，展出新款式皮革服装数百种。国内参展企业来自北京、上海、天津、新疆、陕西、宁夏、河北、内蒙古、吉林、辽宁、黑龙江、广东等15个省（市、自治区）。国外（境外）参展企业来自意大利、西班牙、法国、澳大利亚等国家和香港、台湾地区……

2000年，经浙江省政府和国家轻工业局同意，已经连续成功举办6届的全国皮革服装展销会升格为中国皮革博览会。

升格后的海宁中国皮革博览会规模、内容和影响力进一步提升，成为全国皮革行业最重要的展会之一，同时也是浙江省由省政府主办的四大展会之一。

以首届（2000）海宁中国皮革博览会暨第七届全国皮革服装展销会为例，整个博览（展销）会期间，观众超过10万人次，商品成交额超10亿元（含合同成交和协议成交），大大超越了前六届展销会。

至2013年，海宁中国皮革博览会已经成功举办了20届。用嘉兴市政府副秘书长（2002年至2011年任海宁市副市长）施震东的话说：一个县级市的节会能够延续这么多年，而且具有全国影响力，是不多见的。

## ☞ 2. 长盛不衰的达芬奇密码

无论是对于一个产业、还是一个地区、一个专业市场，成功的展会具有多方面的重大意义：1、聚集人气，2、扩大知名度，3、对上级领导、社会各界实现“精准营销”。

对于海宁中国皮革城来说，无论是当年的全国皮革服装展销会，还是后来升格的海宁中国皮革博览会，其创办和发展都是一个不断摸索的过程。而多年来坚持不懈的创新和突破使得海宁中国皮革博览会成为具有全国影响力的重要展会，国际影响力也不断提升。

这种创新和突破体现在“快人一步”、“高端卡位”、“立体呈现”、“多方互动（与政界、业界、旅游业、消费者）”、“广泛传播（媒体）”、“国际交流”、“产业引导”、“品牌塑造”、“皮革文化”等多个方面。

## 高举高打

海宁中国皮革博览会从一开始就具有明显的“高举高打”特征。

仅从其主办、承办、协办单位就能够看出：1994年首届全国皮革服装展销会得到中国轻工总会支持，由中国皮革工业协会主办，海宁市政府承办，国家内贸部消费品流通司协办；1995年第二届全国皮革服装展销会除了继续得到中国轻工总会支持，由中国皮革工业协会主办，海宁市政府承办，协办单位增加为内贸部消费品流通司、浙江省皮革工业协会、浙江省贸易促进会；1996年第三届全国皮革服装展销会由中国轻工总会主办，海宁市政府承办，国家内贸部消费品流通司和市场建设管理司、浙江省皮革工业协会、中国国际贸易促进会浙江省分会联合协办；1997年第四届展会主办单位改为中国皮革工业协会，承办、协办单位依旧；1998年第五届展会由国家轻工局批准，由中国皮革工业会主办，海宁市政府承办，国家内贸局消费品流通司、中国贸促会浙江分会、浙江省皮革工业协会协办；1999年第六届展会同1998年；2000年海宁中国皮革博览会暨第七届全国皮革服装展销会举行。与前六届相比，一个重要变化是，主办单位增加为浙江省政府、国家轻工业局、国家国内贸易局、中国皮革工业协会，海宁市政府承办。期间有全国政协副主席张思卿等10位省部级以上领导出席；2001年海宁中国皮革博览会暨第八届全国皮革服装展销会由浙江省政府、中国国际贸易促进委员会、中国轻工业联合会、中国商业联合会、中国皮革工业协会联合主办。嘉兴市政府、中国贸促会浙江分会、海宁市政府联合承办；2002年海宁中国皮革博览会主办承办单位同上年；2003年海宁中国皮革博览会主办承办单位延续，支持单位出现了欧洲皮革协会、西班牙皮革协会、土耳其皮革协会、韩国皮革协会、北欧世家等机构；2004年海宁中国皮革博览会主办单位为中国贸促会、中国轻工业联合会、中国皮革工业协会；2005年海宁中国皮革博览会暨第十二届全国皮革服装展销会，浙江省政府再度恢复为主办单位之一；2006年之后每年的海宁中国皮革博览会主办单位都包括浙江省政府——对于一个县级市来说，这很不容易，因为目前浙江省90多个县、市、区中，由省政府主办的节会仅有四个“硕果仅存”。

2000年海宁中国皮革博览会暨第七届全国皮革服装展销会

另外，海宁中国皮革博览会也已经成为中国皮革界“巨头”聚会、共商产业发展大计的重要平台。

譬如，1994年首届全国皮革服装展销会期间，中国皮革工业协会在海宁召开“真皮标志”发布会议；1996年第三届全国皮革服装展销会期间，中国皮革工业协会皮衣专业委员会在海宁召开成立大会；1997年第四届全国皮革服装展销会期间，第四届亚洲国际皮革会议第二次预备会议、“皮革服装行业标准”审定会两大重要会议在海宁举行；2000年海宁中国皮革博览会期间，第三届中国皮革工业信息交流大会、21世纪中国皮革发展论坛等多个重要会议在海宁举行；2001年海宁中国皮革博览会期间，2001年全国皮革标准化工作会议暨全国皮革工业标准化技术委员会年会、中国皮革业科技与创新研讨会等重要会议在海宁举行；2006年海宁中国皮革博览会期间，第四届浙江·中国民营企业峰会暨首届中国皮革产业海宁峰会举行；2013年海宁中国皮革博览会期间，2013年中国皮革业发展论坛暨中国皮革协会制革专业委员会年会在海宁举行。

### “中国皮衣时尚风向标”地位凸显

中国皮衣时尚风向标——这是业内权威人士对海宁中国皮革城的评价。此言不虚，因为从海宁中国皮革城创立之初暨首届全国皮革服装展销会开始，海宁作为“中国皮革服装代言人”的地位就悄然确立，并且不断提升。

作为首届全国皮革服装展销会的一项重要活动，中国皮革工业协会于1994年7月下发轻皮协〔1994〕第21号文件《关于集中推荐皮革服装企业真皮标志产品的通知》，于1994年下半年推出受法律保护的证明商标———真皮标志。真皮标志是由全国有权威的行业部门，以第三方公证的身份，客观地对皮革制品进行全面考核，并给优质的真皮制品佩挂真皮标志，负责任地向消费者推荐真皮优质产品。如果真皮标志产品出现质量问题，中国皮革工业协会将负责确保消费者的合法权益。真皮标志的内涵有三个：一是天然的头层皮革，二是优良的质量，三是良好的售后服务，只有中高档名优产品才有资格佩挂真皮标志。真皮标志管理工作对佩挂产品进行全方位动态考核，不实行终身制。

《通知》要求各有关单位根据真皮标志规定的条件及企业的自身水平，自愿报名申请。并委托海宁市政府集中考虑推荐一批皮革服装佩挂真皮标志候选单位，再由中国皮革工业协会按真皮标志程序审核。

按照上述要求，经过海宁市政府集中推荐和中国皮革工业协会审核，于1994年8月16至19日在海宁召开“真皮标志”发布会议。会上，有20家皮革服装企业被中国皮革工业协会确认为佩挂真皮标志企业，其中海宁有9家。

在此后举行的历届海宁中国皮革博览会中，“中国十大真皮衣王”和佩挂真皮标志的企业参展踊跃。不仅如此，这些代表中国皮革服装最高发展水平的企业还纷纷落户海宁中国皮革城，将海宁作为其展示产品、提升设计、完善营销网络的重要“桥头堡”。

另外，中央电视台先后于2005年、2006年、2008年、2009年和海宁中国皮革博览会合作，在海宁举行CCTV中国服装流行趋势发布会，这项活动不仅进一步巩固了海宁中国皮革城在国内外皮革行业的代表性地位，也大大提升了其在服装界的地位。

**产业升级的“助推器”**

自海宁中国皮革博览会创办以来，除了举行推荐皮革企业真皮标志产品活动，主办“真皮标志杯”中国时尚皮革、裘皮服装设计大奖赛等全国级别的产业促进活动之外，其他各类助推产业升级的活动也是层出不穷。

譬如，1996年第三届全国皮革服装展销会期间，举行了由北欧世家皮草、丹麦根本哈根毛皮中心、芬兰毛皮销售公司、挪威奥斯陆毛皮拍卖行和展销会组委会共同主办的皮草新纪元讲座；

2000年海宁中国皮革博览会期间，举行了21世纪中国皮革发展论坛、国际制革技术讲座、名师名品名厂展评、海宁投资说明会等一系列活动；

2001年海宁中国皮革博览会期间，举行了中国皮都科技工业园、台北商业联合会合作恳谈会，意大利制革技术、国际皮革服装流行趋势专题讲座、国际买手经贸活动等，皮影戏展演，专业戏曲演出，书画展览等系列活动；

2002年海宁中国皮革博览会期间，举行了北欧世家皮草讲座、英国BLC皮革技术中心讲演会等活动；

2003年海宁中国皮革博览会期间，举行了皮革城旅游座谈会、特许经营知识讲座、皮革城出口加工区推介会等。其中通过旅游座谈会，海宁中国皮革城与来自上海、杭州、宁波等29家旅行社结成合作关系，旅游营销开始进入新阶段；

2005年海宁中国皮革博览会期间，恰逢海宁中国皮革城异地扩建完成，CCTV2006中国服装流行趋势发布，“真皮标志杯”中国裘皮服装设计大赛、百家晚报皮都行、“潮起海宁”中国裘皮小姐大赛等一系列活动使得这一届皮革博览会即隆重热烈，又凸显了海宁皮革城在全国行业内的地位；

2006年海宁中国皮革博览会期间，举行了CCTV2007中国服装流行趋势发布，皮革城知名品牌、时尚品牌评选，中国皮革产业海宁峰会，“设计师走廊”签约仪式等一系列活动；

2007年海宁中国皮革博览会期间，除了常规的系列活动，还举行了“京杭大运河、海宁时尚风”等重要活动；

2008年海宁中国皮革博览会由开幕式暨CCTV2009中国服装流行趋势发布、“中国皮革时尚周”主题活动、“真皮标志杯”中国时尚皮革、裘皮服装设计大奖赛、布鲁塞尔——海宁投资说明推广会（比利时领事馆与博览会合办）、中国-丹麦商贸合作发展论坛、中国皮革服装设计师与品牌专家沙龙等八大单元组成。为扩大本届皮博会的影响力，从当年5月份就开始了一系列推广活动，其中8月4日在北京进行的“奥运北京、时尚海宁”主题活动也是本届皮博会的重要组成部分；

2008年海宁中国皮革博览会开幕式暨CCTV2009中国服装流行趋势发布。

2009年海宁中国皮革博览会包括CCTV2010中国服装流行趋势发布、中国商品市场峰会、2009中国专业市场博览会、2009上海时装周-海宁皮装时尚发布等系列活动。这一年恰逢建国60周年、海宁皮革城创办15周年，海宁中国皮革城入选央视“新中国60年，60个杰出品牌”；

2010年，和往届各项活动基本集中在海宁不同的是，主题为“皮革，让生活更时尚”的第十七届海宁中国皮革博览会在浙江海宁、辽宁佟二堡、上海、杭州、南京、温州、无锡、沈阳、长春、哈尔滨等十个城市开展丰富多彩的时尚推广和产业促进活动。整个中国皮革博览会的时间从7月正式启动，一直延续到11月。先后举行第十三届“真皮标志杯”中国时尚皮革、裘皮服装设计大奖赛，中国皮革服装设计师论坛，2010中国皮革时尚周，开幕式暨“精彩中国·皮都海宁”大型歌舞晚会，海宁中国皮革城品牌风尚中心开街仪式，海宁中国皮革城裘皮广场开业暨皮革城秋冬购物季开幕仪式，新品展览展示；

2011年，从4月至10月，先后有八大板块的活动组成了当年的皮博会：第十四届“真皮标志杯”中国国际皮革、皮草服装设计师大赛，2011中国皮革时尚周，第十八届海宁中国皮革博览会开幕式暨2012中国国际皮革、裘皮服装流行趋势发布，中国皮革城品牌联盟俱乐部成立仪式，“休闲生活”与“时尚消费”论坛（与杭州休博会合作），中外名家大师服装设计手稿展，皮衣时尚神州行，皮革产品展览展示；

2012年海宁中国皮革博览会主要包括：中外皮革业合作发展论坛暨第二届中国皮革城品牌联盟年会，海宁中国皮革城（五期）品牌旗舰店广场开业，成都海宁皮革城开业，第十届佟二堡中国皮装裘皮（旅游）节开幕式暨佟二堡海宁皮革城（二期）皮装、裘皮品牌广场开业仪式、KC皮草之夜—2012中国皮革裘皮流行趋势发布会，海宁皮革产业省级特色工业设计示范基地工业设计大厦揭牌暨启用仪式；

2013年的海宁中国皮革博览会从4月份就已经启动，并且一直延续到四季度。其中，第十六届“真皮标志杯”中国国际皮革、裘皮服装设计大奖赛是启动最早、时间跨度最长的活动，从一季度开始筹备，4月份正式启动，于9月17日举行总决赛。9至10月份则是本届皮革博览会的重点时段，从9月12日至10月中下旬，先后举行了海宁中国皮革城网上交易平台启动仪式，海宁中国皮革博览会书法作品展，“千名服装设计师走进海宁”系列活动，中国皮革、裘皮流行趋势研究成果展，海宁中国皮革城售后服务中心启用仪式，中国——丹麦企业合作发展论坛，海宁中国皮革城六期奠基仪式，海宁中国皮革城欧洲名品街开街仪式，武汉海宁皮革城开业仪式等一系列活动。

### ☞ 3. 不断延伸的会展经济

国外有一位市长曾这样说道：“如果在我这个城市开一个国际会议，就好比有一架飞机在我的头顶上撒美元。”

的确，在国内外，会展经济已经成为国民经济发展的推进器和新亮点，并已成为众多城市的新景观。而作为一种通过举办各种形式的会议和展览、展销，带来直接或间接经济效益和社会效益的经济现象和经济行为，会展经济被公认为是高收入、高赢利的行业。据专家测算，国际上展览业的产业带动系数大约为1：9，即展览场馆的收入如果是1，相关的社会收入为9。在国外，会展业与旅游业、房地产业并称为世界“三大无烟产业”。

**会展经济悄然延伸**

从海宁中国皮革博览会多年来的实践看，的确是带来了源源不断的商流、物流、人流、资金流、信息流，直接推动商贸、旅游业的发展，不断创造商机，吸引投资，进而拉动其它产业的发展。

20年来，海宁中国皮革城除了一如既往地做强做大海宁中国皮革博览会这一主打品牌，还针对产业需求开展了一系列的会展活动，特别是针对皮衣产业链上游的原辅料和设备策划和举办了相关活动。

作为中国最大的皮革生产基地，海宁对皮革、皮毛原辅料的需求日益扩大。早在海宁中国皮革城创办之初，就有部分摊位专门从事原辅料的采购和供应，在老皮革城周围，还出现了不少从事原辅料贸易的商户。2005年皮革城搬迁新址之后，专门开辟了有300个摊位的原辅料市场。

海宁中国皮革城原辅料市场不仅云集了国内主要皮革原料产地的供应商，哥本哈根皮草、芬兰裘皮拍卖行、美国传奇皮草公司等世界主要的皮草原料供应商也先后以各种形式“抢滩”。

从20世纪后期开始，一些专业性的小型会展开始在海宁中国皮革城出现——

1999年4月，由中国皮革工业信息中心、全国缝制设备工业信息中心和浙江皮革服装城管理委员会共同主办的1999年中国皮革服装缝制设备及皮革化工产品展样订货会在浙江皮革服装城举行；

2000年3月，由全国缝制设备工业信息中心、浙江皮革服装城管委会、中国国际贸易促进会浙江省分会共同主办的2000年全国缝制设备、皮具配件展样订货会在浙江皮革服装城举行；

2001年4月，2001年海宁中国皮都优质皮革、皮革化工、皮革缝制设备展销会在海宁中国皮革城展览馆举行。本届展销会得到海宁市政府支持，由全国缝制设备工业信息中心、浙江皮革服装城管委会、中国国际贸易促进会浙江省分会共同主办；

2002年4月，2002年海宁中国皮革、毛皮制品展样订货会在海宁中国皮革城展览馆举行。本届订货会由中国皮革工业信息中心、全国缝制设备工业信息中心、海宁中国皮革城管理委员会共同主办，海宁中国皮革城管理委员会承办，海宁上元皮革有限公司、嘉兴祥隆皮革有限公司、桐乡市一舟皮革有限公司协办。

同年4月，由中国皮革工业信息中心、全国缝制设备工业信息中心、海宁中国皮革城管理委员会共同主办，海宁中国皮革城管理委员会承办的中国皮都·春季皮革皮毛展销会在海宁中国皮革城展览馆举行。

## 走向成熟的海宁中国皮革原辅料展

2009年3月，由浙江省皮革行业协会主办，海宁中国皮革城承办的2009海宁中国皮革原辅料、皮革机械（五金）采购节在海宁中国皮革城举行。

从前几年相对零散的小型会展，到综合性的原辅料、机械设备采购节，意味着海宁中国皮革城在中国皮革原辅料行情信息和产品供应方面的重要性更加突出。

还有一个背景则是，2009年2月19日，国务院常务会议审议并原则通过轻工业振兴规划，皮革等十大行业被列为轻工业振兴重点。

采购节的展品范围包括：国产、进口绵羊皮、牛皮、山羊皮、猪皮等各类服装革、箱包革、沙发革、手套革、鞋革；国产、进口各类裘革一体和水貂、兰狐、獭兔皮草毛皮；皮具箱包、皮鞋、皮具制品；皮革服装、箱包皮具辅料配件；皮革机械设备、五金配件、皮革化工产品等；皮革缝制设备、熨烫设备等。采购节期间，主办方还公布了“2008年度海宁中国皮革城十大优质面料供应商”。

随着海宁中国皮革城“产业发动机”功能的逐步完善，“海宁行情”事实上也已经成为中国皮革原辅料贸易的一个重要晴雨表。一些业界人士表示，对于中国皮革业来说，“我看世界，风尚看我”有多方面的内涵——不仅可以看到最新的皮革时尚流行趋势，还能够了解到原辅料行情的变化。

有多位接受采访的皮革企业负责人表示，虽然每年3月份有意大利米兰春季国际皮衣、皮具及箱包展览会，中国国际服装服饰博览（CHIC2009），香港亚太皮革展（APLF）等多场传统展会，但是海宁中国皮革城举办的采购节还是引起了业内的普遍重视。

继2009年成功举办原辅料、皮革机械采购节之后，海宁中国皮革城每年年初都策划和举办这项活动，并且不断丰富内涵，譬如从2013年开始，还增加了海宁皮革产业工业设计与制造企业对接交流会。

在2014年海宁中国皮革原料辅料展暨海宁皮革产业工业设计与制造企业对接交流会上，有12家优秀设计公司参展，共设展位28个，比2013年增加了5个，本次参展的设计公司都具有一支优秀的设计师团队，专业从事皮装、皮草、裘皮品牌产品企划、设计研发、制版、品牌发布等。对接交流会的举办将促进设计企业与制造企业面对面的直接沟通，零距离的解决制造企业在生产过程中的问题，同时通过互相交流，了解制造企业的需求，更好地为企业服务。

经过五年的精心培育，海宁中国皮革原辅料展已经逐渐走向成熟，参展内容趋于多样化，参展规模也越来越大，为全国的皮革生产提供了越来越多优质的皮革原辅料选择。这一展会对于振兴皮革业也具有多方面的意义——

有利于进一步提升皮革产业的核心竞争力。连续成功举办了20届的海宁中国皮革博览会、连续举办十多届的“真皮标志杯”全国皮革服装设计大奖赛以及和中国中央电视台合作举办的皮革服装流行趋势发布，有力地推动中国皮革业设计水平的提升。

有利于国内外皮革原辅料以及皮革机械（五金）供应商的集中展示，促进产业上下游之间的交流和合作；

有利于企业及时把握上游信息。年初是各大皮革、皮具企业原辅料的“采购季”。采购节的举办为企业提供了大量的上游新信息，利于企业及时更新技术装备，调整年度经营战略，特别是基于原辅料创新的各种设计研发。

有利于进一步完善海宁皮革的产业链，众多参展企业通过展会了解、认识了海宁，在海宁落地升格，为海宁皮革企业发展提供了更加丰富的选择，促进了海宁皮革制品的设计创新。

## 第2节　时尚是“走”出来的

“时尚是走出来的。”这是海宁中国皮革城董事长任有法经常挂在嘴边的一句话。的确，对于皮衣时尚的推广来说，“走秀”是必不可少的重要途径。而与学院派不同，海宁中国皮革城参与或者组织的各种走秀活动，其目标明确定位于企业和消费者，有效地拉近了“秀场”和“市场”的距离。

## ☞ 1.“走秀”不停步

### 百名模特、演员冲击波

2002年9月21日，2002海宁中国皮革博览会开幕式暨2003中国皮革服装流行趋势发布在海宁中国皮革城举行。

80名国内一流的专业模特和20多名歌舞演员组成的百人阵容为在场的逾万名观众献上了一场皮革时尚的饕餮盛宴。

在模特阵容中，领衔者陈娟红于1992年获得FORD世界超级模特称号，被誉为“中国第一位世界超级模特”，此外还有获得世界精英模特称号的张静、2000年中国职业模特大赛冠军姜培琳、2002年ELITE世界精英模特大赛中国选拔赛冠军石周靓、2001年Manhunt世界精英男模特大赛中国选拔赛亚军费伟、2001年新丝路模特大赛季军宫晓东、2001年新人模特大赛亚军龚德强等。

这场发布会得到北欧世家皮草、韩国模德尼公司、海宁雪豹皮件服装有限公司、海宁蒙努皮业有限公司、云南瑞彪集团有限公司、北京庄子工贸有限责任公司、海宁三星兄弟皮革制衣有限公司、桐乡市银杉皮草有限公司、海宁白领氏皮业有限公司、海宁市丹尔麦斯皮革制衣厂、海宁市龙马皮业有限公司、海宁市花得起服饰有限公司、上海高欧时装有限公司等企业的支持。

从1997年开始，时装展示成为每年海宁中国皮革博览会的重头戏之一。杭州喜得宝模特公司、杭州时尚风模特公司、上海概念98模特公司等专业机构也成为海宁秀场的“常客”。

而2002年这场演出的规模和阵容不仅在当时的海宁本地是绝无仅有的，在业内和外界也引起了轰动。无论是上级党委政府、皮革业界人士，还是普通消费者，越来越多的人意识到海宁中国皮革城和一般专业市场的区别。

“唯一不变的是变。2002年是海宁中国皮革城开始花大力气转型的一年，百名模特演员走秀是启动转型的标志性事件。”任有法这样表示。

另外，海宁中国皮革城在组织走秀的过程中，有意识地发动、引导企业参与，这样做的目的不仅是为走秀活动提供必要的物质保障，更在于激发企业走时尚化、品牌化道路的意识和热情。

2002年以后，各种规模和档次的走秀活动成为海宁中国皮革城推广时尚、扩大影响的重要手段。

譬如，2003年9月6日上午，海宁中国皮革城展览馆举行开馆式暨时尚皮衣品牌专场发布，雪豹、梦纳娇、沃姆斯、太球、太宇、诺之、富尔顺、浙江桐乡银杉皮革、上海仙度服饰、卡丹（国际）皮草时装等品牌参加了走秀。

2003年“上海之夜”中国皮装时尚发布会。

在同一天下午，时尚箱包专场发布会在海宁中国皮革城展览馆举行。法国朗力、意大利袋鼠、美国都彭（香港）、意大利VANSITT（范斯特）、荷兰帕佳图等箱包品牌先后登场。这次走秀也意味着箱包成为海宁中国皮革城一个重要的商品门类，后来的实践也证明：箱包也是海宁中国皮革城以及海宁皮革产业集群一个重要的增长点。

## “走”出海宁　惊艳全国

专业市场是一个固定的经营场所，但是在海宁中国皮革城管委会看来，市场决不能简单地“坐商”，而要“行商”——当然海宁皮衣的“行商”决不是像传统的货郎担那样把商品挑出去沿街叫卖，而是要向全国展开大营销，这其中最重要的手段之一就是“走”出海宁去，到全国各地特别是上海和北京等中心城市展示海宁皮衣的风采。

2003年9月9日，海宁中国皮革城抓住中国国际成衣展开幕的契机，携带当年新设计的最新款式赴沪参加在上海名都城举办的“上海之夜”中国皮装时尚发布会，发布会吸引了沪上和全国各地大量媒体的关注，被誉为“国内顶级水平的时装秀”。海宁皮装也借助上海这个大平台进一步提升了影响力和美誉度。

此后，海宁中国皮革城还成功策划和实施了“海宁皮装时尚万里行”、“京杭古运河，海宁时尚风”、“奥运北京·时尚海宁”等规格高、影响大的走秀活动。

2004年10月5日上午，“海宁皮装时尚万里行”在海宁中国皮革城广场正式启动。启动仪式由海宁市副市长施震东主持，海宁市委副书记张炜芬宣布启程。

10月5日至11月17日，由海宁中国皮革城管委会副主任李宗荣率领的“海宁皮装时尚万里行”车队途经12个省的25个城市，行程9000公里，依次在青岛、大连、沈阳、哈尔滨、武汉、合肥、南京、西安、成都、杭州等10

个重点城市举行10场发布会。

该活动由时任中国轻工业联合会会长陈士能题词，中国皮革工业协会理事长徐永授旗。在业内外和全国消费者中引起了广泛关注，不仅进一步提升了海宁中国皮革城以及海宁皮革产业的影响力，也通过走秀以及媒体宣传向全国消费者输送了皮衣消费的观念和趋势。

**2004年10月5日至11月17日，“海宁皮装中国时尚万里行”活动在青岛、大连、沈阳、哈尔滨、武汉、合肥、南京、西安、成都、杭州等10个城市举办了10场发布会。**

2007年11月13日至20日，“京杭古运河，海宁时尚风”的大型时装巡展活动从杭州出发，途经苏州、扬州、济南，最终到达北京。这项活动由海宁市政府主办，海宁中国皮革城管委会和中国京杭大运河博物馆承办，浙江合丰服装有限公司协办，并得到《新民晚报》、浙江经视、嘉兴电视台、中国皮革信息网、中国服装网的合作和沿途城市主流媒体的支持。

陈士能为活动题词：“京杭自古大运河，海宁时尚皮革风”，并两次亲临现场（杭州和北京）指导。他高兴地说，海宁中国皮革城在皮革时尚方面所做的一系列推进工作，是代表产业做了一件实事。

**时任中国轻工业联合会会长陈士能（左）在“京杭古运河，海宁时尚风”的大型时装巡展活动启动仪式上向时任海宁市委书记沈利农（右）授旗。**

2008年4月29日，一场主题为“为大桥喝彩，迎奥运圣火”的皮革风尚秀在杭州湾跨海大桥北岸举行。当时正值跨海大桥开通前夕，随着身着新款皮装的模特儿登台亮相，大批观光者被吸引过来。而作为以跨海大桥通车为背景的首场“商业秀”，这场活动受到了数十家媒体的关注。

2008年8月4日，经过严格的遴选，海宁中国皮革城入选奥运文化系列活动，在北京798广场举行“奥运北京·时尚海宁”专题发布会。包括法国时尚台（Fashion TV））在内的国内外媒体报道了这一活动。

## CHIC惊现“海宁军团”

CHIC是中国国际服装服饰博览会的英文缩写，这项创办于1993年的展会由中国服装协会、中国国际贸易中心股份有限公司和中国国际贸易促进委员会纺织行业分会共同主办。经过21年的发展，CHIC已经成为中国服装业最重要的专业展会，也已成长为亚洲地区最具规模与影响力的服装展。

在2004年以前，CHIC并无专门的皮革展区。2004年，海宁中国皮革城组织了多家企业参展，皮革展区“横空出世”。从此之后，皮革（皮草）展区几乎每年都成为CHIC的亮点之一。

而海宁中国皮革城每年在CHIC期间组织的皮装时尚发布活动也成为业内广为关注的“风向标”。

从2004年以来，海宁先后有上百家皮革企业参加CHIC。“无论是CHIC之前的‘引导中国服装行业进步、推进中国服装品牌发展’，还是现在的‘从成本竞争走向价值竞争’，海宁皮革一直都是脚踏实地的实践者，而且对比国内同行，我们在很多方面还抢先了一步。”任有法这样说道。

2012年3月25日，任有法出席杰克·第八届中国服装品牌年度大奖颁奖典礼，接受CHIC组委会颁发的“中国服装品牌年度推动大奖”。

对于这个大奖，任有法表示很欣慰：“这是对海宁中国皮革城多年来致力于推动产业升级的肯定，也是对海宁皮革龙头地位的认可！”

虽然与国内服装界一些年销售额动辄数十亿的同行相比，海宁皮革企业的单体规模普遍不算太大。但是这些中小企业的品牌建设力度明显超过不少“大企业”。

譬如NG至2012年已经连续5年参展。NG总经理朱卫明表示，开始几届参展使得NG扩大了影响，而如今借助CHIC这个平台则有助于传播皮革时尚文化，进一步体现海宁的皮革时尚风向标作用。

弗奥也是多年参展。据总经理陈百丰介绍，弗奥从一开始就确定规划：至少连续参展三届。借助CHIC更快、更扎实地将品牌做强做大。

而海宁中国皮革城每年在CHIC期间组织的皮装时尚发布活动也成为业内广为关注的“风向标”。2010年CHIC期间，思齐之家举办了一场名为“风尚海宁——2010 MODEKUU时尚皮草发布会”的海宁皮革时尚走秀。

2012年CHIC期间，NG还专场举办“风尚海宁2012 NATURAL Gift时尚皮装裘皮发布会”，呈现给专业观众的是80套代表海宁乃至全国皮革男装最时尚潮流趋势的新款式。在这一届CHIC上，海宁展团的“风尚海宁2012

YOUCSINCE 1998秋冬皮草新品发布会”也是一大亮点：不但发布服装数量多、款式新，走秀上还邀请了众多明星前来助阵。

对于结缘CHIC的作用，众多企业家也有自己的独到见解——

思齐之家总经理齐景伟表示，以前海宁企业赴CHIC参展主要是为了寻求给大品牌的贴牌订单，如今则主要是为了展示自己的最新设计。

朱卫明这样描述自己与CHIC的“渊源”：“刚起步的时候，觉得那些大展会可望不可及；后来慢慢成了‘参观者’；开始创立自己的品牌之后，就成了‘参展者’。现在，我们不仅参加北京、深圳等国内的主要展会，还到日本、韩国去参展。”

“参展企业加上参观者，海宁皮革界每年赴北京参加CHIC的人数都不少于500人。通过CHIC这个平台，海宁企业除了能找到更多的合作机会，更重要的是还能开阔眼界，寻找创新的灵感；同时，还能给服装界同行带去全新的皮革时尚元素。”任有法评价道。

他还表示：“随着年轻一代企业家的成长，时尚化、品牌化已经成为海宁皮革业的共识。同时，随着海宁作为中国皮革时尚产业源头和龙头地位的日益显现，海宁企业家也对自己的设计及品牌越来越自信，愿意带着自己的作品到各大展会上去和同行交流、过招。”

“参加中国国际服装服饰博览会，对于企业品牌传播来说，意味着跨入了主流品牌的行列。”一位企业家这样说道。确实，不少海宁皮革品牌就是从“登陆”CHIC起步，在品牌推广方面不断上台阶——从走向全国，逐步跨越到走向世界：赴美国、欧洲参展。

“对于中国服装业来说，不仅需要全国性品牌，也需要区域品牌、通路品牌和制造商品牌。以设计能力和生产工艺见长的海宁皮革正在形成多层次的品牌体系。这既是多年来海宁皮革大力升级的结果，也得益于CHIC这个大平台！”海宁中国皮革城副总经理查加林说道。

2007年3月，海宁中国皮革城携18家海宁皮革企业参加北京中国国际服装服饰博览会。这是自2004年“海宁军团”登陆CHIC以来，规模最大的一次，几乎独占了一个展馆。

## ☞ 2.“走”出来的中国皮革时尚周

从全球服装业看，最具国际影响力的无疑是米兰、巴黎、东京、纽约等时装周，而在中国影响较大的主要是北京、上海、香港三大时装周。但是在中国皮革时尚周创办之前，一直缺乏专门面向皮革、裘皮行业的时尚推广平台。

2008年，中国皮革时尚周在海宁创办。经过7年来的发展和完善，中国皮革时尚周的“专业性、权威性、新闻性、时尚性、实用性”以及超越行业及国界的影响力不断提升。

作为中国唯一专门为皮革、裘皮行业品牌成长提供展示、交流平台的中国皮革时尚周，中国皮革时尚周在发展完善的过程中也为广大成长型品牌企业走向全国、全球描绘了清晰的品牌成长线路图。

### 从勉强捧场到人满为患

中国皮革时尚周由海宁中国皮革博览会主办、海宁中国皮革城承办。2008年第十五届海宁中国皮革博览会期间，首次推出了中国皮革时尚周，从2009年开始，主办方特意将皮革时尚周安排为独立的时间单元。

时尚周第一年（2008年）经过动员参加的基本是本地企业，第二年调整举办时间之后与企业的年度经销商会议时段契合，成为参与企业推广新款、增加订单的平台——由于多个企业参与时尚周，这些企业邀请来的客户可以互相观摩，实现了信息和客户源的共享。

从2011年开始，时尚周出现跨越式发展：经过三年培育，时尚周的集聚效应不断提升，参展品牌也日渐成熟——2008年参加首届中国皮革时尚周的7家企业还更多的集中在秋冬皮革、裘皮服装流行趋势发布；2009中国皮革时尚周期间，参展企业增加到9家，展示的款式也出现了较多的春装和夏装；2010中国皮革时尚周参展企业则进一步增加到11家，走秀的服装款式多达1300余个；2011中国皮革时尚周参展企业数量则猛增到23家。

2012年出现日本品牌：由海宁中国皮革博览会主办、海宁中国皮革城承办的2012中国皮革时尚周于6月6日至16日在海宁举行。来自海宁、北京、广州、东北、日本等地的28个皮革、裘皮品牌的近2000套时装举行了专场发布。本届时尚周吸引了来自全国以及日本、俄罗斯、欧美的专业观众和买家，累计观众超过2万人次。总部位于东京的日本JONOR时装株式会社此次携其JONOR品牌首次亮相中国皮革时尚周。

2013年出现意大利品牌组团走秀：31个国内外品牌的2000多套最新款式举行专场发布，来自全国各地以及欧美的专业观众和买家2万多人次出席本届时尚周，参展品牌和买家、观众数量均达中国皮革时尚周创办6年来的新高。有5个意大利品牌专程前来参加本届时尚周。其中既有曾多次在北京、上海等一线城市参展的GIANI、NIPAL等意大利知名品牌，也有ALMA ROSA这样由设计师推出的新兴品牌和衍生于GUCCI的新兴品牌To Be G。

2011中国皮革时尚周。

## 2013：“made in ltaly”的破冰之旅

无论对于时尚界还是注重品质的消费群体，“made in ltaly”（意大利制造）都是精美、优质、尊贵的代名词。尽管现代工业的发展已经能够在几个小时内组装一辆汽车，但是一双意大利名牌皮鞋从设计、打样、选革、加工、剪裁、订制、打磨，依然需要60天甚至120天。而其背后蕴藏的严谨、创意、文化乃至社会责任则正是意大利制造的精髓所在。

正因为如此，在很长时间里，纯正的意大利品牌也只能在上海恒隆广场、杭州大厦之类的大城市高档商场看得到。一般商场、中小城市、专业市场似乎从来都和“made in ltaly”的奢华与高端无缘。

但是海宁中国皮革城却率先迈出了意大利品牌进军专业市场暨中小城市的“破冰之旅”。

作为海宁中国皮革城“欧洲品牌馆”正式开业的前奏，有5个意大利品牌专程前来参加2013中国皮革时尚周。

其中To Be G品牌创立于2008年，成立五年以来凭借其高品质和考究的制造工艺在欧美和北美市场逐渐打响品牌，而此次参加时尚周，他们将以衣服、手袋和鞋子搭配的形式亮相，每件作品讲究原料的选取，追求设计细节，力求呈现出原汁原味的意大利范。To Be G CEO古驰奥·古驰认为，此次参加时尚周对于提高品牌在中国的知名度和打开中国市场具有非常重要的作用。

同样来自意大利的新兴品牌ALMA ROSA，则是由国际一线品牌MAX MARA的设计师带来的自主品牌，首次参展时尚周，ALMA ROSA不仅希望能提高品牌知名度，也希望能与海宁当地的企业展开合作，打开中国的销售市场。ALMA ROSA此次在时尚周中展出的主要是裘皮类的女装，款式上将简洁大方发挥到了极致，而在选料上却是精挑细选，讲究不同皮毛的拼接。

另据意大利时尚协会预计，2013年意大利的服装、皮革和鞋子出口额将增长2.2%达到600亿美金，但是时尚界的整体收益额会下跌3.5%左右为785亿美金，造成这个下跌的主要原因是欧洲经济形势不理想和意大利消费者削减支出等。而这种走势必然将促使意大利制造业更加重视新兴经济体特别是像中国这样的消费大国的市场开拓。

### 不断突破的“中国秀场”

经过6年来的培育和发展，时尚周得到了业界的普遍认可，参展品牌快速攀升：2008年7家，2009年9家，2010年11家，2011年23家，2012年28家，2013年则突破性地达到了31家。

笔者对参加2013年时尚周的企业做了一个简单的统计：

连续6年（创办以来）参加时尚周的企业有1家：耐特利尔；

连续5年（创办以来）参加时尚周的企业有1家：弗奥；

连续4年参加时尚周的企业有3家：路易乔登、欧阔100%、摩蒂寇；

连续3年参加时尚周的企业有7家：圣芭藜、格兰豪、冰域、蔻蒂诺尔、菲璐、曲姿（裘皮）、莱恩仕；

连续2年参加时尚周的企业有5家：思凯路、沃拉菲尔、斯纬尔、阿德里娜、仙度；

首次参加时尚周的企业有14家（占企业总数的45%）：其中裘皮品牌包括圣尼、菲莎贝尔、欧思帝娜、依奴珈、To Be G（意大利）、比拉图、凯撒、意大利品牌联合专场；皮革品牌包括迪杰娜、红家、卡耐欧文、三星高照、茜茜尼、稻草人。

"本来参展品牌还会更多，但是主办方出于品质保证等多方面因素考虑，进行了筛选。"2013年中国皮革时尚周期间，海宁中国皮革城副总经理查加林这样说道。

在2013年中国皮革时尚周期间，为了给国内裘皮服装产业提供一个展示平台，组委会还专门策划组织了一个子项目：中国裘皮时尚周。经过筛选，共有9家在行业内有着成熟裘皮运作经验或者长期从事皮革行业而想开拓裘皮业务的企业参展。而且从现场情况来看，裘皮时尚元素可谓色彩纷呈：亮色、糖果色、拼接、超薄、时装化成为了流行趋势。

对于2013年首次举办的裘皮时尚周，企业的期待与参与热情都很高，希望通过时尚周来提升品牌知名度及产品认知度，为此都进行了积极筹备。

2013年6月6日晚7点半，首次参加时尚周、并作为裘皮时尚周首秀亮相的圣尼率先打响中国皮革时尚周头炮，举行圣尼时装专场发布会，为宾客展示80套华丽裘皮大衣。

另外，“中国皮革时尚周品牌联展”也成为2013中国皮革时尚周的重要组成部分，主要是为时尚周发布企业集中订货搭建一个商贸平台，联展位置计划安排在皮都锦江大酒店北侧皮革城广场，采取搭棚的展会形式，为广大时尚周参演企业开展订货会，从而使“在酒店发布，在广场订货”形成服务配套体系，使中国皮革时尚周功能更完善，更富实效。

## 影响力就是生产力

中国皮革时尚周的影响力也体现在其实际效果上。以2013年为例，历时12天的时尚周吸引了来自全国20多个省、直辖市、自治区超过21000人次的专业买家，还有慕名从意大利、土耳其、西班牙、俄罗斯、韩国、日本等地赶来的客商。整个时尚周带动走秀企业订货9.8亿元，实现了企业品牌推广和经济收益的双丰收。

多位参展品牌负责人表示，中国皮革时尚周已逐渐成为国内外皮革企业的“品牌助推器”，参加皮革时尚周不仅能够推广新的设计理念，而且可以实现与客户及消费者的互动，取得包括订单在内的实效。为企业宣传品牌、寻求更广阔空间、提升自身品牌影响力和时尚知名度，促进企业设计成果的转化起到了积极有效的作用，为广大成长型品牌企业走向全国、全球谱绘了清晰的发展蓝图。

中国皮革协会常务副秘书长聂玉梅女士对中国皮革时尚周逐步走向成熟、逐步走强表示欣慰，肯定了海宁在全国皮革行业的领头羊地位。

作为海宁本土具有全国影响力的时尚活动，海宁中国时尚周得到了海宁市委市政府的高度重视。

2013年中国皮革时尚周被纳入中国·海宁潮国际博览会正式项目，海宁市委书记林毅、海宁市政协主席张炜芬、海宁市人大副主任严海城、海宁市副市长胡燕子等党政领导出席了2013中国裘皮、皮革时尚周开幕式，并观看了首场发布。

林毅在出席了开幕式并观看了圣尼和意大利To Be G品牌专场发布之后，对时尚周各项工作给予了充分肯定，对时尚周的平台效应和时尚引领作用大为赞赏，并提出了继续办好、办强时尚周的要求。

### 成功的背后

作为海宁中国皮革城和海宁中国皮革博览会的的最重要品牌活动之一，每一届中国皮革时尚周的成功举办都离不开主办者的精心策划和组织。

2013年时尚周策划期间，组委会精心创意举行10多次小组会议、专题会议，与杭州柏立品牌顾问公司、杭州时尚风模特公司、上海贺瑞展览工程公司商讨策划方案，与时尚周参演企业、时尚媒体记者调研，形成最优可执行方案。

为了确保开幕式万无一失，组委会先后彩排3次、实景模拟2次。对时尚周开幕式上播放的VCR，组委会派专人到相关领导机构、设计院校、企业、演出现场收集拍摄素材，通过国际友人视频传送等方式邀请皮革城领导嘉宾和时尚周人士对时尚周表达祝福之情，片子前后修改了10多次。

另外，组委会还与企业沟通协调，前期和专业秀导老师到企业督促服装制作情况，为他们指导发布会方案，期间协调企业服装运输、舞美改台要求、客户接待、秩序维护、主持人串词等，尽量为他们做好服务。

由于2013中国皮革时尚周发布企业创历史之最的31场，每天安排3场发布，彩排时间紧、工作量大、情况多变，工作人员充分发挥吃苦耐劳、爱岗奉献的主人翁精神加班加点，从6月4日搭建舞台开始每天从早上8：30忙到晚上9：00，开幕式彩排更是忙到了晚上10点多。另一方面组委会还科学统筹安排，采取模特分批、轮流演出的方针，保证了演出的质量。为了应对工作人员人手问题，组委会与海宁志愿者协会、相关高校、职业技术学校合作，解决了燃眉之急。

海宁中国皮革城董事长任有法更是多次督促时尚周工作，多次提出要求，只要没有公务出差，几乎是每场必到——31场时尚发布，他观看了其中29场！

### ☞ 3. 奢华背后有基石

无论是中国海宁皮革博览会还是海宁皮革时尚周，展现在世人面前的都是愉悦的视觉盛宴和引领时尚的“海宁潮涌”。在奢华的背后，离不开业界、商界、学界、政界的共同努力。其中带有中介服务色彩的一系列举措也值得一提。

#### 皮革业进入指数经济时代

2012年1月6日，中国·海宁皮革指数在北京钓鱼台正式发布。这是国内皮革业首个行业指数。该指数的发布也意味着海宁中国皮革城这一中国皮革时尚的“风向标”得到了科学权威的数据支撑，而中国皮革业也进入了指数经济时代。

商务部、中国轻工业联合会、浙江省商务厅、人民银行杭州中心支行、中国皮革协会、浙江财经学院、海宁市有关领导以及相关学者、媒体人士百余人出席了本次发布活动。

据介绍，中国·海宁皮革指数的编制和发布工作由海宁市政府主办，海宁市皮革行业协会承办，浙江财经学院承担了指数的研发和运行指导工作。

作为中国皮革业首个行业指数，中国·海宁皮革指数的研发和编制得到了商务部、中国皮革协会、中国人民银行杭州中心支行以及省市各级政府部门、行业协会的大力支持。2011年1月初，商务部市场运行司处长安宝军专程赴海宁参加指数编制启动仪式并宣布海宁为中国皮革指数采集编制发布点。

中国·海宁皮革城指数也得到了海宁中国皮革城以及广大皮革企业的积

极响应。200余家商户已经正式成为指数信息采集点，其中既包括蒙努、雪豹等知名品牌，也涵盖了一些有代表性的中小规模商户。

任有法表示，海宁中国皮革城作为国内最大的皮革专业市场，已逐步成为中国皮革产业的商贸技术交流中心、皮革产品的集散中心、流行趋势的发布中心。以海宁皮革产业和海宁中国皮革城为基础，编制和发布中国·海宁皮革指数，具有很强的代表性，能反映我国皮革产业运行变化规律、发展趋势。

自2006年底义乌·中国小商品指数推出之后，海宁方面就开始酝酿皮革指数的研发和编制。经过多年酝酿，于2010年底正式邀请了曾经研发义乌·中国小商品指数、中国柯桥纺织指数、上海有色金属价格指数、中国北京中关村电子产品指数的浙江财经学院副校长、中国现场统计研究会统计综合评价研究分会理事长苏为华教授领衔研发中国·海宁皮革指数。

据苏为华教授介绍，该项目自2011年初正式启动以来，合作各方投入了大量的人力物力开展各项工作，除了精心编制“皮革产品价格指数”、“皮革市场景气指数”外，还特别针对皮革产业的特点增加了其他行业及专业市场尚属空白的“皮革企业创新活力指数”和“皮革流行度指数”。

时任中国轻工业联合会副会长徐永表示，编制和发布中国·海宁皮革指数的编制，能够全面、客观地反映市场整体供需状况和景气程度，反映皮革产品创新和流行趋势；是政府及管理部门监测、管理皮革市场的重要途径和制定有关行业政策的重要依据。将为皮革产业、皮革企业、专业市场提供及时有效的价格、供需、产品等信息，便于应对市场变化、合理调整产业布局、生产计划等。

多位指数采集定点商户负责人在接受记者采访时表示，皮革指数正式推出之后，将有利于经营者将自身情况与行业趋势进行对比分析，为企业产品结构调整提供决策参考，也有利于顾客在消费时作为参考。

有业内专家表示，通过海宁皮革指数的发布，有助于扩大海宁皮革产业的知名度，影响皮革商品在国际上的价格形成机制，进一步促进海宁皮革产业在国际上的竞争力和影响力。从而提升海宁皮革产业的国际话语权。

2012年1月6日，中国·海宁皮革指数在北京钓鱼台正式发布。

2012年1月6日，中国轻工业联合会会长步正发莅临中国·海宁皮革指数发布现场并讲话。

## 中介促进作用大

在海宁市委市政府的重视和领导下，海宁中国皮革城多年来牵头或者协助有关部门做了大量的产业促进工作。以服务机构为例，先后引进和成立浙江省皮革工业研究中心、国家皮革产品质量监督检验中心、中国海宁皮革指数发布中心等机构。这些举措成为海宁皮革时尚产业加快升级的助推器，从而进一步提升和夯实了海宁作为全国皮革产业高地的战略地位。

其中“皮革指数”自2012年发布以来，至笔者撰稿时已编制发布中国海宁皮革月价格指数32期、市场景气指数32期、周价格指数131期、皮革产品流行度指数9期、企业创新活力指数6期。

此外，海宁中国皮革城还积极组织或协助开展各种人才培训和专家咨询。其中海宁皮革研究院已累计开展技术培训12次，学员达900人次，开展学术交流36次；经信部门通过举办培训班或以会带训的形式进行培训，2013年培训人员达到1.2万人次。

组建“海宁皮革专家组”，充分发挥专家组的作用，了解、掌握产业发展前沿科技动态和信息人才，不定期邀请专家授课或“一对一”进行指导。如海宁瑞星皮革有限公司依托专家组的人才优势，建立全省首家制革院士工作站。浙江省企业信息化促进会常务副会长王光明、浙江工业大学教授博士生导师赵燕伟等专家应邀帮助解决海宁皮革企业在开展“两化”融合中的切入点和难点问题。

# 第7章

# 从“制造”到“智造”

经过20年的探索和发展，海宁中国皮革城已经成为中国皮革业的产业高地，为皮革这一古老的传统产业源源不断地注入创新创业的新动力，其中非常重要的一个方面就是通过推动设计创新，加速产业的升级步伐。

# 第1节　品牌风尚中心：中国皮革CBD

CBD是中央商务区（Central Business District）的英文缩写，原意是指一个国家或大城市里主要商业活动进行的地区。CBD起源于20世纪20年代的美国，经过近百年的发展演变，CBD已经衍生出各种不同的形式。随着中国经济的飞速发展，各种类型的CBD也纷纷兴起。

有学者认为，CBD只能在一线中心城市的黄金地带出现，譬如纽约曼哈顿、、东京新宿、香港中环、上海陆家嘴等。但是海宁中国皮革城品牌风尚中心却是一个崛起于三、四线城市的CBD，经过多年的建设和发展，品牌风尚中心在设计、咨询、展示、贸易等方面的功能日益健全——如果说海宁中国皮革城是中国皮革行业的皇冠，那么品牌风尚中心则是这个皇冠上耀眼夺目的钻石。

## ☞ 1. 脱胎于“金融风暴”

海宁中国皮革城品牌风尚中心在制造业风声鹤唳的2008年金融危机期间奠基，这其实具有很强烈的标志色彩——意味着海宁中国皮革城在推动皮革产业升级的过程中始终走在前列。

## 超越实体经济时代

“有法，皮革城要考虑发展皮革产业总部基地！”在2007年的一次专题调研会议上，时任嘉兴市委常委、海宁市委书记俞志宏对任有法这样说。据任有法回忆，俞志宏后来还不止一次就此事作出批示或指示。

这一观点与浙江省委省政府决策者不谋而合——2008年下半年，正值国际金融危机对中国经济影响日益显现的时期，时任浙江省省长吕祖善在浙江2008年半年度政府工作报告指出：浙江经济要通过调整优化产业结构和产业组织结构，实现经济增长由主要依靠第二产业带动向依靠三大产业协同带动转变。要支持专业市场转型升级。

经过一年多的调研、规划、酝酿，2008年8月18日，海宁中国皮革城三期工程暨品牌风尚中心正式奠基开工。该项目位于海宁中国皮革城二期南侧、环西一路东与钱江西路交叉口，占地200亩，总建筑面积约21万$m^2$，总投资达6亿元。

品牌风尚中心的功能定位主要包括企业总部、设计研发、品牌展示、新品发布、营销总部、创意乐园、休闲会所等七大主题功能：国内外皮革生产企业的总部集聚区；国内外皮革时尚品牌的个性化展示厅；类似于LOFT的设计师工作室；为企业总部和创业者提供高端服务的商务机构集聚区；配套的高档休闲区。

其最大的特点并不是皮革城经营面积的扩大，而是给皮革城的功能增加了许多层次更高、立意更新的元素。以设计师工作室为例，不仅海宁本地的皮革企业越来越重视品牌推广和设计，海宁中国皮革城也吸引了很多国内外的时尚设计师，总部商务区能够成为他们的“头脑风暴”策源地。

对于专业的设计机构而言，品牌风尚中心的建设无疑是个福音，因为很多设计师想借助海宁的皮革产业基础开拓设计市场，但苦于缺乏平台。皮革城专门开辟这样的区域之后，就能集聚一批设计师。一定数量的工作室聚在一起，就能成为皮革时尚的创意中心和设计中心。

任有法表示，品牌风尚中心为皮革产业提供的服务可以归纳为一句话：脑体分离。具体地说，这里将成为皮革产业的设计、研发、品牌、营销中心，将成为众多工厂的“大脑中枢”。

“如果说工厂属于实体经济，那么品牌风尚中心属于以现代服务业为内涵的‘新经济’。”他这样解释，“相对于皮革城一二期而言，我们不是做‘加法’，而是在做‘乘法’。”

浙江省工商局局长郑宇民观点也印证了海宁中国皮革城品牌风尚中心的战略价值：“国外企业做专业市场是有计划进驻、梯度推进，然后在一方留根。外资零售业大鳄们已经抢占了中国绝大多数的市场，而专业市场将是下一轮竞争的战场，必须要改变传统经营模式，增强抵抗力。”

嘉兴市政府副秘书长（2002年至2011年任海宁市副市长）施震东则表示，国务院《进一步推进长江三角洲地区改革开放和经济社会发展的指导意见》要求长三角地区加快调整产业结构，努力形成以现代服务业为主的产业结构。对于地处长三角核心地带的海宁中国皮革城来说，品牌风尚中心的建设将保证其进一步实现转型升级，牢固树立皮革营销中心、时尚基地和品牌中心的地位。

浙江皮革行业协会理事长李伟娟从皮革产业梯度转移的角度进行了分析。她说，国际贸易环境、国内宏观调控等一系列的外部因素对皮革行业带来了巨大的压力，近年来劳动密集型的皮革加工企业已经开始向中西部甚至国外转移。

她说：“产业转移是受到客观规律影响的。但是我们也要思考一个问题，产业转移是否也意味着本地产业优势的丧失？要解决这个问题，就必须把‘根’留住。在这种情况下，打造皮革产业的总部经济就显得非常重要。

而打造总部经济，专业市场应该能够发挥重要作用。海宁中国皮革城作为皮革专业市场中的领头羊，有责任也有能力推动整个产业的转型和升级。”

## “72家房客”：行业总部基地初长成

“三期工程又称为‘品牌风尚中心’，是专门为皮革业转型升级服务的总部商务区，我们给符合条件的创业者敞开大门，但并不欢迎一般的‘投资者’。所以，有意入驻的企业要经过‘面试’。”在品牌风尚中心项目启动之初，任有法就这样多次公开表示。

“在项目刚启动的时候，考虑到金融危机对行业的影响，不少企业对于投资变得非常谨慎。所以我们也一度考虑降低‘门槛’。但是，在广泛征求企业界人士意见和反复研讨之后，还是下定决心：必须严把准入关，确保品牌风尚中心的整体品质。”海宁中国皮革城副总经理李宗荣说，“这是对入驻者负责、对皮革城自身负责，也是对皮革产业的未来负责！”

他解释道：“准入标准”并非指入驻者的规模，而是看入驻者是否具备引领皮革时尚潮流的激情、理念和能力。

任有法还多次表示：“暂时没钱不要紧！譬如说设计师，要他们掏上千万的钱来买楼恐怕不现实，但我们可以扶持他们——很多设计师想借助海宁的皮革产业基础开拓设计市场，但苦于没有平台，品牌风尚中心将成为他们头脑风暴的策源地。”

在品牌风尚中心北侧，沿着小河有很多造型别致的小屋。此地正是特意为起步阶段的原创型皮革企业打造的“新锐设计师长廊”，以非常优惠的政策来扶持“没钱但有一颗聪明脑袋”的创业者。

另外，海宁中国皮革城在调研中发现，不少欧美的二、三线品牌看好中国的市场潜力，但由于受到自身财力、营销能力等各种因素的制约，无法像国际一线品牌那样直接抢滩上海、北京等大城市。而品牌风尚中心的建立将成为他们进入中国的“桥头堡”。

“相对于中国皮革品牌，欧美的二、三线品牌还是很领先的。所以吸引他们进驻品牌风尚中心，并不是让他们来‘抢市场’，而是可以让他们带来更多更好的品牌理念。”任有法说道。

基于这样的理念，“精挑细选”的理念已经在招商过程中得到了贯彻和体现。在第一批入驻的名单上，既有圣尼、思齐之家、NG等近年来快速崛起的品牌，也有丹芭拉等只从事设计和营销的“轻工厂”。另外，来自北京、东北、欧洲的多个品牌赴海宁考察之后也明确表示了入驻的意向。而由于不符合条件而被婉拒的投资者也不止一个。

## 从“要素汇聚”到“浙商回归”

2010年9月21日，海宁中国皮革城品牌风尚中心正式开街。来自国内外数十家具备引领皮革时尚潮流的激情、理念和能力的品牌企业，设计机构成为中心的首批“房客”，其中包括中国美院纺织服装研究院创意中心、清华大学美术学院服装设计研究所实验基地等。

在海宁中国皮革城品牌风尚中心，笔者见到了正辰服饰有限公司总经理王正。正辰原是哈尔滨的一家企业，在海宁做了十年的皮革贴牌，产品主要销往东三省及内蒙等省、区。

带着浓重的东北口音，王正表示，海宁中国皮革城打造品牌风尚中心的理念非常契合自己企业发展的愿景，正打算把总部移到海宁来，扩充设计师队伍，把自己的品牌从原有区域进一步扩展出来。

据统计，品牌风尚中心已经接纳了十多家类似于正辰这样的外省市企业。而这些致力于打造品牌的企业家和设计师，以及中国美院纺织服装研究院创意中心、清华大学美术学院服装设计研究所实验基地等，正是品牌风尚中心最需要的“高级生产要素”。

海宁人徐建明、温州人陈跃原本在外省从事皮革、裘皮产业。如今，这两位浙商借助品牌风尚中心这个平台实现了“回归”。

“向下游延伸做皮衣品牌是自己多年的梦想，现在品牌风尚中心给了我实现梦想的平台。”在河北留史办了16年制革企业后回归海宁的徐建明说道。

他表示，在海宁成立的秋忆皮革服饰有限公司从2010年7月份就开始在品牌风尚中心正式办公，短短几个月，自行设计的女装新款就接到几千件订单。

南希皮草有限公司也是品牌风尚中心的“捷足先登”者之一。负责人陈跃之前在广州生产和销售皮革服装已有十年，入驻品牌风尚中心之后打算把基地移到海宁来，实现海宁和广州两地联动。而之所以要把重心转到海宁，正是看到了其不可多得的“平台效应”和巨大商机。

## ☞ 2. 省级工业设计基地：打造产业升级“大平台”

嘉兴市市长肖培生（右一）在海宁市市长戴锋（右二）等陪同下在海宁皮革产业省级特色工业设计示范基地调研。

2012年2月，海宁中国皮革城成为浙江省经信委确定的首批12个省级工业设计示范基地之一。位于品牌风尚中心的海宁皮革产业省级特色工业设计示范基地工业设计大厦于9月正式启用。

2012年9月26日，由海宁中国皮革博览会组委会主办，海宁中国皮革城、海宁市经信局联合承办的海宁皮革产业省级特色工业设计示范基地工业设计大厦揭牌暨启用仪式隆重举行。仪式由海宁市副市长俞亚明主持，浙江省经信委副主任邓国强、嘉兴市副市长盛全生等十几位省市相关领导应邀出席了仪式。

仪式期间，浙江理工大学副校长沈满红、嘉兴职业技术学院副院长张红宇为设计基地授牌，分别授予设计基地为“浙江理工大学（海宁）皮革服装设计研究中心”、“嘉兴职业技术学院实训基地”称号。邓国强、盛全生、海宁市市长戴锋、任有法等共同为浙江省特色工业设计示范基地工业设计大厦揭牌。

**打造“钻石体系”**

美国经济学家斯科特曾有个观点：在当今世界经济版图上，由于大的产业集群的存在，形成了色彩斑斓、块状明显的经济马赛克，世界财富的绝大多数都是在这些块状区域内被制造出来的。

回顾中国的改革开放，全国各地涌现出了众多在各自行业独领风骚的“经济马赛克”。而浙江更是依托产业集群的蓬勃兴起实现了民营经济的大发展。而随着“后危机时代”的到来，“经济马赛克”也需要向“钻石体系”的升级。

“竞争战略之父”、哈佛商学院教授迈克尔·波特在其代表著作《国家竞争优势》中提出了用于分析国家和地区竞争力的“钻石模型”：生产要素、需求条件、相关与支持性产业、企业战略及其结构以及同业竞争这四个要素加上机会和政府两个变量，构成了菱形的“钻石模型”。

迈克尔·波特的很多观点在海宁皮革产业发展过程中得到了印证，譬如他认为内需是产业发展的动力——海宁皮革正是牢牢抓住了国内消费升级的机遇，加速了时尚化的进程。“相关与支持性产业”则正是海宁皮革集群化发展的基本特征。

任有法表示，波特把生产要素分为初级生产要素和高级生产要素的观点对包括海宁皮革在内的产业集群转型升级启发很大。

波特认为，初级生产要素是指企业所处的地理位置、天然资源、人口、气候以及非技术人工、融资等等，通过被动继承或者简单的投资就可获得；高级生产要素包括高级人才、科研院所、高等教育体系等，需要在人力和资本上先期大量投资才能获得。

在海宁皮革产业发展的初期，主要是依靠了民间自发+政府引导，形成了天时、地利、人和的发展环境，使得海宁这个并不产皮革原料的南方小城取得了皮革产业发展的先发优势，成为浙江乃至全国都具有较大影响的“经济马赛克”。

“如果不抓紧升级，那么正所谓‘各领风骚三五年’，一个区域的产业优势很难长期保持。正是这个原因，海宁皮革要通过提升产品的时尚附加值来打造一个‘钻石体系’！而品牌风尚中心特别是皮革产业省级特色工业设计示范基地就是这一思想的典型体现。”任有法说道。

## “大平台”效应显山露水

2012年以来，海宁中国皮革城以品牌风尚中心为核心，全面启动省级优秀示范设计基地争创工作。一是加强领导，完善体制。成立了一把手负责的工作领导小组，设立专项资金、制定三年行动计划、组建创建办公室、成立党支部，并通过召开动员会、推进会和签订创建责任书等形式营造良好的创优氛围。二是出台政策，完善配套。

2012年，海宁中国皮革城针对皮革产业省级特色工业设计示范基地制定了免租金、补贴奖励等配套政策，完善风尚设计会所等服务设施，还建立了企业数据库，协助企业创建省级优秀设计企业，成功引进国内设计企业9家。还举办了“嘉兴市工业设计高级研讨班”，与清华大学、中国美院、浙江传媒学院等建立了战略合作，浙江理工大学、嘉兴职业技术学院还设立了实训基地。另外，还在皮革城原料辅料采购节上举办设计成果展示交流会，在CHIC上设立了58家企业参加、400多$m^2$的设计基地整体展位，并积极参加和举办浙江工业设计产品系列巡展。

2012年，海宁皮革产业省级特色工业设计示范基地共计完成各项新增投入1256万元，新增各类专利数量67项；专职从事工业设计人员384人，实现工业设计服务收入6927万元，实现工业设计成果转化产值约14.5亿元，圆满完成年度预定目标。

2013年，基地相关工作进一步加强，建立了由22名基地管理员组成的网格化管理体系，实现企业服务的小班制、常态化。聘请国际知名设计顾问，在设计开发、辅料面料等方面提供现场指导、咨询服务，已为50多家企业开展了一对一服务。此外还积极探索提升企业设计能力的新途径，组织了设计创新专项评选、赴意大利贝利尼美术学院设计培训、哥本哈根皮草讲座等培训促优活动。还推动产学研对接，与中国美院等四所大学开展了项目合作。先后举办了企业对接交流会、设计成果展、工业设计专场订货会、千名设计师走进海宁等多项活动。全年完成各项新增投入1644.7万元，21家企业设立专业设计公司，新引进设计公司5家，新增专利授权131项，推荐省级优秀设计企业1家，实现设计服务收入1.2亿元，设计成果转化产值21亿元，圆满完成年度创建任务。

2013年10月30日，浙江省委书记夏宝龙一行赴海宁就全面深化改革开展专题调研，并在嘉兴市委书记鲁俊、海宁市委书记林毅等有关领导的陪同下前往海宁市皮革产业特色工业设计示范基地进行考察。在设计基地，夏宝龙视察了位于工业设计大厦十楼的海涛时装创意设计有限公司，在参观了公司的设计部、技术部、样衣间和展厅，并对整个公司做了深入了解后，夏宝龙对公司的发展和设计基地的建设工作给予了较高的评价，他认为公司的服装设计水平已接近世界先进水平，但还有很大的空间，海宁应该再接再励，向着引领时尚潮流的目标不断努力。

2014年3月31日，由浙江省科技厅副厅长邱飞章带队的省地税局、省经信委相关领导一行6人组成的省级特色工业设计示范基地督查考核小组，赴海宁皮革产业省级特色工业设计示范基地对基地2013年度建设推进工作进行督查考核。省督查考核组在嘉兴市市政府秘书长周建新、经信委主任卓卫明、海宁市副市长俞亚明和基地相关负责人员陪同下，实地考查、调研了设计大厦、企业设计中心、设计师走廊和海宁皮革研究院。之后，省督查考核组认真听取了设计示范基地工作汇报，查阅了相关台账资料，考核组对海宁皮革产业省级特色工业设计示范基地所做工作给予了较高肯定和评价，并就下一阶段推进工作提出了意见和要求。

此外，基地也得到了省、市相关部门的大力支持。根据《浙江省省级特色工业设计示范基地建设实施办法》，对列入省级示范基地的，由省财政一次性安排1000万元扶持资金，主要用于以下方面：

①对入驻工业设计企业的补助，包括营业用房租金、购置软件、仪器设备、专利研发申请等；

②促进工业设计成果转化的补助，包括设计企业与制造企业签订设计服务合同、制造企业购买工业设计成果等；

③人才引进和培训的补助，包括引进人才、开展专业培训等；

④公共服务平台建设的补助，包括构建工业设计数据查询系统、快速成

型、知识产权服务、网络交易等公共服务平台；

⑤组织工业设计相关活动的补助，包括开展优秀工业设计大奖赛、举办工业设计成果展以及国内外交流活动等；

⑥运行监测体系建设的补助，包括开展工业设计企业成果统计、报送等。

# 第2节 海宁设计 中国制造

## ☞ 1.“真皮标志杯”大奖赛：离不开海宁的国家级赛事

### 共襄盛举：真皮标志20年

2014年适逢中国真皮标志推出20年，也是海宁中国皮革城创业20年。20年来，在海宁中国皮革城的牵头组织下，由中国皮革工业协会主办、海宁中国皮革城承办的“真皮标志杯”中国国际皮革、裘皮服装设计大奖赛也已经连续举办17届，成为中国皮革、裘皮行业的一项权威赛事，被称为中国皮革、裘皮类服装流行趋势的风向标。

真皮标志是中国皮革协会1994年在国家工商管理总局注册的证明商标；2003年中国皮革协会正式推出真皮标志生态皮革，将真皮标志理念延伸到皮革制品的原材料——皮革；2007年，真皮标志英文版标牌、证书及真皮标志生态皮革英文版证书正式启用，由此加快了中国皮革行业品牌国际化的进程；2013年，真皮标志与生态皮革合作联盟成立，加强了行业上下游品牌企业之间的合作，推动了全行业的全面转型升级。

而“真皮标志杯”则是以“真皮标志”证明商标为内涵，为皮革制品设计比赛设立的流动金杯，分别授予在全国皮革服装、裘皮服装、皮鞋、运动鞋、休闲鞋、箱包等产品设计大奖赛中最高奖项获得企业。真皮标志杯为流动金杯，凡在单项比赛中连续三年获得特等奖的企业可永久保留此杯。

目前，全国皮革行业每年以北京、广州、海宁三地为中心，形成了三大“真皮标志杯”设计大奖赛：中国鞋类设计大奖赛（北京）；中国皮具（箱包类）设计大奖赛（广州）；中国国际皮革服装、裘皮服装设计大奖赛（海宁）。

随着终端市场需求的快速变化发展，设计在产品上所体现的价值越来越大。设计师如何满足终端市场的需求？如何最大化的发挥设计所带来的效益？如何通过产业链促进设计人才发展和培养等等问题也随之成为行业热点，针对这些问题，“真皮标志杯”中国国际皮革、裘皮服装设计大奖赛也不断走向成熟。

### 潮起海宁：皮装设计“全运会”策源地

2014年1月1日，中国皮革协会发布2014年1号文件，宣布第17届中国国际皮革、裘皮服装设计大奖赛正式启动。本届大奖赛由中国皮革协会主办、中国服装协会支持、海宁中国皮革城协办。

本届大赛分海宁、佟二堡、成都三个赛区。其中海宁赛区负责浙、沪、苏、鲁、皖、闽、粤、港澳台及国外的初赛，佟二堡赛区负责京、津、辽、吉、黑、蒙、冀、宁、新等省、市、自治区的初赛，成都赛区负责甘、青、藏、川、渝、贵、云、桂、琼等省、市、自治区的初赛。2014年6月，大奖赛决赛在海宁举行，入围选手也获得组委会资助前往海宁交流学习。

从1997年首届“真皮标志”杯全国皮革服装设计大奖赛（当时的名称）

落户海宁开始，海宁中国皮革城已经伴随着这一有“皮革、裘皮服装设计‘全运会’”之称的权威赛事走过了17年。

1997年9月，由中国皮革工业协会主办，全国皮革服装展销会组委会承办，中国美术学院、中国服装设计院协办的首届“真皮标志”杯全国皮革服装设计大奖赛在海宁举行，来自全国20多个省市的49家皮革服装生产企业、240（件）套设计作品参赛。通过初评、质量评分、效果图评分和模特表演评分四个阶段，评出特等奖1名，一等奖3名，二等奖6名，三等奖9名，优秀奖11名。

经过多年来的发展，这一赛事的规模和影响力都不断扩大。以2013年9月落幕的第16届中国国际皮革、裘皮服装设计大奖赛为例，共有来自杭州、上海、沈阳、天津、黑龙江、哈尔滨、大连、成都等地近50所高校和100多家企业参赛，收到参赛作品近千幅。

20年来，先后有数千服装设计师和相关院校师生通过参加大奖赛脱颖而出，成为中国服装界尤其是皮革、裘皮服装业的佼佼者——

肖文凌，清华大学服装系主任，曾凭借作品《第二种女性形态》获99“真皮标志杯”全国皮革服装设计大奖赛特等奖；凭借作品《季节的融合-新空间》获2000“真皮标志杯”全国皮革服装设计大奖赛特等奖；凭借作品《无季》获2001“真皮标志杯”全国皮革服装设计大奖赛特等奖；曾担任2004“真皮标志杯”中国时尚皮革、裘皮服装设计大奖赛评委；

首届“真皮标志”杯全国皮革服装设计大奖赛

陶音，现任中国美术学院设计学院染织服装系教授，2001年凭借作品《流金》获“真皮标志杯”全国皮革服装设计大奖赛一等奖。

陆大俊，云南瑞彪集团首席设计师兼技术开发部经理，广州十佳设计师之一，曾获99“真皮标志杯”全国皮革服装设计大奖赛一等奖：参赛作品《世纪风》；获2000“真皮标志杯”全国皮革服装设计大奖赛一等奖：参赛作品《梦幻与超越》。

### 皮革时尚产业的“创意时代”

每一届大奖赛都设立一个主题，譬如2010年第13届“真皮标志杯”中国时尚皮革、裘皮服装设计大奖赛的主题是“创意年代”：我们正身处这个创意时代，要把我们在艺术中对美的感悟和创造，通过设计作用于社会，使人们的生活更美好，使中国的经济更具竞争力，使我们的民族更有尊严感，这是我们的责任。

2012年第15届“真皮标志杯”中国时尚皮革、裘皮服装设计大奖赛的主题则是“变革时代”：变革，是一种气魄，是一种突破；变“革”，是全新的理念，全新的创意，更是全新的时尚潮流。变“革”，从你我开始；变革时代，由你我主宰！

2013年第16届“真皮标志杯”中国国际皮革、裘皮服装设计大奖赛的主题为“新视觉”：将艺术的感悟化为经济的载体，将经济的运作赋予更多、更新、更快的艺术倡导，把艺术与经济结合，使美学与生活相融，这是我们赋予“新视觉”的内涵。

求“新”、求“变”，无疑是近年来大奖赛共同的题中之意。而这些主题的变迁和完善的背后，则是大奖赛目标和作用的与时俱进——

1997年，首届“真皮标志”杯全国皮革服装设计大奖赛的目标是：提高我国皮革及裘皮服装设计的整体水平，增强皮革及裘皮服装在国际市场上的竞争能力，把握产品的国际流行趋势，适时引导消费，从而促进皮革及裘皮服装企业的增效及出口创汇。

到2010年，大奖赛的目标有了全新的诠释：为发展与提升我国皮革类服装设计的整体水平和创新能力，促进皮革、裘皮服装产业的技术升级，用时尚设计满足不同层次的消费需求，迎接皮革皮草制品消费的新热潮，为热爱皮革服装设计的潜质人才提供一个实现梦想和施展才华的舞台。

此后，主办方进一步诠释了大奖赛的目标：大赛旨在以创新设计引领时尚潮流，以创意理念提升产业文化，提高皮革、裘皮服装设计的整体水平和创新能力，促进产业的可持续发展。同时，为优秀的皮革、裘皮服装设计师提供一个施展才华、实现自我价值的平台。

从大赛目标的变化，可以看出这些年来随着皮革产业的转型升级，发展重心逐步转移到创新和时尚消费。这是产业成熟的表现，也是中国皮革时尚产业“底气“的体现。

2013年第16届“真皮标志杯”中国国际皮革、裘皮服装设计大奖赛。

## 海宁成为设计师的“麦加”

据悉，“真皮标志杯”皮革、裘皮服装设计大奖赛自创办以来就一直落户海宁。该大奖赛也成为历届海宁中国皮革博览会的“重头戏”之一。

“海宁是中国最大的皮革生产基地，海宁中国皮革城又是中国最具影响力的皮革专业市场。随着皮革时尚产业的崛起，海宁正在成为设计师的‘麦加’。”一位业内专家这样表示。

麦加是伊斯兰教的圣地——对于创意者来说，无疑也需要有自己的圣地。

“设计师需要平台，也需要氛围。海宁中国皮革城有责任、也有能力为中国皮革时尚产业的设计研发创造更好的条件。”任有法这样表示。

值得关注的是，2002年、2003年、2008年等海宁因故没有承办，结果大奖赛只能停办——这项皮革、裘皮行业的“全运会”已经离不开海宁皮都的行业土壤和实质性支持。

究其原因，是大奖赛需要有企业出资、出原料、出场地，才能完成参赛服装的打样和缝制，虽然国内除了海宁还有河北辛集、辽宁佟二堡等知名的皮革产业集群，但是由于产业结构、企业实力、思维方式等多种原因，愿意对大奖赛实质性支持的只有海宁。

历年来的大奖赛为全国皮革业特别是海宁皮革业输送了大量优秀的设计人才，现在活跃在海宁的很多知名设计师都是在校期间通过大奖赛脱颖而出并被企业网罗的。

此外，海宁中国皮革城还先后举办过首届“海宁潮”杯全国皮革服装设计效果图大奖赛（2000年）、“时尚中国设计大赛决赛”（2006年）、2007年“中国牛仔城”杯牛仔服装设计大奖赛等。

“从机制角度看，‘赛马’永远比‘相马’好！大奖赛就是一种很好的赛马机制。”任有法这样表示。

## ☞ 2. 海宁设计 中国制造

### “海宁设计”悄然崛起

早在1998年7月，海宁就曾经成立了浙江皮革服装城研究设计中心，但由于种种原因基本没有正式运作。在很长一个时期内，海宁皮革业没有统一的皮革、裘皮服装设计专业机构。从整个行业看，也存在设计能力滞后于制造能力的软肋。

但是海宁中国皮革城多年来一直致力于提升海宁乃至中国皮革业的设计能力，除了前面详细介绍的“真皮标志杯”皮革、裘皮服装设计大奖赛等各种赛事，海宁还经常举办各种培训活动——

1996年，由全国皮革服装展销会组织委员会出面主办国际皮革新潮流和皮衣裁剪技术讲座，邀请意大利杰帕皮革公司皮装设计专家讲解皮革知识和传授皮装设计、裁剪技术，听讲者为在浙江皮革服装城内开业的大中型皮革服装生产企业的领导和设计人员共400多名；

2001年10月，举办国际皮革服装流行趋势专题讲座，邀请意大利阿斯马克皮革协会两位专家介绍国际皮革服装市场流行趋势，讲解设计技术如何适应流行皮装的需要，听讲者为海宁40多家重点皮革服装生产企业的相关领导和设计人员；

2002年9月，举办“北欧世家”皮草讲座，由“北欧世家”机构皮草工艺制作专家介绍国际皮草流行趋势，传授毛皮最新缝制技术，听讲者为海宁皮草制品企业代表。

一些理念领先的皮革企业在完成“第一桶金”的积累之后，也逐渐将设计师队伍的培养提上了议事日程。

到2010年前后，海宁皮革业拥有专职设计人员的企业已有200家以上，总人数已不下1000人。其中除了企业自己逐年培养的专职设计师、制版师，还有来自于各大专院校的“科班”出身人员，而且还不乏在“真皮标志杯”皮革、裘皮服装设计大奖赛等各种赛事中脱颖而出的设计人才。

2010年7月11日，由海宁中国皮革博览会组委会主办、海宁中国皮革城承办的首届中国皮革服装设计师论坛在“中国皮革之都”——浙江海宁举行。

论坛发表了《中国皮革服装设计师海宁宣言》：

当人类的祖先用兽皮制作成围裙和披肩，皮革服装的最初形态也就形成了；当伟大的文艺复兴将艺术融入皮革服装的缝制，具有现代意义的皮革服装设计出现了！

经过数十年“世界工厂”的风雨历练，中国皮革服装行业已经在技术装备、生产控制等多个方面与国际一流不相上下。当前的历史使命是加快提升设计能力、品牌水准，以寻求行业自身的“微笑曲线”。

随着全球经济进入“后金融危机时代”，至少两大力量的激荡开启了中国皮革服装设计师的大时代——

内在力量的催生：近年来中国皮革服装品牌意识的苏醒促进了中国皮革服装设计师队伍的蓬勃发展，而行业基础的积累壮大则为设计师提供了深厚的土壤；

外部力量的推动：全球金融危机再次警醒全行业，打造核心竞争力是中国皮革服装业可持续发展的迫切要求，而提升设计水平则是核心竞争力的内核所在！

浙江海宁是世界闻名的观潮胜地，革命先行者孙中山先生曾在海宁手书“猛进如潮”，并留下传世名言：“世界潮流浩浩荡荡，顺之者昌，逆之者亡。”

今天，中国皮革服装设计师代表聚集海宁，以思想之潮迎接大时代的到来。全体与会者就合作交流、创新发展达成共识，并慨然以引领时尚潮流、强健行业体魄为己任，共同宣言如下：

一、责任自觉

设计是皮革服装行业发展的灵魂，没有行业能够在缺乏核心竞争力的情况下长期生存。商业直觉促使业界先行者开发了皮革服装的巨大市场。如今，产业升级呼唤责任自觉。设计师理应以责任自觉为理念先导，以赶超国际时装设计先进水平为职业使命。

二、勇于创新

真正的设计来自创新。行业呼唤大胆而有想象力的设计师。睿智的设计师将勇立时尚潮流前沿，不断超越自己，以创新求发展，以创新赢未来。

三、引导时尚

经过十数年的荜路蓝缕，中国皮革服装已经实现了从“御寒品”向“时尚品”的飞跃。这既印证了中国皮革服装设计能力的提升，也为广大设计师创造了培育时尚新理念、引导时尚新潮流的历史机遇。

四、商亦载道

知识产权是皮革服装设计的核心所在，卓越的设计灵感来源于对文化、科技、社会等诸多因素的深思熟虑和高超驾驭。每一位设计师都应谨守商道伦理规范，遵循法律规定和道义约束，诚信为先，拒绝浮躁。

五、自然和谐

绿色、环保、低碳已经成为当今世界的重要潮流。皮革服装来源于自然，皮革服装设计理应在为消费者提供个性、优质的时尚产品的同时营造人与自然的和谐。

六、形成合力

成立中国皮革服装设计中心是产业发展的迫切需求。海宁等国内主要的皮革服装产业集群是广大设计师一展身手的舞台，“真皮标志杯”中国时尚皮革、裘皮服装设计大奖赛、中国皮革时尚周是行业设计水平提升的助推器，号召广大设计师入驻产业基地，充分发挥自己的聪明才智。

全体与会者坚信：信念和执着可以创造奇迹！梦想和痴醉可以改变世界！

全体与会者呼吁：加强学习，积极融合，形成合力，共同把握大时代给我们带来的大机遇！

## 设计师有了自己的"家"

2011年3月2日，对于海宁皮革设计无疑是一个具有历史意义的日子：国内皮革行业首个设计师协会——海宁皮革设计师协会正式成立！

海宁市领导林毅、施震东（时任）、许煜威，中国服装设计师协会代表、中国美院教授吴海燕，中国美术家协会服装艺术设计委员会代表、清华大学美院副教授肖文陵等出席成立大会并讲话，首批协会成员及企业代表、有关政府部门代表近150人参加了会议。

时任海宁市副市长施震东在成立大会上发表了既热情洋溢又理性建设性的讲话。从他的讲话中，既能够窥见海宁皮革设计师协会成立的重要意义，也能够体现皮革设计师队伍担负的历史使命，所以本书特意收录了他的讲话原文：

各位来宾、朋友们：

通过近一年的精心谋划和紧张筹备，今天我们在这里隆重举行海宁市皮革设计师协会成立大会，制订通过协会章程，选举协会理事人选，这是广大皮革企业和设计师相互交流的一次盛会，也是我市皮革产业转型升级过程中的一件大事。在此，我代表市人民政府对皮革设计师协会的成立表示热烈的祝贺。向参加会议的代表和广大会员表示诚挚的谢意！同时，也要祝贺首届皮革设计师协会的张思丰会长和各位理事的成功当选。

下面，根据会议安排我就进一步提升海宁皮革设计水平，推动产业转型升级讲三点意见。

第一、从内外部的产业发展趋势来认识设计对于产业发展的极端重要性。回顾过去的一年，我想至少有两个排名值得我们的企业家和设计师加以关注，第一个排名是我国的经济总量首次超越日本，成为世界第二大经济体，另一个排名是在世界第一大经济体的美国产生，那就是苹果公司凭借iPad和iPhone 4的所向披靡，首次取代微软成为全球市值最高的IT企业。更确切的说苹果的市值等于微软再加上惠普的总和。这两个排名的超越，让我产生了进一步的思考。中国取代日本成为世界第二，说明我们国家的经济实力更加强大了，同时在原材料、土地、劳动成本大幅上涨的今天，也进一步提醒我们在发展方式上所面临的压力和挑战。今年是“十二五”的开局之年，也是发展方式转变之年，产业升级之年，我们不再是低成本的国家，要避免日本式的经济衰退，解决经济增长长期依靠劳动密集型和资源消耗型的发展模式，可以说是今后一个时期我们所面临的最重要的问题，特别是对于长三角等先发地区的传统产业而言，更是重中之重的任务，也可以毫不夸张的说是一次生死攸关的转变。而在美国苹果超越微软、惠普的背后，也为我们对这种转变，作了更加生动和现实的诠释，苹果的iphone并没有采取多么高明的技术，其取胜之道就是在于走出了一条应用创新的路径，苹果CEO乔布斯的经营哲学就是抛弃繁杂的技术路线，寻找打动消费者内心最直接的路径。我们说苹果的成功最直接的体现出了设计的力量，也达到了迄今为止工业设计的最高境界。

所以，设计就是生产力！支出1元，回报1500元。什么样的投资有这么大的收益？这就是设计。美国工业设计联合会一项调研显示，工业设计每投入1美元，销售收入将增加1500美元。日本日立公司计算过每增加1000亿日元的销售收入，工业设计所占的作用占51%，而设备改造的作用只占12%。现如今，大到一个产业、一个地区、一个国家，小到一个企业、一样产品，都离不开设计。缺乏设计，产品就失去了灵性，企业就失去了灵魂，产业就失去了文化，城市就失去了文明。在服装等传统消费领域，设计已然成为直接制约产品价值和生产效率的主要因素，这也是当前我们产品的附加值与欧美发达国家相比最大的差异所在。跨入2011，我们一下子发现，国际石油价格又回到了100美元以上，劳动力成本大幅上升的同时企业再现“用工荒”，这样的背景下，海宁的皮革产业要保持原有的先发优势，要提升产业的核心竞争力，出路就在于我们的产业、我们的企业要更重视设计的力量，更加重视设计师的作用，重视设计对企业长远发展的推动作用。

第二，从皮革产业过去五年的发展来认识提升海宁皮革设计水平的重要意义。回顾过去五年，应该说，这五年也是海宁皮革产业持续健康发展的五年，五年来，皮革城市场经过易地搬迁，从原来的不到7万方，变为了现在的76万方，并且成功登陆资本市场，成为了百亿市值的大平台，期间我们皮革企业的经营效益得到了高速增长，也涌现出了一批优秀的品牌企业。在这一过程中，海宁皮革设计师队伍从无到有，逐步发展壮大，发挥了越来越重要的作用，海宁皮革产品的设计也开始崭露头角，受到了国内外采购商、消费者的认可。这几年，给我一个明显的感觉就是，在我们的皮革企业中来样加工的少了，看样定货的多了，海宁皮革产业逐步走出了贴牌加工的时代，已经开始步入了自主创新和自主创牌的发展时期，可以说是皮革设计的推动使海宁皮革走在了全国各主要皮革产区的前列。

过去的五年，我们连续举办了四届CCTV中国服装流行趋势发布，创新举办了皮革时尚周发布，海宁皮革的时尚设计开始在北京、上海甚至丹麦等地成为专场发布的主角，这些都足以证明我们的设计意识、设计能力和和设计信心都有了大幅度的提升。展望我们皮革产业的未来，我首先要强调的是，皮革是海宁经济的重要支柱，是海宁城市的金名片。皮革之都—海宁，这是任何时候都不会改变，也无法改变的城市品牌，不仅如此，我坚信融入了设计和时尚元素的海宁皮革，将展现出更加旺盛的发展生机，创造出更加辉煌的产业奇迹。海宁皮革产业的转型之路，制造企业就是要由单一的制造加工向创意设计、品牌营销以及技术创新等全产业链发展，交易平台要由传统的皮革专业市场向现代服务业集聚区转变，要推动“海宁制造”向“海宁创造”转变，从生产产品向创造时尚、创造文化转变。我们不仅要建设强大一流的皮革市场，形成强大雄厚的产区基础，更要有一流的皮革产品，要有引领时尚的一流设计师。在每一次皮革产业发展关头，我们都要认清形势，不断创新，不断超越，引领发展潮流。这是今后五年，保持我市海宁皮革产业先发优势，实现加快发展的必然要求，也是政府从上到下引导传统产业发展的主要方向，更是广大企业家和设计师创新创业的机遇所在。

与家电、汽车等产品不同，服装产品的设计能够带来直接的消费冲动，设计在很多时候对购买行为都具有决定性影响。从这一角度来讲，设计已成为皮革产品创造产品价值和生产效率的第一生产力，品牌、款式将成为下一步我们的皮革企业抢占国内消费市场的决定性因素。正是基于这一发展趋势，去年我们的皮革品牌风尚中心、裘皮城建成开业，同时，我们与清华美院、中国美院和法国设计师协会签订了合作协议，今年皮革城五期也将启动建设。在做强本部市场的同时，皮革城积极开展对外连锁拓展，目前来看沈阳佟二堡已经取得了初步成功，下一步成都市场将在今年启动，北京、武汉等地的市场也在选址之中，可以说，今后几年我们将为革企业和设计师提供更加广阔的发展空间和更大的产品展示、设计展示的舞台。在这过程中，我希望看到广大企业家和设计师的热情投入和努力，我希望由我们今年天的在座各位来共同参与完成海宁皮革产业的华丽转身。

第三，从皮革产业进一步转型升级的要求来认识设计师协会的引领作用。

应该看到，虽然在这几年里，我市皮革设计的总体水平有了明显的提高，但是与产业转型升级的要求相比，与欧美发达国家的产品相比，我们的差距和不足依然明显。设计的高回报率以及对产业发展的引领作用还没有能够得到充分的体现，设计在打造企业文化、形成企业品牌和引导流行趋势等方面都还没有发挥足够大的作用，设计维权意识不强，仿版盗版的现象屡见不鲜，等等。这此都是摆在我市皮革产业转型升级面前迫切需要解决的问题，也是我们今天决心成立皮革设计师协会，去谋求改变和提升的初衷和落脚点。

所以，市政府以及整个行业对皮革设计师协会，可以说是寄予厚望，它将是政府联系广大皮革企业和设计师的桥梁、纽带，，因此协会必须要以促进皮革产业转型升级和服务广大设计师为宗旨，立足服务、优化服务、创新服务，体现皮革设计的特色。既要作为各方沟通协调的“传导器”和提升发展的“助推器”，更要善于整合资源、加强推广，成为引领皮革创意设计的先导和发展平台。这里时间关系，对于协会的发展我提几点建议，供大家参考。首先是要做好刚才张思丰会长所讲的今年协会的四件大事。二是要尽快完善协会的组织机构建设，设立经常性办事机构，充实人员，使协会工作尽快走上正轨。二是要切实履行好政府、企业与设计师之间的纽带作用，传达政策措施，努力将协会打造成为海宁皮革企业和设计师的“温馨港湾”，维护好企业和设计师的合法权益。三是要通多种形式的交流活动，特加强与国内外一流设计师团体之间的交流，为设计师队伍的成长创造良好的条件，不断提升队伍的业务素质，提升海宁原创设计的综合实力。四是要加强行业自律，提升维权意识，要与工商等有关部门通力配合，积极探索如何利用法律法规保护我们的创意、保护我们的设计，让设计的产出最大化。

各位来宾，朋友们，设计改变未来，设计是海宁皮革产业转型升级的内在要求和源动力，我相信随着今天海宁皮革设计师协会的成立，通过在座各位设计师和企业家的辛勤奉献和不懈努力，海宁皮革产业必将进入一个全新的设计时代，迎来更加辉煌的发展历程。

设计师协会正式成立之后，任有法在其人气颇旺的搜狐博客“任有法的羊皮卷”发表了题为《得设计者得天下》的感言：

很长一段时间，大家都把“得市场者得天下”这句话视为圭臬。在皮革产业不断变革发展的今天，这句话的内涵需要补充和调整：“得设计者得市场，得市场者得天下！”简言之，则可说“得设计者得天下”。尤其是受困于“用工荒”、原材料涨价等“成长烦恼”的皮革企业，这句话更值得思考和借鉴。

最近，海宁市皮革设计师协会正式成立。虽然65名首批会员不算太多，但是作为国内首个皮革设计师协会，我们毕竟迈出了重要的一步。

放眼中国皮革行业，近年来在设备、技术、工艺等各方面涌现了大批与国际一流不相上下的优秀企业。但是，中国皮革还缺乏能在全国傲视群雄的知名品牌，更缺乏可与国际大牌一争高下的品牌。而设计力量相对薄弱是其中的核心症结之一。

当前，皮革设计亟需解决的问题主要有：

一、缺乏自主的设计风格：设计水准（包括理念、能力、品牌运作等）与国际一流品牌差距明显，部分企业还是以抄袭仿版为主，这样很难形成自己的产品风格；

二、行业专业人才匮乏。

以上两个问题可以说互为因果。

我注意到，温总理在今年（2011年）的《政府工作报告》中强调：“坚定不移地实施国家知识产权战略，提升知识产权的创造、应用、保护、管理能力。”

皮革时尚产品的设计无疑是一个重要的知识产权门类。不可否认，中国作为一个十三亿人口的庞大市场，一些企业靠模仿、靠走低端路线还是能在一定的范围和时间内获取一定的利益。但这种缺乏责任自觉的行为无法使你的企业可持续发展，也无法使企业主成为真正的企业家。

温总理的《报告》中还有一句话：“全面加强人才工作。以高层次和高技能人才为重点，加快培养造就一大批创新型科技人才和急需紧缺人才。”

这说明，各行业的人才培养也是国家最高层所关心的重大问题。在皮革行业，相当长的时期内，一些企业满足于靠较低的产业层次赚钱，这是设计人才匮乏的直接原因。应该说，相对于庞大的企业数量来说，目前皮革行业的设计师阶层尚属于形成阶段。但是，市场的力量、政府的引导、企业家的觉醒、高校等各种社会力量的参与，都将有力地推动皮革设计师阶层的壮大、提升。

“重点增强新产品开发能力和品牌创建能力。”这是温总理《报告》在阐述调整优化产业结构时所强调的。

对于皮革产业来说，温总理这句话既强调了设计和时尚化的重要性，也科学地阐明了两者的关系：时尚离不开设计！

令人欣喜的是，近年来不少睿智的企业家已经领悟到了设计的重要性。中国皮革品牌风尚中心得到业界追捧、我们请来的法国设计师被业界“争抢”、最近正在组织的设计师赴欧游学报名踊跃……

最后，再和大家分享一下著名经济学家、清华大学经济管理学院魏杰教授的观点：在市场经济条件下任何企业的生存，都需要企业自身拥有一种核心竞争力，否则将无法存在。企业一定要把握趋势、快速变革。

## 设计产业渐成气候

海宁市海涛时装创意设计有限公司是由业内知名设计师孙海涛于2012年正式创立的专业设计企业。

孙海涛2003年毕业于东华大学服装设计专业，曾于2006年被南方都市报评选为超级时装设计师、2009第六届南国时尚文化大奖评选中荣获“广州十佳服装设计师”、2009年获评第八届“广州十佳服装设计师”、2012年度获评海宁中国皮革城十佳服装设计师。

海涛设计时装创意主要从事皮装、皮草、时装品牌产品企划、设计研发、制版、品牌发布等，是一个专业为服装企业品牌服务的企业。2012年9月成立以来，先后获得“首届中国（广州）皮草皮衣博览会消费者最满意品牌”、“中国海宁皮革时装周创新大奖”、“最具国际潮流大奖”等诸多奖项。

据海宁中国皮革城股份有限公司副董事长钱娟萍介绍，目前在海宁皮革产业省级特色工业设计示范基地工业设计大厦内，已经拥有海涛时装创意、赫柏服装设计、极思时装设计等十多家专业设计机构。

海宁近年来采取企业设立专业设计公司+创办专业设计公司的模式，大力扶持设计机构。仅2013年，就有21家企业设立专业设计公司，新引进5家设计公司，新增专利授权131项，推荐省级优秀设计企业1家，实现设计服务收入1.2亿元，设计成果转化产值21亿元。

下一步，海宁皮革产业省级特色工业设计示范基地将进一步加强招商引才，并将探索国内外连线设计新模式，重点招中外合作设计公司，其中2014年度的目标是争取再引进6-8家设计公司，新增专利150件，获评省级优秀设计企业2家，设计服务收入达到1.5亿，设计转化产值25亿。

## 常驻海宁的意大利设计师

2012年，为接触、吸收国外先进设计理念，促进海宁皮革产业设计水平的进一步提升，海宁皮革产业省级特色工业设计示范基地聘请意大利知名设计师西尔维奥·贾科梅利先生担任基地设计顾问，为入驻企业及工作室提供免费服务。

海宁海涛服装创意设计有限公司、海宁豹尊时装设计有限公司、海宁卡图服装设计有限公司等多个专业设计机构都先后获得了西尔维奥为期一周的设计指导。

“设计，就是我的生活！”西尔维奥自己介绍说，他在服装设计行业已工作30年，自己开过服装公司，也曾为别的公司设计、参与生产服装。2008年，他第一次踏足中国，先后到桐乡等地一些意大利公司工作，负责设计、生产样品、T恤衫、羊毛衫及牛仔裤等，在产品质量控制、衣着舒适度检验、衣样设计、原料配件选择方面都有自己独到的见解，不过以皮革、裘皮为原料的衣服，他还未涉及。西尔维奥认为，西方人在运动、骑车时穿皮衣，所以西方的皮衣设计很随意休闲，带着运动风；而中国皮衣的设计就较为正式，两者的设计理念现在还相距甚远。接下来，西尔维奥打算通过皮革城设计顾问的身份，了解海宁、熟悉海宁，把自己的设计融进皮革城，并介绍传播国外先进的设计理念、思路，他希望有一天能看到自己设计的作品能展示在皮革城里，穿在顾客身上。

在服务的过程中，西尔维奥先生为企业的设计师、制版师等工作人员介绍意大利的皮革发展史、手工艺发展情况，让设计师们感受到了东西方的设计差异，对美、时尚有了不同理解。另外，他还介绍了不同皮革的特性和先进的皮革制作工艺，并向工作人员展示了他从意大利带来的皮革原辅料小样。

西尔维奥先生还与设计师们交流了一些想法，首先他认为设计师在设计服装过程中是要考虑诸多因素的，不仅是设计图稿，还要将制版、原辅料的选择、样衣成衣的制作和市场等诸多因素都联系起来。作为一名服装设计师不仅要能画一手漂亮的设计图稿，还要懂得打版制型，缝制工艺，这三者是一体的。

其次他鼓励设计师们出去走走看看，设计的灵感往往来自生活的点点滴滴。比如逛商场的时候看到某款服装的口袋设计很别致；聚会时看到朋友身上的衣服某个细节很漂亮，这些都可以记在脑海里，作为创作来源。

此外，西尔维奥先生也给企业经营者提出了一些建议，他认为企业在经验理念上应该有所转变。企业注重利润的同时，也不能一味迎合市场。创新与转变在最初或许使企业的收益减少，但决策者应该把目光投向将来，“今天少赚一些钱是为了明天能赚更多的钱。”

# 第8章

# 国际化的桥头堡

在全球化的时代，任何一个产业要实现可持续发展，都离不开国际交流和融合。海宁中国皮革城自创办以来，就逐渐地成为海宁乃至中国皮革、裘皮产业国际交流的重要舞台。如今，海宁中国皮革城更是被誉为中国皮革国际化的“第一桥头堡”。

# 第1节 “走出去”

## ☞ 1. 从“自发”到“自觉”

### 走出去“卖海宁”

海宁皮革业很早就有走出去的尝试，如《海宁皮革志》记载：1997年10月10日，海宁在哈萨克斯坦共和国阿拉木图开设的“丝绸之路”综合批发市场开张。该市场由浙江皮革服装城管委会、海宁市迪尊服饰有限公司与哈萨克斯坦拉哈特综合批货市场三方联合开办，设货柜600个。

1998年7月13日，浙江皮革服装城在哈萨克斯坦设立分市场。

这些尝试有一个历史背景，就是20世纪90年代中后期兴起的皮革服装外贸业务。当时俄罗斯逐渐成为中国日用消费品的重要市场，其中包括价格相对低廉的中低档皮革服装。

有大批海宁客商前往俄罗斯以及独联体国家开拓业务，有部分企业还尝试前去设厂就地生产、就地销售。

在莫斯科，一度还出现了中国皮衣商人集中的“海宁楼”。

用今天的眼光看，当时以俄罗斯为主要市场的外贸存在品质较低、档次不高、价格便宜等特点，可以说是一种相对粗放的外贸方式。同时由于中国产品输入俄罗斯的方式多为“灰色清关”，贸易方式并不规范，贸易环境也不稳定。

但是这个过程也让海宁皮革业的早期创业者们走出国门打开了眼界，特别是随着俄罗斯以及其他独联体国家商业环境的恶化，海宁人将眼光更多地投入到了日本、西欧等市场的中高档皮衣贴牌业务。

2002年前后，海宁皮革企业开始承接国外品牌的贴牌业务。这不仅使得海宁皮革的外销市场明显提升，而且其质量意识、生产工艺、企业管理等都实现了飞跃。

近年来，随着海宁本地设计能力和制造水平的不断进步，海宁皮衣在欧美日等中高档皮衣市场的美誉度和客户忠诚度也进一步提升，不少国外采购商已经从传统的OEM方式发展到ODM方式下单。这也意味着海宁皮衣设计能力也在相当程度上得到了国外知名品牌的认可。

### 频繁出国不为玩

在海宁很多皮革企业，皮革业界人士出国是一件寻常事——很多企业负责人或者企业骨干每年会多次出国。他们出去干什么？答案比较“高大上”：多数不是游山玩水，而是去参观、参加各种时尚展会，或者和国外同行交流。

海宁皮革业的“出国热”兴起于21世纪初。十余年来，赴意大利、法国、德国、美国、日本、香港等国（境）外参展成为海宁中国皮革城每年的一项重要工作。譬如早在2004年3月10日，海宁中国皮革城管委会组团赴意大利参加2004年意大利米兰国际皮衣、皮具箱包展览会。这也是笔者在撰写本书时了解到的较早参展记录。

如今，不仅企业主经常出国交流，在一些品牌意识较强的企业，企业高管特别是设计骨干也经常有机会出国考察观摩。譬如弗奥设计总监张磊透露，公司给他的“政策”是每个月去一趟韩国、每年去两次欧洲，这样做的好处是能够让设计师审美眼界和国际一流保持同步。

2011年自4月7日至18日，26名中国设计师在海宁中国皮革城组织下，先赴意大利博洛尼亚观摩2011年意大利琳琅沛丽春季皮革鞋材展览会，然后赴法国巴黎参加了由法国时尚设计师协会安排的专题培训。

这是海宁中国皮革城首次组织设计师出国培训，他们也是海宁首批“海归”设计师。此前的2010年11月底，法国时尚设计师协会与海宁中国皮革城签订合作协议，国际皮革品牌与设计交流中心正式落户海宁。双方计划开展一系列交流与合作，此次组织设计师赴欧游学，便是其中一项重要的合作项目。

“报名非常踊跃，这说明企业越来越舍得在培养设计师方面花钱了。”海宁市皮革设计师协会会长张思丰说。

据了解，法国时尚设计师协会对于培训也非常重视，为来自中国的学员专门设计了课程，并且安排服务于香奈儿、迪奥等国际顶级品牌的著名设计师为他们授课，并安排大家到设计师品牌店观摩，赴设计师学校交流等。通过培训，大家较为系统地了解了欧洲设计师寻找灵感的方法，也学习了原创设计的流程和方法。

“国内即便是知名大学的设计专业，也是直接教学生怎么做款式。而欧洲设计师则更强调从看电影、听音乐会、看展会、看专业杂志等途径寻找灵感，形成系统的设计思想。”海宁市华南虎皮革服饰有限公司设计总监赵萍颇有感触地说道。

张思丰表示，通过这次培训大家都明白了一个道理：“从服装上找到服装是抄袭，从艺术和生活找到服装才是灵感。”

从2011年开始，这类出国培训得到了政府的支持，市领导多次过问，市政府还给予了一定比例的资助。目前，设计师赴欧洲游学已经成为海宁皮革产业界每年一届的重要工作举措。

### “made in ltaly”握手“made in china”

2013年4月20日至23日，海宁中国皮革城56家皮革生产经营企业，组成国际品牌合作代表团前往意大利，与马切拉塔手工业联合会、意大利Base Blu公司签订战略合作协议。

其中，海宁中国皮革城、海宁皮革协会与马切拉塔手工业联合会签订了合作意向书，支持双方皮革制品经营企业之间的交流，加强已建立的合作关系。海宁中国皮革城与Base Blu公司签订了合作意向书，该公司同意携其所代理的品牌进驻皮革城开展经营。

上格时装、威玛仕、贝朗皮具、爱芭娜服饰、风尚箱包等7家海宁企业与马切拉塔的企业签订了合作协议，这几家企业将成为意大利相关品牌的中国代理商，并将开展深层次的产业合作。

马切拉塔位于意大利中东部沿海地区，是意大利主要的皮鞋皮具生产基地，有2600家皮革制品生产企业，产量占该国总产量三分之一。据悉，当地业界对来自中国的产业合作响应非常积极，海宁中国皮革城国际品牌合作代表团到达该地后，马切拉塔手工业联合会专门组织会员企业举办了小型皮革展览，以便双方企业进行对接洽谈交流。

意大利Base Blu公司具有30多年成熟的品牌经营经验，旗下代理了爱马仕、古驰、迪奥、巴宝莉、菲拉格慕、普拉达、阿玛尼、范思哲、纪梵希等170多个意大利及欧洲其他国家的优秀品牌，米兰瓦雷泽的奢侈品街店铺大多由其经营。该公司总裁Flavia女士曾经造访过海宁，对海宁中国皮革城有深刻的印象。

## ☞ 2.“海宁制造”惊艳欧洲

### “飞越长城”：中国裘皮专场秀首次亮相欧洲

2008年10月15日，在丹麦哥本哈根著名的美人鱼雕像旁一个高档会所里，来自中国的10多个裘皮品牌应邀前来举行了一场主题为“飞越长城”的时尚皮革裘皮服装专场发布。这是中国皮革时尚首次以“专场秀”的形式走出国门，实现了中国本土皮装整体走向欧洲的新突破。而代表中国裘皮品牌受邀并负责组织的正是海宁中国皮革城。

丹麦所处的北欧地区是国际裘皮产业最发达的地区，此前对中国皮草业的看法还停留在“低端、初级”，甚至还觉得中国业界很喜欢到欧洲偷款式、偷设计。而海宁组团之行实现了中国产业与欧洲产业的近距离交流。

丹麦农业委员会主席、丹麦时尚协会秘书长、丹麦时尚专家、哥本哈根皮毛公司总裁以及中国轻工业联合会副会长徐永、中国驻丹麦大使谢杭生、丹麦中国商业协会秘书长彦森、时任海宁市长沈利农、上海时尚联合会副秘书长王新元等人士专程莅临走秀现场。

“海宁制造”惊艳欧洲。

欧洲75家媒体以及中国中央电视台等媒体报道了这一中国皮革、裘皮行业的重要活动。

为丹麦皇室设计裘皮和时装的设计师也到场观摩，在接受媒体采访时，这位设计师表示对中国皮草设计水平的迅速提升感到“惊讶”。多位丹麦方面的业内人士也表示对中国裘皮的设计和原创很认可，也承认以前对中国是有偏见的，对中国的知识产权保护、原创能力低估了，中国值得他们学习的地方也很多。

“感觉总体水平有差距，但差距并不是很大。他们还在走经典、高贵的道路，而我们已经走了时尚、休闲的道路。”海宁中国皮革城董事长任有法这样表示。

### “民间外交”展示中国皮衣风采

2009年3月2日，一款点缀着“五福托寿”图案的“中国红”真皮唐装穿在了比利时布鲁塞尔“第一公民”——小尿童于连的身上。这是于连雕像接受各国赠衣300多年来受赠的第819件服装，也是第3件中国服装。

本次活动由海宁中国皮革城策划，皮衣则由海宁三星皮革制衣有限公司专门定制。代表布鲁塞尔市政府接受唐装的“比利时小尿童之友协会”主席范登豪特表示，这件带有浓郁“中国红”特色的唐装是于连所收到的最漂亮的服装之一，是中比友谊的最好象征。

专程从上海赶回布鲁塞尔出席赠衣仪式的比利时驻上海副总领事米思诺认为，在中欧合作进一步广泛和深入之时，这件中国唐装的到来具有特殊意义。

出席赠衣仪式的时任海宁市副市长施震东表示，这款唐装融入了皮衣时尚化、国际化的最新元素，代表了中国皮衣设计和制造的新水平。

此举经新华社等国内外媒体报道之后引发广泛关注，并且得到了国务院新闻办的通报表扬。

2009年3月2日，布鲁塞尔“第一公民”小于连铜像穿上海宁皮衣。

在2005年海宁中国皮革城还发生了一件趣闻：10月31日，海宁中国皮革博览会放飞的一个气球飘落到日本奄美大岛鹿儿岛濑户县，被日本友人内田荣次郎拾到。翌年6月1日，86岁的内田先生携夫人来到海宁，亲自将气球送还给皮革城管委会。该气球后来被海宁市博物馆收藏。

## ☞ 3. 首位登上首尔大学讲台的中国CEO

应韩国贸易协会和首尔大学亚洲研究所邀请，海宁中国皮革城董事长任有法2012年5月29日下午在首尔大学举行专场演讲。任有法是首位登上首尔大学的中国CEO。

在题为《中国CEO浅析：韩国商业在华的机遇和挑战》的演讲中，任有法结合中韩建交20年以及海宁中国皮革城创业18年的背景，向与会者介绍了中国商业模式演变历程、现状、发展趋势，就韩国商业进一步拓展与中国合作空间进行了剖析、提出了建议。任有法表示，韩国商业拥有多种领先的模式，既有像乐天百货这样的著名百货公司，也有像首尔大东门这样以服装闻名的专业市场。但是相比现代、三星等著名的工业产品，韩国商业进入中国的步伐相对较慢，成为中韩经贸合作的“短板”。譬如在中国各地曾经出现过不下一百个“韩国城”，但是成功率偏低。

任有法认为，国外的二三线品牌由于受制于人力物力，很难像国际一线大牌那样通过专卖店的模式迅速占领中国一线城市，从而打开市场。韩国服装一度有150多个品牌进入中国，由于在中国消费者中缺乏认知度，站稳脚跟的只有衣恋等极少数品牌。在他看来，这些二三线品牌开拓中国市场最有利的办法是借助商业的力量，“抱团”行动。2012年5月14日，中韩正式启动了中韩自由贸易协定（FTA）谈判。对于拥有大量中小企业的韩国来说，要抓住FTA的机遇，加强中韩商业合作很有必要。

任有法的演讲吸引了200多位韩国各界人士，其中不乏商界人士。在演讲现场，笔者采访到了以均价店闻名韩国的HASCO（好思特）CEO朴正夫、副社长沈和燮、中国总部总经理崔昌焕。

其中，沈和燮、崔昌焕是特意从上海赶回首尔来听讲并与任有法进行了交流。沈和燮表示，海宁中国皮革城的成功模式对韩国商业的借鉴和启发很大，希望能有机会共同开拓市场。

韩国贸易协会中国通商室室长徐旭台表示，中国市场消费能力不断提高，对于韩国来说是个极为重要的市场。韩国贸易协会很愿意和海宁皮城在内的中国企业合作，推动韩国商业开拓中国市场的步伐。

首尔大学又称首尔国立大学，是韩国最早的国立综合大学。具有60多年建校历史的首尔大学是韩国国内最高水平的教育与研究机构，同时也是亚洲少数进入世界综合排名前50位的高等学府。

首尔大学亚洲研究所曾经邀请基辛格博士、中国驻韩大使等多位外国政要赴首尔大学演讲。据所长林玄镇介绍，这是首尔大学首次邀请中国商业界的知名人士前去演讲，这也说明了韩国各界对中韩加强经贸合作的期待。

2012年5月29日，任有法（左六）在韩国首尔大学的演讲取得圆满成功。

# 第2节　请进来

从海宁中国皮革城创办开始，就一直在尝试各种方式的国际交流和合作。据《海宁皮革志》记载——

1996年意大利品牌在浙江皮革服装城举行了专场走秀；

1998年第五届全国皮革服装展销会期间，北欧、北美和中国香港等22个国家和地区的裘皮服装生产、经销单位参展；

哥本哈根皮草行、NAFA、SAGA等企业或品牌几乎每年都到海宁中国皮革城举办皮草讲座；

近年来，有十多家来自法国、意大利、土耳其、韩国的皮革品牌陆续在海宁中国皮革城落户……

## ☞ 1. 探求中欧产业合作新模式

### “欧洲制造”抢滩海宁中国皮革城

2013年9月27日，海宁中国皮革城欧洲名品街正式开街。海宁市人大副主任许煜威、副市长胡燕子、政协副主席高兴龙、海宁中国皮革城董事长任有法、欧洲名品街代表为开街剪彩。

严格按照“100%欧洲制造，100%欧洲品牌”原则设置的欧洲名品街位于海宁皮革城西天桥，目前已有28家商户进驻，所经营的商品包括来自意大利、德国、法国、荷兰、西班牙的48个纯正欧洲品牌，主要为箱包、鞋子、时装等，包括DANIEL、HECHTER、BALDININI、AIGNER、TOSCABLU、CAMPOMAGGI、PARMEGGIANI、CHIARINI、CHERARDINI等。

2013年9月27日，海宁中国皮革城欧洲名品街正式开街。

此外，“欧洲街”还出现了代理ARMANI、FENDI KIDS等欧洲一线品牌的童装专卖店。这家店有7个童装品牌，都已进入中国市场多年，有稳定的消费群。对于入驻“欧洲街”，代理商金舜贸易有限公司总经理魏必清说：“皮革城提供了很大的平台，客流量多，高端消费的人群也多，原汁原味的欧洲货应该会有市场。”

据了解，这是欧洲品牌首次以“集团军”形式抢滩中国的皮革专业市场。对此，任有法表示，欧洲除了那些消费者广泛认知的世界大牌之外，还有大量历史悠久、品质高端、制作精良的“二三线”品牌。这些品牌看好中国市场，但又受制于销售规模、财力等不可能像世界大牌那样斥巨资在中国各大城市进行市场布局。所以海宁中国皮革城这个销售平台正好可以发挥欧洲制造和中国消费者之间的桥梁作用。

近年来，不断有意大利、土耳其等行业组织或企业与海宁中国皮革城进行接触。其中意大利马切拉塔手工业联合会、土耳其爱琴皮革及皮革制品出口协会、土耳其皮革促进会、土耳其USAK皮革制造商协会等专程赴海宁中国皮革城考察，并与海宁皮革城达成共识：品牌100%来自意大利或土耳其，由相关协会把关；产品制作100%来自意大利或土耳其，确保品牌的纯正。

2012年9月在第十九届海宁中国皮革博览会期间的中外皮革产业合作发展论坛暨第二届中国皮革城品牌联盟年会上，来自西班牙、土耳其、意大利的欧洲皮革行业协会代表与海宁皮革城签订了全面合作协议。

2013年4月下旬，海宁中国皮革城携56家中国皮革生产经营企业组成国际品牌合作代表团前往意大利，与马切拉塔手工业联合会、意大利Base Blu公司签订战略合作协议。其中，海宁中国皮革城、海宁皮革协会与马切拉塔手工业联合会签订了合作意向书，支持双方皮革制品经营企业之间的交流，加强已建立的合作关系。海宁中国皮革城与Base Blu公司签订了合作意向书，该公司同意携其所代理的品牌进驻皮革城开展经营。

海宁中国皮革城欧洲街是皮革城围绕打造世界皮革购物中心目标进行的新尝试。在2013年9月28日奠基的海宁中国皮革城六期项目中，还将专门开设国际馆为国外优质皮革产品进入中国市场提供贸易平台。

## 探求中欧产业合作新模式

作为中国皮革产业的龙头，海宁中国皮革城与欧洲的深度产业合作已经谋划和运作多年。

早在2007年，海宁中国皮革城与丹麦哥本哈根签约，成立了哥本哈根海宁毛皮学院，为海宁皮革企业和设计师建立常态化的国际交流培训机制。2012年9月在第十九届海宁中国皮革博览会期间，中外皮革产业合作发展论坛暨第二届中国皮革城品牌联盟年会上，来自西班牙、土耳其、意大利、韩国等国外皮革行业协会代表与海宁皮革城签订了合作协议。目前，丹麦哥本哈根皮草、北美裘皮协会、美国传奇都已经跟海宁中国皮革城建立了常年联系，每年派专业人才给海宁设计师进行培训指导。

皮革业的中欧合作也给中国本土企业带来了新机遇。

任有法表示，近年来全球皮衣设计中心向中国转移的趋势越来越明显。究其原因，是国外皮衣在整个服装产业中的份额较小，专业的皮衣设计力量并不强。反之，随着中国皮衣时尚化的不断演进，对创意、设计的需求日益旺盛。

“一些国际顶级的时装公司已经到海宁来设点，譬如意大利LA FLORENS S.R.L今年到海宁来注册了自己的公司。不久的将来，还会有更多的国外品牌中国皮革产业实现对接。我们期待着海宁中国皮革城这个大平台为中国皮革产业与国际时尚潮流接轨发挥更大的作用。”任有法说道。

上格时装总经理骆国青表示，通过这次对接活动，已经和3家意大利企业建立正式合作关系，并与另外8家企业达成合作意向。首批下单订购产品的金额接近600万元。

威玛仕总经理张海鸿则表示，严谨、创意、文化是意大利制造的精髓所在，所以“made in ltaly”长期以来都是精美、优质、尊贵的代名词。在通过产品代理等方式实现理念、管理、营销等方面的磨合之后，下一步将考虑在意大利并购企业，实现“中国品牌，意大利制造”。

2005年11月30日，南非祖鲁王参观海宁中国皮革城。

## ☞ 2. 法国皮革协会主席的盛赞

2006年10月16日，《浙江市场导报》刊登了法国全国皮革协会主席皮埃尔·万特罗的专访《竞争国际化 合作是主流》——

在全球经济一体化、市场竞争国际化的今天，拓展海外市场已成为中国企业做大做强的必然选择。然而，随着中国吸引外资、对外贸易额的快速增长，并跃居世界第三大贸易国，贸易摩擦、贸易不平衡等问题也伴随其来。

其实，中国外贸的增长，并无挤压其他国家的国际市场份额，而是一贯秉承在互动竞争中共同增长。无疑，中国与世界并非“零和”竞争，为何仍然要面对诸多贸易壁垒？无论中国还是欧洲及其他各国，究竟怎样才能顺应了世界经济的发展潮流？浙江市场导报记者近日专访了法国全国皮革协会主席皮埃尔·万特罗先生。

记者：而今，似乎全世界都深刻地感受到来自“中国制造”的强烈冲击，各种贸易保护措施随之蜂拥而来，“皮革制造”亦在其中。对此，你如何看待？

皮埃尔·万特罗：中国在制造业方面有强大的劳动力优势，这是一个客观存在的事实。就拿欧洲来说，除了顶级的品牌，一些小皮件行业的制造商根本无法生存，因为它的劳动力成本比中国产品的卖价还要贵。而这种状况在全世界都很普遍，所以一些制造商对中国这样的竞争对手有些意见也可以理解。

我个人认为，这并不是问题，把世界经济和贸易的蛋糕做大，不管对中国，还是对世界都有好处。这里有一个很好的例子：一个著名的品牌叫COACH，以前是一家美国企业的品牌，但是这个品牌现在已经完全不在美国生产了，所有的产品都在中国生产。生产出来的产品可能出口，也可能返销到美国，同时亦在中国市场内销。这样做对世界各国都能带来很大的利益，而没有一点坏处。

记者：随着全球经济一体化和新一轮国际分工的形成，在你看来，就中国和欧洲及其他各国而言，怎样才能在激烈的竞争中寻求一个合作的平衡点？

皮埃尔·万特罗：中国有着强大的劳动力优势，而欧洲等其他地区则拥有科技、经济、管理等优势。双方应该看到各自的优点，在寻找优点中寻求合作。我认为，在国际化的竞争中，合作是主流，更是一个永恒的主题，如此才能互利共赢。

记者：你这次来中国主要是谈合作的，那么你认为中国皮革业与法国的皮革业各有哪些优势？双方应该怎样合作？

皮埃尔·万特罗：说到合作其实就是一个优势互补、共赢的问题。我们有两个比较好的建议：第一，法国知名品牌到中国来开设专营店或专卖店，发挥他们在品牌、管理、国际化等方面的优势，拓展中国市场。这些店销售的产品可以从法国进口过来，也可由中国本地生产的。因为本地化是一个趋势，也是双方实现优势互补的一个现实途径。第二，经过数年发展，享有一定品牌知名度的中国皮革企业可到法国以及世界各地建立自己的销售网络，拓展中高端市场。

记者：中国的皮革企业如今越来越注重品牌意识，但是和国际一线品牌之间还存在一定的距离。你如何看待中国皮革业的未来？法国全国皮革协会和中国的同行将有哪些具体的交流与合作？

皮埃尔·万特罗：以前法国低端市场的小皮具，有90%产自中国，非常便宜，也不讲品牌。这种情况在近几年有了明显的变化，众多的中国企业开始讲究品牌、讲究服务、讲究质量，尤其在创新方面更是迈出了巨大的步伐。创新乃企业的根本，创新永远无法抄袭。中国的皮革行业发展由此步入一个新的阶段，中法双方都意识到，大家合作的机会到了，今年已是法国全国皮革协会与中国同行开展合作交流的第三年。

就我本人来说，这是第二次来到中国。非常值得一提，我来中国第一次到的是海宁，第二次到的还是海宁。之所以选择海宁，因为我看到了海宁皮革业蓬勃发展的势头，我相信未来海宁将会成为皮革皮具行业发展的一片热土，我更期待中法双方有待合作开拓的市场是巨大的，前景是美好的。

2005年1月4日，法国皮革协会访问海宁中国皮革城。

# 第三部分 升级之道

## 顺势而为+逆风飞扬

# 第9章

# “小狗经济”品牌化之道

# 第1节 “小狗”凶猛

## ☞ 1.“小狗经济”缘何受追捧

### “小狗经济”

很多人在纪录片中看到过这样的场景：数条身长不过一米、体重不过七八十公斤的鬣狗可以猎获一匹三四百公斤重的斑马——鬣狗虽然不像狮子、猎豹那样能够一口咬断猎物的喉咙，但是它们群起而攻之，瞅准各种机会撕咬猎物，很快就让体型硕大的猎物束手就擒。

科学研究发现，鬣狗如果单独行猎成功率往往不到20%，而抱团行动的成功率则高达80%。而且独行鬣狗在发现猎物时会以嚎叫召唤同类一起协作。抱团出击使小小的鬣狗不仅收获颇丰，甚至还能在猎食竞争中打败“战斗力指数”远超它们的草原之王——狮子！

受此启发，著名学者钟朋荣十多年前在考察浙江各地产业集群之后提出一个名噪一时的概念：“小狗经济”。

“小狗经济”的优势来自于产业集中、专业化、协作、竞争，而专业市场往往在其中扮演重要的“发动机”和“作战平台”角色。以海宁中国皮革城为例，通过物流、信息流、资金流等各种要素的集聚，吸引众多中小皮革生产商和经销商企业集中交易，并进行开放式的市场竞争，进而推动整个产业乃至区域经济的不断升级和可持续发展。

### “小狗”缘何凶猛

“小狗经济”的特征表现在三个方面：

第一，区域范围内的产业集中与单个企业的环节集中的统一。区域范围内的产业集中即在一个乡镇，一个县市，一个地市几十家企业、几百家企业，甚至上千家企业，共同生产一种产品。所谓单个企业的环节集中，即单个企业只生产产品的某个零部件，其它部件由别的企业生产，小狗经济是两者统一的产物。

第二，用市场交易关系代替企业内部的产权合作关系，代替企业内部的管理关系。每个企业独立生产一两个零部件，然后在市场上交易，通过市场交易实现产品的总装。

第三，既争取了规模经济的优势，又保留了家族体制的优势。所谓规模经济的优势，表现在两个方面：一是单个企业的规模经济。就单个企业来讲，虽然资产规模不大，但由于非常专业，只生产一个或两个零部件，这个零部件的数量非常大，在全国同类零部件的总产量中可能占到50%甚至70%以上的比重。因此，虽然每个企业都是小企业，但每个企业都能实现规模经济。二是整个区域的规模经济。如果说单个企业已经拥有单项零部件生产的规模经济优势，则整个区域范围内，拥有一个完整产品的整体规模经济优势。家族体制的优势在于，经营者的动力和压力直接来自于产权激励和产权约束。由于没有两权分离，所有者和经营者是统一的，二者之间没有形成委托--代理关系，来自产权的原动力（激励力和约束力）到经营者那里没有递减；来自市场竞争的压力完全由经营者（同时也是所有者）承担。

区域性的产业集中，降低生产成本。由于区域性的产业集中，几百种、上千种零部件虽然由不同企业生产，但这些企业都集中在一个县市或一个乡镇，大家相距很近，有的相距几公里，有的相距几十米甚至几米，加上交通、通讯的发达，不同企业之间的交易费用、运输成本很低，与同一个企业内部不同车间之间的零部件调运没有多大差别。如果不同的零部件厂家，有的在新疆，有的在内蒙，有的在海南，交易成本和运输成本就会大大增加。

专业化分工和协作，分工是一个国家富强的根源之一。分工本身就会形成专业优势。以制针为例，如果每个人从头到尾独立地制针，则一天恐怕连一根针也制不好。由于分工，每个人做一段，结果一个人一天能制几百根针。在小狗经济模式下，每个企业只生产一个零部件，甚至只生产一个螺丝，大家将全部资源，全部精力，全部智慧都用于研究螺丝，因此可以把螺丝的成本降得很低，把质量做的很好，品种不断创新，自然就会产生成本优势和质量优势。

## ☞ 2. 从产业集群到品牌集群

### “蚂蚁雄兵”成长记

从事原辅料销售的徐平是海宁中国皮革城的老商户，他的创业从一个侧面折射出海宁中国皮革城与商户共成长的过程，同时也有利于人们进一步探索海宁小狗经济的发展历程。

1984年，徐平带着600元积蓄和老乡一起来到海宁，摆地摊卖鱼钩、鱼线。1989年徐平到义乌进了几捆松紧带零卖赚差价，海宁当时运动服产业兴起，需求量非常大，两年后皮革产业兴起。1994年，海宁皮革老市场出现，原辅料的市场需求大。据徐平回忆，当时1件皮夹克可赚几百，皮大衣皮风衣可以赚上千块。后来经营辅料的产业慢慢做大，经常晚上八九点钟小商品市场关门，导致原料拿不出。1996年，徐平从小商品市场迁出来，到海宁商城。当时做生意很好，从天一亮开门，到晚上12点才关得了门，商城周边自发形成了市场。当时原辅料市场在商城附近，经营户们租了海宁商城的店面，另外的还有在海宁西山路离周边租了些房子，也形成一定的规模了。

2005年海宁中国皮革城易地扩建一期工程投入使用后，规划在二期工程中建造一个原辅料市场。为此海宁中国皮革城管委会主任任有法等领导还上门征求原辅料经营户的意见和建议。

在调研和沟通的基础上，海宁中国皮革城给搬迁的原辅料经营户们一些扶持的政策，1张执照可买5个店面，规定由原来的商城的经营户优先选择，优先照顾他们利益。同时市场方面做了两个考虑；第一不让外来投机者购买，炒作铺位价格；第二优先照顾老经营户的利益，实现搬迁的平稳过渡。2006年交钱，徐平一口气买了10个铺位，当时2005年市场前景已经比较好了。2007年上半年5月18号入住，第一年来了之后，市场很成功。徐平表示，海宁这边的人素质比较高，诚信比较好，市场社会治安好，没有失窃和地方势力干扰，店多拢市，且新市场交通便利。便一直发展至今。

2009年8月18日，海宁中国皮革城入选CCTV“60年60品牌”。

海宁中国皮革城专业市场通过不断的探索实践总结再实践发展而来，和徐平先生一样与皮革城共同成长为中小品牌的经营户们不计其数，海皮模式的成功不仅仅只是代表了自身的品牌发展成功典范，更是提升整个海宁皮革皮草产业的整体水平，使之形成了特色鲜明的产业集群。

### 品牌集群初长成

在20年的创业和发展历程中，海宁中国皮革城实现了专业市场自身以及海宁皮革产业的时尚化和品牌化，同时也切实提升了海宁区域经济乃至整个城市的品牌知名度。

1996年，海宁中国皮革城的前身浙江皮革服装城被国家工商总局授予“1993年至1995年度全国文明市场称号”；同年，国务院发展研究中心等部门联合授予海宁“中国皮革皮衣之乡”称号；2001年，中国轻工业联合会、中国皮革工业协会授予海宁市“中国皮革之都”称号；2006年，海宁中国皮革城被认定为“浙江省五星级文明规范市场”称号；2008年，海宁中国皮革城入选“CCTV60年60品牌”；2009年，“海宁皮革”被认定为浙江区域品牌之后；2010年，海宁中国皮革城董事长任有法当选风云浙商；2012年，海宁市获“中国皮草服装名城”称号，海宁皮革产业集群示范区被列为浙江第一批区域国际品牌试点；同年，海宁市继获评“中国特色魅力城市”、“中国大陆最佳商业城市”等称号后，又入选“2012福布斯中国大陆最佳县级城市25强”，名列第11位；2013年，在福布斯中文版推出的“2013年中国最佳CEO”榜单中，任有法在入选的50位CEO中排名第27位，是中国专业市场中唯一上榜者。

放眼海宁皮革行业，除了早期崛起的雪豹、蒙奴等知名品牌外，20世纪90年代末以后各种皮装品牌不断涌现，如今又有思齐之家、NG、弗奥、漂泊路、贝朗等新锐品牌纷纷崭露头角

客观地讲，和服装界动辄主业产值数十亿乃至上百亿的同行相比，海宁皮革行业多数属于中小企业甚至微型企业。但是通过海宁中国皮革城这个大平台和“发动机”，海宁实现了城市影响力、皮革产业、专业市场的共同品牌化！尤其是海宁中国皮革城长期坚持的“大营销”战略，使得海宁皮革行业紧密抱团，有力地推进了整个产业的提档升级和品牌提升。

2012年，在海宁中国皮革城五期工程暨品牌旗舰店广场招商期间，还发生了一段趣闻：由于招商条件之一是要求申请者必须拥有注册商标，一位福建客商兴冲冲地带着他刚注册成功的商标前来报名。工作人员看了他的材料不禁哑然失笑——注册商标赫然是“任有法”！

后来该客商表示在以海宁中国皮革城董事长个人姓名抢注注册商标有侵权之嫌，并主动提出将“任有法”商标无偿赠送给海宁中国皮革城。但是此事也充分证明了海宁中国皮革城以及任有法本人在中国皮革业界的影响力！

任有法当选“2010风云浙商”称号（沈达摄）。

## 第2节　品牌化之道

### ☞ 1.“看得见、听得到”的品牌

在海宁中国皮革城决策者看来，品牌化并不是要玩“悬”的，而是要让广大企业家、商户、消费者“看得见、听得到”。

## 品牌标志日渐成熟

2008年，海宁中国皮革城启用新LOGO以HCLC（Haining China Leather City）替代HCLM（Haining China Leather Market），体现了从“Market”（市场）到“City”（城）的转变，以此展现海宁中国皮革城从单一市场概念走向城市综合体概念的战略发展趋势。另外，在标志的设计中创新性使用菱形组合。每一个三角形代表着时尚的角度，三角形组合而成的菱形代表着时尚的光芒，重复的图形反复组合便聚集成时尚的力量。七彩的颜色让标志更具活力与生命力，吹来独特又有魅力的时尚之风。通过“City”概念、绚丽色彩、建筑立面设计诠释了海宁中国皮革城为企业打造更有效的品牌展示平台，为消费者提供更全面的购物休闲体验的理念，更是海宁中国皮革城为构建以皮革产业为核心的城市综合体而迈出的关键一步。

搬迁后的皮革城外墙进行过一番改造，以提高市场对外形象，改造的建筑物要融入海宁当地的文化，融入商业的文化，要把建筑物作为艺术品来做。占地400多亩的海宁皮革城新城A座，是一座颇具现代时尚感的宏大建筑，气势磅礴，特别是外墙的颜色令人眼前一亮。外墙色与皮革是有所联系的，黑色是皮革的颜色的，点缀其中的白色代表剪裁线，象征皮革制造工艺的数条流畅白色线条。

新的皮革城加强了市场组织形象识别系统的导入，做好市场文字图形等内容的商标注册工作，同时结合海宁城市文化参与市场名称、标志、象征图案、吉祥物等多种形式来表现视觉识别，增强市场对外视觉冲击力、感染力和传播力，以提高市场无形资产的增值和市场文化的传播力度。市场导入CIS后，理念识别、行为识别和视觉识别将更加夺目，海宁这个城市的窗口更加明亮。而管理、教育、训练、文化、营销等方式将更好地传达企业理念，获得社会公众的认同。

## 品牌宣传三步曲

要保持海宁中国皮革城引领时尚的地位，仅靠规模和数量还远远不够。为此，皮革城延续内增外拓的发展思路，由拓展区域市场，再到全国市场，后制定全球化发展战略。这从其广告诉求的三次变化就可见一斑。皮革城的广告诉求20年来先后发生三次更改：第一阶段是“买皮衣到海宁”，是纯粹吆喝性质的，针对的是长三角周边城市；第二阶段是“皮衣时尚潮起海宁”，意味着走向全国的品牌战略；第三阶段的广告诉求是“我看世界风尚看我”，这是充分抓住时尚潮流，面向全球的再一次提升。

第一步：“脑白金式”营销打开区域市场。

浙江皮革服装城时期的广告诉求是“买皮衣到海宁”，简明直白，经过反复传播使得公众知道“海宁有个皮革城”。这一手段在一定程度上可以称之为“脑白金式”营销。

同时，皮革城在业内乃至国内较早开始运用软文营销手段，在当时是一个重大的创新。1994年11月《钱江晚报》的报道以及相关媒体的广告宣传“夯实”了消费者对皮革城的信任，此举在全国专业市场中开了形象推广的先河，引发了皮革城的第一轮消费高潮。1996年7月，海宁中国皮革城管委会在国内皮革行业率先建立了“中国皮革信息网”，分别注册了“亚洲皮革”和“中国皮革”两个域名，通过互联网向海内外客商推介海宁皮革产业和海宁中国皮革城市场。“脑白金式”营销在短期内提升了知名度。在此基础上，软文营销又提升了大众的信任度。这是海宁中国皮革城创业初期的重要亮点。

第二步：创新营销手段，拓宽国内市场。

海宁中国皮革城不仅投入了大量广告，也较早和较好地发挥了公众媒体的作用。具体表现为组织大量的活动，多方位、多角度、多层次地进行传播。最典型的是一年一度的皮革博览会，以及各种走秀、参展、论坛等活动。这其中，可圈可点的还有2001年皮革博览会期间组织近百名专业模特举行时装秀、2003年上海“海宁之夜”、2004年“海宁皮装时尚万里行”、2004年开始的赴京参加北京国际时装展等。这一阶段，海宁中国皮革城的广告诉求也改成了“皮衣时尚潮起海宁”，在打响“海宁皮衣”这一区域品牌的同时，也将海宁中国皮革城推向了全国。

另外，还有解放日报记者专门撰写的关于皮革城的稿件，将皮革城购物与乌镇旅游捆一起，并在交通台播出，效果非常好。当时正是私家车和电台刚刚在大陆兴起的时候，四万块钱一个月，每天16次播出，这个发展节点上抓住了机遇，将旅游和营销结合在一起。

从品牌诉求看，这一阶段海宁中国皮革城也开始体现了“内外兼修”的特点。对内，开始注重产品质量和服务；对外，则在品牌形象方面成功地跳出了区域性市场的窠臼，在同类市场中脱颖而出。

第三步：品牌时尚诉求，推广全球战略。

在前两个阶段的基础上，海宁中国皮革城开始尝试整合式营销，从传播的效果看，“海宁中国皮革城”、“海宁皮衣”、“海宁中国皮革城的产品”等已经深入人心，“海宁皮革是一种时尚产品”的概念也被更多的消费者所接受。这说明在公众之中，皮革城不仅拥有了很高的品牌知晓度，美誉度也不断提升。这一阶段的标志性信息是“我看世界风尚看我”，这一广告诉求虽然没有直接体现皮革城的专业范畴，但是体现了品牌的核心诉求，更是海宁皮革走向世界的核心诉求。这也是当前众多知名品牌所采用的表达方式。近年来，从海宁中国皮革城销往全国各地的皮衣，在气候温暖的南方省份的销售势头反而大大超过寒冷的东北地区，海宁中国皮革城代表了当前的时尚潮流，其时尚的品牌诉求也是顺应了消费者的时尚需求。2007年，海宁·哥本哈根皮草学院宣告成立。2008年10月，海宁中国皮革城组织10多个海宁皮革品牌在丹麦首都哥本哈根举行联合时尚发布会，这一系列举动旨在主动融入国际时尚圈。现在国外企业来海宁，很多已经从过去的带样定货变成了看样定货，这意味着有越来越多的人认可了海宁皮装所代表的时尚文化，这对于皮革城以及皮革行业的进一步实现全球化战略有着深远的意义。从公众形象传播看，广告、软文、“硬报道”等多种手段已经构成了海宁中国皮革城传播的“金字塔”结构，这一结构在二十年的品牌成长过程中发挥了巨大的作用

## ☞ 2. 品牌战略独树一帜

### 宏观定位战略

（1）品牌的现代化高端定位

海宁皮革城抓好功能创新，突出现代化专业市场的气息。通过不断调整产业结构，倡导市场功能创新，在购物旅游、商品展示、市场休闲等方面的功能得到不断拓展，使市场在设施、管理上向商场化看齐，而在功能上远超过商场。把皮革市场打造成融产品交易、资源汇集、仓储物流、博览展示、商务办公、科技研发、信息发布于一体的现代化市场。从单一的市场贸易功能，拓展成为具有促进皮革生活消费、引领皮草风尚、提升皮革文化品质、推动皮革产业升级的四大功能的“立体市场。通过不断的产业升级和创新等差异化手段进入崭新的市场领域。

（2）时尚品牌市场定位

海宁皮革城实施海宁整体品牌战略，提高信息、文化、技术等无形资产聚集能力。海宁市政府加大投入和扶持力度，以皮革市场为龙头，以打造世界皮革生产基地为目标，创立区域性群体品牌。在海宁皮革城在发展过程，组织主体准确定位海宁皮革品牌在不同时期的市场定位。我们再次

提到海宁中国皮革城广告语先后三个发展阶段可以看出：第一阶段，“买皮衣到海宁皮革城”，卖点在于海宁皮衣价廉物美的特色，是海宁中国皮革城初期快速扩张的写照；第二阶段，“皮衣时尚，潮起海宁”，海宁本地皮衣的品牌化进程开始加速，国内外的皮衣品牌也不断向海宁中国皮革城汇聚，“中国皮革时尚基地”的地位显露峥嵘，以时尚为抓手推动产业升级的战略转型；第三阶段，“我看世界，风尚看我”则是近年来海宁中国皮革城不断融入国际化潮流的体现，进一步在全球化视野下思考和运筹皮革时尚产业发展及消费。海宁皮革城品牌建立意味着明确的市场定位，意味着对于商户产品品牌质量、市场服务体系和基础设施等的高品质要求。品牌化对于商家和消费者来说是一种互利双赢的模式，所以许多消费者认可海宁皮革城品牌，许多商家全面推动和实现品牌化效应，从而进一步推动海宁皮革城品牌化进程。专业市场现代化带来的行业规范和专业市场功能上的齐全，提升了海宁皮革城专业市场的品牌价值。最终实现了市场荟萃了国内外一流的皮衣、裘皮、皮毛、箱包、鞋类品牌，经营户4500多家，高峰时期日客流量达10万人次，年交易额达150亿元的傲人成绩。

如今，海宁已成为中国皮革裘皮行业最有话语权的城市，国内外的皮装裘皮品牌及皮具品牌都会选择在海宁中国皮革城开设旗舰店，一个个时尚盛会也正在海宁轮番上演。

（3）消费者平民化定位

所谓蓝海战略实施中一个重要目标就是超越消费者现有需求。海宁中国皮革城是怎么做到超越消费者现有需求的？在欧洲，裘皮还是穿在用于晚宴等正规场合，走经典、高贵的道路，而海宁中国皮革城实施的蓝海战略将目光聚集到时尚、休闲的道路。例如将裘皮做成短装、短袖，彩色，不仅高端人士喜欢穿，“上班族”也买得起。

随着中国经济社会的发展，消费者收入的提高，品牌意识的崛起，对高端形象品牌的个性化需求增加，甚至对于购物环境提出了更为严格的要求等。海宁皮革城充分满足消费者对品牌、购物环境、个性化的需求，实现差异化的品牌蓝海战略，在皮革市场崛起初期抓住了市场先机。

有人说过："在皮衣、裘皮领域，海宁卖什么，全国就流行什么。"确实，作为目前中国规模最大和最具影响力的皮革专业市场，海宁中国皮革城每天销售大量皮革、裘皮服装和皮革制品，已经使原先在时尚领域相对较弱的皮衣皮革发生了巨大的变化。

## 品牌推广战略

海宁中国皮革城实施海宁皮革整体品牌战略，提高信息、文化、技术等无形资产聚集能力。海宁市政府则不断加大投入和扶持力度，以皮革城为龙头、以打造世界皮革产业基地为目标，创立区域性群体品牌，实施"海宁皮革"群体品牌战略。

皮革城区域品牌的建立依托产品品牌。产业集群必然会带来市场品牌的区域化，这又涉及到三个方面，即产品品牌、企业品牌、区域品牌。三者的关系为：首先市场品牌是要建立在产品品牌的基础之上，海宁皮革城品牌的影响力正是由旗下各种品牌的皮装决定的，品牌皮装的畅销直接影响了消费者对于海宁皮革城品牌的强烈认同。而区域品牌则是取决于该区域众多自然与人文特征、产业集群内部企业的品牌化、产业发展的政策环境。显而易见，作为中国皮革产业的龙头企业，也是最大的皮革专业市场，海宁中国皮革城将作为载体，承担起区域品牌的责任。

（1）商户培育，打造产品品牌

商品品牌建设。海宁中国皮革城内经营主体（商户）品牌化，包括市场中有大量质量过硬、市场占有率高和品牌美誉度高的商品。海宁中国皮革城的知名度与市场内品牌企业和商品的发展是一个良性循环的过程。海宁中国皮革城的知名度越高，对品牌企业和商品的吸引力就越强，市场内的品牌企业和商品越多，市场本身的知名度越高。在市场品牌效应的影响下，海宁中国皮革城进一步完善市场配套设施，优化市场管理服务，通过品牌会展业、网上产品销售（海皮城）等新型的流通业态，发挥了品牌市场的整体效应，提升了市场的核心竞争力。海宁中国皮革城经营主体的品牌化建设做了以下几个工作。海宁中国皮革城市场重视品牌商户的培育与提升，市场内商品商标化、品牌化程度高，初步确立了其在同类皮革市场中的核心竞争力。每年招商的时候，海宁中国皮革城都对入驻商户严格把关，杜绝投机商进入稀释市场活力。海宁中国皮革城实施价格规范计划，部分商户签订了《价格信用示范店经营承诺书》，成为加入价格规范体系的“第一军团”。皮革城通过对市场商户的严格管理，打造信用市场，提升市场品质，提高商户的诚信意识，让消费者在皮革城购物更加安心、放心。

（2）品牌荣誉，凝练市场品牌

海宁中国皮革城组织主体（管理者）品牌化，包括市场管理者对市场局部环境、配套设备等硬件基础实力和管理水平和服务意识等软基础实力的提高，同类型商品的专业市场在竞争中创新与发展的能力以及经营者与消费者认可的深度与广度等。

目前，海宁中国皮革城不仅牢牢确立了全国皮革集散中心、展示中心和信息发布中心的龙头地位，全国皮革产业设计中心、营销中心、价格中心等产业核心地位也已基本确立。会展业的发展可以促进专业市场功能提升和影响力的扩大，以会展为着力点，推进专业市场产品的更新，提升市场的品牌集聚力。

（3）综合传播，成就区域品牌

为将海宁中国皮革城打造成区域品牌，海宁中国皮革城综合传播手段，突破品牌区域限制。在建设之初就利用各种活动发起宣传，通过开创性的对外宣传方式：创意设计大赛、主题式购物（购物旅游）、会展展销（皮博会、时尚周等）、皮革文化（皮革风尚之都、“京杭古运河，海宁时尚风”、模特大赛等）等途径，开展市场品牌大营销。

### 品牌管理特色鲜明

海宁中国皮革城的品牌管理是基于高素质的公司制组织主体，以市场大品牌战略为核心的，具有高营销价值链，高宣传创新力，高市场责任度，最终实现从商品品牌到市场品牌、区域品牌联动建设的品牌管理模式。

通过普通专业市场营销现状和海宁中国皮革城市场在营销层面所获得的成功的对比分析，可以看到普通专业市场现状基本表现为缺乏高素质的市场主体，包括组织主体和经营主体，从而使得市场在运行过程中缺乏必要的宏观考虑，管建不管活；各商户、专业批发商、供应商、运输业的信息和技术资源不能高效整合致使营销价值链过短，市场内部活跃度低，出现有场无市的现象；市场缺乏营销主动性，未制定大品牌市场战略，市场的品牌知名度极低，不能积极形成从商品品牌到市场品牌、区域品牌的联动建设。

而纵观海宁中国皮革城品牌管理的成功，我们看到通过组织主体与现代公司制结合，保障了各项发展思路的落地孵化，实现了品牌策略的灵活调整。灵活策略调整具体表现在皮革城六大思路的转化和提升。市场功能实现了从贸易中心到产业中心的多元化转化；经营实现了从低端的皮革服装到品牌时装的高端化；商贸业态实现了从批发市场到批发零售的复合化；经营方式实现了从海宁走向全国的连锁化；市场空间实现了从单一商品交易市场到城市综合体的多元化；品牌战略实现了从单纯专业市场到海宁皮革区域的品牌区域化。

## ☞ 3. 品牌“保卫战”

### “抢客风波”的启示

2006年9月，毗邻海宁市的桐乡市出现了一个名叫桐乡鞋业皮革城的专业市场。该市场一开业，就发动了针对海宁中国皮革城的恶性竞争：当时离桐乡和海宁最近的高速公路出口均是沪杭高速屠甸枢纽，区别是汽车下高速之后，去桐乡向右转入盐湖公路、去海宁向左转入盐湖公路。桐乡鞋业皮革城要了个小聪明——在盐湖公路正对高速匝道处树立大幅广告：“去皮革城右转”，误导了大批原本前往海宁中国皮革城的车辆。不少遭遇误导的外地消费者十分气愤，甚至投诉海宁中国皮革城“工作没做好”，害他们上当受骗。

为此，海宁中国皮革城在与桐乡鞋业皮革城进行交涉的同时也采取了针锋相对的措施，双方一度发生严重纠纷……此事引发了包括CCTV在内的众多媒体和上级政府部门的关注。

2009年以后，桐乡鞋业皮革城由于经营不善逐渐陷入空置状态。但是2006年的“抢客风波”也给海宁中国皮革城敲响了警钟：专业市场在树立和传播自身品牌的同时，必须充分依靠法律，开展行之有效的品牌保护！

为此，海宁中国皮革城先后就“海宁中国皮革城”名称向商标局提出了商标注册申请，并于2013年1月取得在第18类、第25类、第35类、第36类、第40类相关商品或服务上的商标专有权。

### 借助法律建起品牌“防火墙”

2012年6月，陕西某公司在未获得海宁中国皮革城授权的情况下，擅自将位于陕西省泾阳县原点新城的皮革市场命名为“西安海宁皮革城”，并在其市场顶部、入口正上方、路边广告牌、外置观光电梯等显著位置突出标注“海宁皮革城”名称，该市场于2011年9月28日正式对外营业，经营面积6万$m^2$，每年总投入的广告费不低于1000万。

同时，被告为了强调和原告开办的“海宁皮革城”的关联性，故意误导消费者及相关公众，在其招商宣传材料中描述其是“海宁皮革城西进，搭上了国家级发展快车”。在网络媒体宣传中，也是号称以“海宁皮革城”的品牌与西安的区位优势“强强联合”，“再创海宁中国皮革城的西部辉煌”。

2013年9月，海宁中国皮革城将该公司告上法院，指控被告以上行为违反了《反不正当竞争法》第五条、第九条的规定，构成不正当竞争，应承担相应的法律责任，请求法院判令被告停止使用“海宁皮革城”名称及字样，删除相关虚假宣传信息，并向原告支付使用“海宁皮革城”名称权给原告造成的经济损失490万元。

经过开庭审理，被告承认侵权，同意赔偿损失并消除其因侵权带来的不良影响。在法院主持下，双方达成和解协议：一、就本案的侵权行为，被告同意赔偿海宁中国皮革城80万元；二、被告停止使用“海宁皮革城”的名称并承诺：今后如仍然使用，则应按本案的起诉标的490万另行向原告支付赔偿款。

“这个案子的意义不仅是对方赔偿侵权损失，更重要的是：这几年来山寨‘海宁皮革城’现象在全国各地又有抬头，必须借助法律武器及时正本清源，维护海宁中国皮革城和广大消费者的合法权益！”海宁中国皮革城董事长任有法这样表示。

### 品牌“保卫战”进行时

2013年12月，海宁中国皮革城股份有限公司在其官网和武汉部分媒体、户外广告牌发表打假声明：位于汉阳区龙阳大道与四新大道交界口的“武汉海宁皮革城”是海宁中国皮革城在武汉唯一的分市场，武汉市内其他“海宁皮革城”均与海宁皮革城无关，且湖北省内的其他“海宁皮革城”均为侵权行为。

2014年5月22日，海宁中国皮革城股份有限公司以不正当竞争及商标侵权，将武汉两家公司告上法庭。这两家公司的做法与陕西那家公司的侵权行为如出一辙：未经海宁中国皮革城授权，擅自将其开办的皮革市场命名为“卓尔汉口北海宁皮革城”、“武汉站（高铁）海宁皮革城”、“汉阳钟家村中防百诚海宁皮革城”。

海宁中国皮革城的代理律师在法庭上重申：原告方多年来耗费大量人力、财力推广“海宁皮革城”品牌，仅2009年以来投入的广告费就超过1.3亿元。被告未经授权，擅自命名“海宁皮革城”，构成不正当竞争和商标侵权，必须停止侵权、赔偿损失。

# 第10章

# 商业文明的演进

社会责任是企业管理者对社会进步、社会环境及其利益相关者做承担的一种管理责任。社会责任的类型随着企业经营的成熟度依次表现为，经济责任，法律责任，社会责任。二十年的发展历程，造就了皮革城成熟的经营管理模式、稳定的盈利能力和活跃的市场创新力。在完成经济和法律责任后又开始向更高层次的社会责任迈进。

海宁中国皮革城通过对相关利益群体（品牌、消费者、商户）利益的维护、企业文化建设、弘扬皮革文化等多方面的举措，积极履行自己的社会责任（包括行业责任，人文责任），推动商业文明建设。

## 第1节　对劣质皮假名牌“零容忍”

本书第一章曾经介绍，1998年、1999年前后，海宁地区皮革质量一度出现大幅度下滑。在上级党委政府的重视和部署下，海宁中国皮革城倾力出击，打劣质皮。通过整治，海宁皮革业终于又回归到以质量取胜的正道。

近年来，随着皮革业时尚化、品牌化战略的推行，加上消费者对品牌产品的需求不断增加，“到海宁皮革城买品牌”已经成为众多消费者的共识。毋庸讳言，在中国现实的商业环境下，假冒名牌尚有一定的“市场空间”，因此难免会有泥沙俱下、鱼目混珠的现象。一些专业市场甚至以容忍假名牌作为招徕顾客的“秘密武器”。

对假冒伪劣产品“零容忍”！这是海宁中国皮革城的既定方针。多年来，海宁中国皮革城不仅多管齐下“扎紧篱笆”，还配合公安、工商、质监等相关部门对违法者实施严厉打击。

## ☞ 1. 爱马仕送来感谢信

2013年4月，海宁市工商局硖石市场工商所收到爱马仕（上海）商贸有限公司发来的感谢信。硖石市场工商所是海宁市工商局设在海宁中国皮革城的驻场机构。去年以来，在海宁中国皮革城的配合下，该所对个别商户销售假名牌的行为进行了严厉打击。

据硖石市场工商所负责人介绍，2012年至2013年年初该所先后查处大大小小的品牌“李鬼”行为40余起，部分情节严重的已移交司法机关处理。海宁市公安局先后在全市范围内立案查处10起皮革品牌侵权案件，涉案人员十余人。如果非法销售收入达到5万元，或者涉案假冒品牌商品达到15万元，当事人就要被追究刑事责任！由于一些世界大牌的服装、箱包单价动辄二三万，这意味着违法经营者只要被查获数件假冒商品，即使尚未销售也可能要“吃官司”。目前在皮革城海宁总部市场3500多家商户中，存在商标侵权的只是极少数“害群之马”，但是这些违法行为损害了海宁皮革城作为行业龙头的形象，所以皮革城一直以来坚持“零容忍”态度，配合工商、公安等执法部门予以严厉打击。

海宁中国皮革城主动打击品牌“李鬼”的举措得到了包括国内外知名品牌的好评。海宁市工商部门先后收到劲霸男装（上海）有限公司、绫致时装（天津）有限公司（欧洲知名时装公司Bestseller Fashion Group的中国子公司）、爱马仕等三家企业的致谢。其中，绫致时装负责人专程从天津赶赴海宁市工商局赠送了“维权卫士、执法楷模”的牌匾。

### ☞ 2. 维护消费者和商户权益

A货是箱包行业的独有现象，面对品牌店高昂的价格和仿冒厂家越来越精湛的制作工艺，总有一些消费者对其产生浓厚的兴趣，特别是皮革服装和皮包，品牌和A货的差价更为巨大。在很多服装城、皮革市场，往往存在利用墙壁隔间隐秘销售A货的现象。早在2007年之前，海宁皮革城就开始摸索建立市场保护知识产权社会监督机制，设立保护知识产权举报中心，并投入100万元成立知识产权保护基金。市场还在交易区建立商标品牌“红绿黑牌”公示制度，即“红牌”励示、“绿牌”提示、“黑牌”警示。将60余件皮革箱包推荐品牌和知名皮装品牌的商标，以“红榜”形式向消费者展示推荐；以“黑色标识”明令禁止在市场内销售假冒“Dunhill”，“LV”和“HUGO BOSS”等47种涉外高知名度的品牌商品；以“绿牌”形式提示已经合法注册但与高知名度品牌相近似的品牌；以使消费者明明白白消费。

海宁皮革城除了以“黑色标识”向消费者警示“Dunhill”、“LV”和“HUGO BOSS”等47种高知名度的品牌商品尚未进入市场，如有均属仿冒外，针对新发现的个别商户利用店铺内仓储设施偷卖假冒名牌商品的行为，海宁皮革城会同工商部门在市场内开展了仓储设施登记备案工作，并不定期进行抽查，从源头上最大限度地杜绝了售假空间。针对部分商家价格虚高、扰乱市场声誉的问题，经营管理公司在市场中推行了明折明扣制度，通过经营户申报、经营管理公司审核，2011年，共有96家店铺获准佩挂“明折明扣店”，接受管理部门和消费者监督，共同维护皮革城良好形象

2013年“3·15”前夕，海宁中国皮革城专门组织了两场知识产权保护培训暨商户恳谈会，邀请工商等部门领导、专家讲解关于知识产权保护的相关法律、法规和政策。商户还当场与市场管理方及工商部门集体签订了《不销售假冒伪劣商品责任书》。不仅国际大牌欢迎打假，正在创建自己品牌的本土企业也希望通过加强执法和行业自律来净化竞争环境。在当地工商、公安、司法、质监、科技等相关部门的支持下，海宁中国皮革城启动了“知识产权保护能力提升工程”，以教育引导和日常监管两手抓的方式进一步完善打击假冒伪劣商品的长效机制。

增强法律观念，提升知识产权保护能力。

## 第2节 与文化联姻

### ☞ 1. 打造企业文化“升级版”

近几年来，企业、工业、产业向文化演进逐渐成为潮流之向，不仅指创意设计之列的产业科技、公司文化等企业管理方面，还指实体性地搭建文化载体。海宁中国皮革城在有了经营区、休息区、餐饮区、娱乐区之后，也构建起一座文化博物馆——皮革博物馆。

“家家户户羊满圈，张张羊皮晒铺面”，是对海宁数百年传统皮革手工业兴旺发达的生动描绘。海宁皮革源远流长，在历史上是重要的湖羊繁育基地，优质的羊皮为海宁的制革业提供了丰富的原料，这是海宁今天成就中国皮革城的历史基础。而在海宁皮革业高速发展的今天，如何建一个皮革文化和皮革历史的有效载体，来更好地促进海宁皮革业的发展，也就越来越成为一个颇具商业价值的命题。因此在海宁中国皮革城即将迎来开业20周年之际，为沉淀海宁皮革产业底蕴、加强海宁对外宣传，海宁中国皮革城决定投资建设海宁中国皮革博物馆。“海宁皮革的历史，其实就是中国皮革业发展的缩影。”一位业内人士说，“因此，这家博物馆建成后，其实反映的是中国皮革业的发展历史。”

这座博物馆与高层商务办公楼区、裘皮服装专业市场区一起，属于海宁中国皮革城四期工程，博物馆项目为三层建筑，将主要展出海宁的皮革历史和皮革文化。

## ☞ 2.《皮影王》电影

2007年上映的《皮影王》是商业与文化联姻的典型案例。由黎启宁导演执导的影片《皮影王》是根据首批中国非物质文化遗产——海宁皮影来进行创意创作完成的。作为中华民族优秀的文化瑰宝，皮影戏迄今已有2200多年的历史了。宋代宋室南迁临安（杭州）后，北方技艺与南方文化相融合，形成了独具一格的江南皮影戏。它广泛流传于杭嘉湖一带，并相继传到东南亚、波斯、西欧等地。而嘉兴海宁的皮影戏源于南宋，是江南皮影戏的典型代表。1956年，浙江省文化局以海宁皮影戏艺人为骨干，成立了浙江省皮影戏剧团。先后曾两次进京为60多个国家和地区的外宾演出，广受好评。

《皮影王》的故事讲述了这样一个故事：昆曲“吴风班”中，朴实的大江一直暗恋着师妹天音，可惜天音已经许配给了师兄长虹。大江对光影有特殊敏感，夜夜对着“走马灯”在揣摩手影。一次无意中得到了一个神秘的木箱，里面装着一箱皮影戏曲人物和道具，还有一本戏考：《芙蓉记》，大江看得入迷了……长虹准备带着吴风班去上海发展，告别演出《长生殿》的当天，范长虹嗓子失声，不能上场，陷入困境。没想到，大江前来“救场”，代替范长虹演出，一解天音之危。天音感激大江，并去乡间观看了他的皮影戏。却被别人看到，引起了闲言闲语。大江忍受不了爱的煎熬，但也不愿破坏师兄、师妹的关系，突然不辞而别。天音无奈只好与长虹去上海发展。大江在一位大叔的帮助下，来到了悄悄来到观潮胜地：盐官镇，住在一艘废弃大船上，继续埋头搞他的皮影来排遣痛苦。大江决心复兴海宁传统皮影戏，想再现当年的辉煌。于是，大江组成了新的皮影戏班：“江海班”。在上海发展失败的长虹带着天音回到海宁。这时，电影正在上海兴起，长虹很会赶潮流，在海宁放映美国无声电影，却屡遭失败，拿天音出气。天音赌气离开了天虹班，加入了大江的皮影“江海班”，住进了大江那个废船舱。大江的眼睛由于长期面对灯光，视力减退；但他对皮影已经走火入魔，认为影子无处不在！他发誓要搞出一台皮影戏《射潮》，作为皮影的艺术高峰。天虹在屡次失败后，终于醒悟。回到大江身边帮忙。涨潮时，大江和他的江海班在船舱里演出《射潮》。动人的一幕在锣鼓、乐曲、涛声中演出，赢得岸上全体群众的雷动的掌声、喝彩声……一代皮影王终于诞生！

影片以一个爱情故事为主线，将皮影文化生动地融合于故事中，平面到立体，静态到动态，有杆到无杆，假嗓到真嗓，动物到人物，单线平涂到云影波光。从皮影戏折射出嘉兴海宁的风土人情、民风民俗，使这部电影具有浓厚民族风格、乡土气息。这才是皮影戏丰沃、深厚的土壤。如蚕花节、钱江潮、春节社戏、元宵灯会等，反映出传统的戏曲文化、皮影文化、蚕文化、潮文化、灯彩文化……制作精良，突出了文化品位，为海宁做了一次很出色的文化营销。

2008年6月28日，电影《皮影王》首映礼。

## ☞ 3.“文体达人”+“慈善达人”

### “文体达人”

文化体育永远是企业文化建设以及品牌推广不可或缺的重要途径。翻开海宁中国皮革城的“赞助清单”，得到其支持的重要赛事和文化活动可以说不胜枚举：

2008年8月，赞助钻石杯篮球赛；2008年10月，冠名赞助海宁中国皮革城杯第13届亚洲轮滑锦标赛；2009年6月，赞助2009全国排球大奖赛；2009年9月，赞助2009世界速度轮滑锦标赛；2010年12月，赞助2010中国职业九球排名赛；2011年8月，赞助2011斯坦科威奇杯篮球赛；2011年10月，赞助CBSA美式9球世界公开赛；2011年10月至2012年9月，冠名赞助海宁中国皮革城杯第二届公路公益广告大赛；2013年10月至2014年9月，冠名赞助海宁中国皮革城杯第三届公路公益广告大赛……

2009年9月，赞助建国60周年大型演唱会；2010年1月，赞助杨坤新春演唱会；2010年9月和2012年9月，两度赞助海宁潮音乐节；2012年1月，赞助周立波海派清口秀……

对各类文化、体育活动的参与和支持，既为文化体育事业贡献了自己的力量，同时也促进了海宁中国皮革城以及海宁城市品牌的推广。

如2011年海宁中国皮革城杯CBSA美式9球世界公开赛在皮革城举行。这场比赛中的胜利者球后艾利森-费雪在赛后说：“这是一场不错的决赛，但我们应该能够打得更好。我们都非常渴望胜利，在我们的中国赞助商面前有更好的表现，因此也带来不小的压力。”赛事安排在商场里比赛，对于这样的环境，艾利森说：“这是一个非常特殊的场地，和以往中国的任何一个比赛都不一样。这样的环境很好，球迷们都非常友善的在看比赛。”

这是赛场内的故事。而在比赛之外，国家体育总局王涛女士、海宁市副市长朱海英、海宁市政协副主席田耘、海宁市委办公室副主任陆余良、海宁中国皮革城董事长任有法等领导为获奖选手颁发奖杯及奖金，同时，国家体育总局王涛女士向海宁中国皮革城董事长任有法先生授予热心台球事业奖。

另外，第13届亚洲轮滑锦标赛作为亚洲最高级别的轮滑赛事，能够落户海宁，对提高海宁轮滑水平和在海宁城市影响力无疑也是一次良机。

### “慈善达人”

除此之外，海宁中国皮革城热衷于慈善事业。如2008年组织78位企业主和经营户赴浙江省开化县，与该县中村乡中心小学、城关镇密赛小学、音坑乡明廉小学、金村乡中心小学和林山乡中心小学等19所学校的80位贫困学生结成了援助对子，由商户们出资帮助山里的孩子完成小学学业。

“虽然他们家里的生活条件很差，但在学习和精神上他们一点也不比同龄人落后，我们非常愿意伸出手来帮助这些孩子，为钱江源头的人民尽一点绵薄之力”。海宁中国皮革城党委副书记凌金松这样说。

又如2013年海宁中国皮革城组织党员再次与困难学生的助学结对。不少参加结对的党员经营户代表表示，作为党员能尽自己的一份绵薄之力是一件非常高兴的事，而且自从第一次来参加皮革城的助学结对活动以后，一直都惦记这些困难学生，希望通过助学结对活动为困难学子提供力所能及的帮助，让困难学子感受到皮革城大家庭的温暖。

皮革城与困难学生进行结对的历史已经有十几年了，至今，很多困难学生在皮革城的帮助下完成了学业，走上了不同的工作岗位，为社会的发展贡献自己的力量。

此外，多年来海宁中国皮革城一直致力于各种类型的公益活动，无论是2008年汶川5•12大地震赈灾捐款、2013年余姚因“菲特”台风遭遇特大水灾之后赈灾捐款，还是2012年9月“情系云南保山爱心捐衣”、2013年8月向白血病患儿捐款，都活跃着海宁中国皮革城广大干部员工以及广大商户的身影。2014年年初，海宁中国皮革城又连续组织了慈善、虚拟岗位认捐，员工慈善捐助和“五水共治”（即浙江省委、省政府提出的以治污水、防洪水、排涝水、保饮水、抓节水为核心的治水战略）捐款等一系列公益活动，受到广泛好评。

在2014年1月6日的海宁市慈善十周年表彰大会上，海宁中国皮革城被授予2003-2013年度“慈善特别贡献奖”。

2009年5月19日，海宁中国皮革城组织78位爱心商户赴开化县和贫困学生结对帮扶。

# 第11章

# 企业家精神

企业家精神是海外舶来的词汇，但西方的市场经济中，鲜见专业市场。那么，类似海宁中国皮革城这样具有鲜明中国特色的专业市场中，企业家精神是不是也一样对其发展以及日常经营管理具有深刻的影响？

海宁中国皮革城在成立、成长过程中，在资产结构层面，在人员结构中，都有深深地政府主导的烙印在里面。那么，以政府为主导的国有企业，有没有企业家精神？企业家精神又怎样影响企业的发展？

# 第1节　专业市场的企业家精神

## ☞ 1. 企业家精神

“企业家”这一概念由法国经济学家让-巴蒂斯特在1800年首次提出，即：企业家使经济资源的效率由低转高；“企业家精神”则是企业家特殊技能（包括精神和技巧）的集合。或者说，“企业家精神”指企业家组织建立和经营管理企业的综合才能的表述方式，它是一种重要而特殊的无形生产要素。每个企业都有一种理念，有一种文化，企业家就朝着这个理念努力拼搏，时间长久就形成一种文化，企业家的成功就是靠他们有这种精神的支持。

彼得·德鲁克提出企业家精神中最主要的是创新，进而把企业家的领导能力与管理等同起来，认为“企业管理的核心内容，是企业家在经济上的冒险行为，企业就是企业家工作的组织”。世界著名的管理咨询公司埃森哲，曾在26个国家和地区与几十万名企业家交谈。其中79%的企业领导认为，企业家精神对于企业的成功非常重要。那么，到底什么是真正的企业家精神呢？

创新是企业家精神的灵魂。熊彼特关于企业家是从事“创造性破坏”的创新者观点，凸显了企业家精神的实质和特征。一个企业最大的隐患，就是创新精神的消亡。创新必须成为企业家的本能。但创新不是“天才的闪烁”，而是企业家艰苦工作的结果。创新是企业家活动的典型特征，从产品创新到技术创新、市场创新、组织形式创新等等。创新精神的实质是“做不同的事，而不是将已经做过的事做得更好一些”。所以，具有创新精神的企业家更象一名充满激情的艺术家。

冒险是企业家精神的天性。坎迪隆和奈特两位经济学家，将企业家精神与风险或不确定性联系在一起。没有甘冒风险和承担风险的魄力，就不可能成为企业家。企业创新风险是二进制的，要么成功，要么失败，只能对冲不能交易，企业家没有别的第三条道路。在美国3M公司有一个很有价值的口号：“为了发现王子，你必须和无数个青蛙接吻”。“接吻青蛙”常常意味着冒险与失败，但是“如果你不想犯错误，那么什么也别干”。同样，对1939年在美国硅谷成立的惠普、1946年在日本东京成立的索尼、1976年在台湾成立的Acer、1984年分别在中国北京、青岛成立的联想和海尔等众多企业而言，虽然这些企业创始人的生长环境、成长背景和创业机缘各不相同，但无一例外都是在条件极不成熟和外部环境极不明晰的情况下，他们敢为人先，第一个跳出来吃螃蟹。

合作是企业家精神的精华。正如艾伯特·赫希曼所言：企业家在重大决策中实行集体行为而非个人行为。尽管伟大的企业家表面上常常是一个人的表演，但真正的企业家其实是擅长合作的，而且这种合作精神需要扩展到企业的每个员工。企业家既不可能也没有必要成为一个超人，但企业家应努力成为蜘蛛人，要有非常强的“结网”的能力和意识。西门子是一个例证，这家公司秉承员工为“企业内部的企业家”的理念，开发员工的潜质。在这个过程中，经理人充当教练角色，让员工进行合作，并为其合理的目标定位实施引导，同时给予足够的施展空间，并及时予以鼓励。西门子公司因此获得令人羡慕的产品创新记录和成长记录。

敬业是企业家精神的动力。马克斯·韦伯在《新教伦理与资本主义精神》中写到："这种需要人们不停地工作的事业，成为他们生活中不可或缺的组成部分。事实上，这是唯一可能的动机。但与此同时，从个人幸福的观点来看，它表述了这类生活是如此的不合理：在生活中，一个人为了他的事业才生存，而不是为了他的生存才经营事业。"货币只是成功的标志之一，对事业的忠诚和责任，才是企业家的"顶峰体验"和不竭动力。

学习是企业家精神的关键。荀子曰："学不可以已"。彼得·圣吉在其名著《第五项修炼》说到："真正的学习，涉及人之所以为人此一意义的核心"。学习与智商相辅相成，以系统思考的角度来看，从企业家到整个企业必须是持续学习、全员学习、团队学习和终生学习。日本企业的学习精神尤为可贵，他们向爱德华兹·戴明学习质量和品牌管理；向约琴夫·M·朱兰学习组织生产；向彼得·德鲁克学习市场营销及管理。同样，美国企业也在虚心学习，企业流程再造和扁平化组织，正是学习日本的团队精神结出的硕果。

执著是企业家精神的本色。英特尔总裁葛洛夫有句名言："只有偏执狂才能生存"。这意味着在遵循摩尔定律的信息时代，只有坚持不懈持续不断地创新，以夸父追日般的执著，咬定青山不放松，才可能稳操胜券。在发生经济危机时，资本家可以用脚投票，变卖股票退出企业，劳动者亦可以退出企业，然而企业家却是唯一不能退出企业的人。正所谓"锲而不舍，金石可镂；锲而舍之，朽木不折"。

诚信是企业家精神的基石。诚信是企业家的立身之本，企业家在修炼领导艺术的所有原则中，诚信是绝对不能妥协的原则。市场经济是法制经济，更是信用经济、诚信经济。没有诚信的商业社会，将充满极大的道德风险，显著抬高交易成本，造成社会资源的巨大浪费。其实，凡勃伦在其名著《企业论》中早就指出："有远见的企业家非常重视包括诚信在内的商誉。"诺贝尔经济学奖得主弗利曼更是明确指出："企业家只有一个责任，就是在符合游戏规则下，运用生产资源从事利润的活动。亦即须从事公开和自由的竞争，不能有欺瞒和诈欺。"

## ☞ 2. 专业市场领域的企业家精神

与传统生产型或者营销型企业相比，专业市场不经营自己的产品或者销售有形产品的品牌，如海宁中国皮革城，只是专业的物业提供及配套服务商。一般意义上而言，专业市场，大部分只需具备单纯的管理职能即可。但研究海宁中国皮革城的成长过程，我们可以发现，专业市场尤其需要企业家精神的渗透。

### 战略决策意识是核心

对于专业市场而言，其生存的首要问题是市场的定位问题。部分专业市场的创建及运营，基本上是尊崇于市场规律的需求，比如地域性产业集聚后对原材料采购、新产品销售的需求，导致专业市场的形成，市场的开发形成和成长，主要来源于市场需求的推动。更有部分专业市场的建立，是由于开发商拿地拿项目的需要，更缺乏长远和一致性的规划。

海宁中国皮革城创办之前曾一度定位于小商品市场这样的满足当地百姓生活需求的功能，但政府领导们在一年之后，就明确了走皮革市场专业化道路的鲜明定位。在当时看来，舍弃看得到的市场、去争取不确定的市场，是对领导管理团队的战略能力的考验。

### 企业家的创新精神是最主要的命脉

在平常的视角看来，专业市场的管理，与物业管理极其相似，只要商户入驻后，做好卫生、安全工作，就万事大吉，与创新并没有什么太大的关系。但仅仅定位于为市场内商户服务好的市场管理公司，肯定无法支撑起一个卓越的专业市场。专业市场的创新主要表现在那些地方？

一是市场的定位创新：市场主要的客户是谁、引进什么样的销售商、买什么样的产品，从来不是可以学习复制的，事实上简单的抄袭皮革城或者义乌小商品城的专业市场非常多，但极少见到成功的。专业市场的定位，应是对当地现有产业和发展优势的综合判断，以此形成独一无二的定位创新。

二是市场的功能创新：专业市场从原来单一的商品批发零售功能，到展示功能、原材料集散功能，再到后期的信息中心功能、研发中心功能、产业中心功能的演进，需要完全从创新的意识，走出一条适合自己的路。

三是市场的营销创新：专业市场是市场经济下的商贸发展的产物，是市场化的一种经济形态，也必然受到市场化的考验。很多专业市场请诸多专家团队，做了严谨的定位分析，进行了诸多功能区块的规划和建设，但是市场的人气一直上不来，专业市场的影响力上不去，严重制约了市场的发展。海宁中国皮革城，在专业市场的推广营销过程中，进行了诸多创新性的营销方式：比如在全国较早的运用旅游营销的方式，吸引旅游大巴开进皮革城，带动了皮革城的人气；比如购买多辆面包车，组建车队，进行多城市的皮装路演，极大提高了皮革城在相关城市的知名度；也比如大规模采用高速广告牌的广告形式，通过重复的刺激，使公众一趟沪杭高速走下来，已经深深的记住了海宁中国皮革城。

专业市场的创新，是融入到日常管理中的创新，不是一蹴而就的大变革，创新与企业家精神能让专业市场保持高度的灵活性与自我更新能力。这种创新与企业家精神不是对原有的一切“斩草除根”，而是以循序渐进的方式，这次推出一个新功能，下次实施一项新政策，再下次就是改善服务。

其次，因为它们并没有事先规划，而是专注于每个机会和各种需求。再次，是因为它们是试验性的，如果它们没有产生预期的和所需的结果，就会很快消失。

专业市场如何进行创新？每一个经营专业市场的人应该都思考过，创新是处于这个社会、这个时代每个人都需要的精神，但在专业市场领域，守着几千个摊位，专业市场既不能走，也不能跑，很难实行。从皮革城的经验来看，其一，要拥抱变化，专注机遇。德鲁克提出创新机遇的七个来源，三个内部来源，四个外部来源。我们可以从皮革产业经济意外事件、不协调的事件等方面来发现创新机遇，从皮革产业和市场结构、消费者认知变化及消费的新形态，来观察专业市场创新的方向。第二，要成为一名创新实践者，皮革城之所以能够确立中国皮革第一城的地位，带动一方经济，在于身体力行的创新实践，例如以专业市场连锁的方式实现市场外拓。充分观察思考，并听取商户和消费者需要，以便提供更易被接受服务。围绕专业市场功能定位，不做过度的多元化产业扩张。从细微处入手，在不断地创新尝试中调整方向，促进市场健康稳健的发展。

## 企业家的实干精神是最主要保障

专业市场是以管理为主的经济形态，如果企业家及管理团队不亲临第一线，不和经营户交朋友，不去帮助经营户解决实际问题，是成就不了有竞争力的专业市场的。

企业家的实干精神，不仅可以帮助企业家始终站在第一线，建立良好的市场判断力，使专业市场始终走在正确的方向上，也把握住正确的时机。企业家的实干精神，可以让专业市场的管理人员，自上而下的形成“实干兴市，空谈无用”的企业文化，形成“事事有落实、抓进度”的工作氛围。

## 第2节 海宁中国皮革城的企业家精神

### ☞ 1. 政府主导下的企业家精神建设

有专家坦言，市场经济中的企业家指的是这样一群人——他们具有敏锐眼光，能够及时发现社会需求，甚至创造社会需求；他们具有承担风险的勇气和能力，能够组织资源，在市场前景并不明朗的情况下，开发和制造社会所需要的产品和服务；企业家以个人的声誉和资产承担失败的后果，也以个人的名誉和资产赢取成功的收益。因此，也有人认为，国有企业的领导人，他们很少拥有企业股份、职权受制约较多。国有企业仅有管理者、总经理而没有严格意义上的企业家，由此也不具备企业家精神。

但是海宁中国皮革城在成长过程中，从工商所下属的一个职能部门，到成立单独的皮革城管理委员会，再到国资委下属的国有控股上市企业，历经多届市委市政府领导，并慢慢演化成为海宁市的产业竞争力，成功扩展到了原来皮革产业比较发达的北方城市，并陆续在成都、哈尔滨、济南等城市建立大型皮革城，在这个高速发展过程中，我们又分明在这些成功的背后看到了强烈的企业家精神值。

那么海宁中国皮革城的企业家精神，究竟存在还是不存在，究竟是一个人还是一群人，是政府官员还是企业里面的管理实体人员？

**政府：无为与有为的合力**

政府、市场和公民是当今社会发展和社会运行中三股重要的力量，政府行为可以直接体现公益性，它就像一只有形的手；市场行为直接体现趋利性，即无形的手，两手相协调才能促进事物向相谐的轨迹发展。在海宁中国皮革城发展历程中，政府无疑是一只好手，抓放得度，收缩自如。海宁中国皮革城的成功转型离不开政府的思想解放、决策得当以及高度配合的协作能力，一抓一放间，把市场和政府的功用发挥到极致。

在皮革城以前，大众印象中的专业市场逃脱不了脏乱差的群体印记，认为只是由一个个小商铺拼凑而成的大型廉价批发零售市场，但是皮革城无疑在向世人证明那是谬论。政府提出规范化的商场模式的规定后，交由皮革城管理层具体执行实施，政府层面清楚明白不能仅仅将皮革城定义为一个专业批发零售市场，而是一个集休闲娱乐购物为一体的大型商场，政府指导市场中的“商场化”落实到了海皮城管理层的市场规划日程中，于是我们现在看到的皮革城是这样的：批发区宽敞的走道、舒适的环境、完善的配套设施和周到的管理服务，这也为广大消费者提供了舒适和谐的购物环境。由此可见，在皮革城的管理上，政府是指示方，政府在它的框架内给予管理者充分自主发挥的空间，管理者也在这个框架内最大限度地遵从市场发展的规律，内外互补而成就皮革城发展的尽然有序。

政府对市场发展和建设的合理规划、引导，并且不断完善公共服务职能和提高服务水平，尽可能地寻求与市场的最大契合点，以实现各方利益的和谐化，创造市场发展的新路径。

众所周知，一个地方的产业集群能否培育发展成功，与当地政府的决策密切相关。从20世纪90年代初到2010年，海宁先后更迭了6位市委书记、8位市长，但历届市委、市政府领导班子都坚持“咬”住猪皮、羊皮、牛皮不放松，一任紧接一任完善皮革产业转型升级发展规划，牢牢传好发展皮革产业“接力棒”，连续多年将皮革列为全市第一支柱产业，成功将海宁打造成为了全国迄今唯一的“中国皮革之都”。

## 政府工作作风的延续

海宁地处浙江北部，钱塘江畔，钱塘大潮每天都沿着海宁南部平原的江面上奔腾；因为地处交通要道，地势平缓，自古以来经济发达，向有小上海的赞誉；文化出过数学家李善兰、国学大师王国维、诗人徐志摩和穆旦、武侠小说家金庸。

1916年，孙中山先生曾赴海宁盐官观潮，并挥笔写下："世界潮流，浩浩荡荡。顺之则昌，逆之则亡"的传世名句。

1994年5月，海宁政府曾通过媒体，公开向全市市民征集"海宁精神"表述语言。在二个月的时间里收到市民提议的"海宁精神"表述语言180多条，后把"敬业奉献，猛进如潮"作为海宁精神的表述语。海宁精神"敬业奉献，猛进如潮"这八个字好记易记，"敬业奉献"就是要爱岗敬业，忘我劳动，无私奉献；"猛进如潮"就是要敢为人先，负重拼博，勇往直前。这个海宁精神不仅仅是对海宁的地缘特色的美化，而是真实的融入在海宁人对事业的追求中。海宁是全国首批沿海对外开放（县）市、浙江省首批小康县（市）之一。

在皮革城的建设发展过程中，我们可以发现，政府的实干精神、政府的勇往直前精神，为皮革城打上了浓重的印记。

皮革城的发展，经历了海宁市委市政府多届领导的变迁，但无论那位领导上任，都对皮革城保持了一致的支持，每年的政府工作报告中，必有一项是对皮革城的政策指导、改革决策，从市场的筹建、招商引资、易地扩建，到外拓发展，都起到了至关重要的作用。

## 领导干部的实干精神是保障

"办一个市场、兴一方产业、旺一方经济、富一方百姓。"成立之初，政府部门朴素的愿望，开始了海宁中国皮革城不平凡的旅程，但在这个愿望之下，是一连串困难和挑战，如果没有饱满的实干精神，海宁中国皮革城就没有今天的成就。

海宁市委市政府的实干精神，极大地推动了海宁中国皮革城的企业家精神的建立。众多领导干部投身第一线，参与到皮革城的建设中来，在创立初期，皮革城的方向问题、皮革城的招商引资问题；皮革城的发展期，新市场的建设规划、上市辅导，都有分管领导、协作单位的支持。

## ☞ 2. 务实 · 创新 · 执着：海宁中国皮革城的企业家精神

“跟着任有法，年年有得发！”这是一个在海宁中国皮革城做皮草生意的老板经常念叨的一句话。如果说海宁市委市政府为海宁中国皮革城的发展奠定了基础，那么在第一线带领皮革城发展的以任有法为核心的管理团队，在皮革专业市场的经营上，已经解析出一套完整的风尚密码。而海宁中国皮革城企业家精神的核心——就是务实、创新和执着。

### 对趋势的前瞻性和把握

2000年前后，消费者对传统款式的皮衣逐渐失去了兴趣。皮夹克、皮大衣一度成了土气、老式的代名词。任有法深知，作为商品的供给者千万不能责怪消费者“喜新厌旧”，正视需求才能找到出路。任有法给业界开出的“药方”是：抛弃皮装是御寒品的固有思路，走时尚化、品牌化道路。

多年来，任有法一直在向业界“鼓吹”这样一个观点：重制造而轻设计、营销的“纺锤型”结构是包括皮革在内的很多中国产业的通病。必须将“纺锤型”转变为“哑铃式”。金融危机给中国制造最大的一个启迪是大力加强设计、研发、营销、品牌等产业链两端的功能，不断向产业“微笑曲线”的高端进军。

创新理论的鼻祖、美国经济学家约瑟夫 · 熊彼得对企业家有如下定义：

企业家能够大胆而富有想象力地突破现行的商业模式和惯例，不断地寻求各种机会推出新的产品和新的生产工艺，进入新的市场并且创造新的组织形式。

在任有法看来，中国皮革时尚界最需要的正是这样一批“大胆而富有想象力”的企业家。“我们有责任也有信心把海宁打造成为中国皮革时尚之都，推动皮革品牌的发展。”任有法这样期望并规划着，皮革城首先开始和中国皮革行业领先品牌“雪豹”合作，全面发展品牌战略，务求从质量、信誉和产品的档次上更上一层楼。从1999年开始，任有法把皮革城的工作重心转移到抓品牌上：进入皮革城的商品必须要有品牌商标，否则不得进入；优秀品牌打广告，皮革城给予补贴……

此外，还举办皮革城十大品牌、十大推荐品牌评选活动；到北京人民大会堂推介海宁皮衣品牌；2004年，在皮革城商铺租金收入中留出10%作为自有品牌奖励费，对经营自有品牌且比例超过50%的商户，在考核合格后返还租金的10%。任有法的做法也得到了政府的重视和企业界的认同。在政府引导、皮革城推动下，海宁涌现出了大批不甘守旧的新锐企业家——他们不再满足于对传统款式的薄利多销，而是开始专注于款式、材质、色彩等方面的创新。适合春秋季节穿着的时装化皮革产品逐渐地成为海宁中国皮革城各商铺的新亮点，也吸引了大批来自大城市的“潮男潮女”。

如今，在海宁中国皮革城，创新已经被列为“第一军规”。

任有法说：“很多经营户有个不成文的规矩：如果某个款式在一定时间限度内销售业绩不好的话，就必须下架。”对这样的“军规”，任有法表示赞赏：“消费品市场在告别短缺年代之后，经历了从大众到小众，从小众到碎片，再从碎片到秒杀的巨大变化。所以你必须创新。对于皮革行业来说，时尚附加值是靠消费者穿出来的。你不创新，消费者就不穿，你就会被淘汰！”

### 把握机遇的能力

回顾海宁中国皮革城20年来的发展大体经历了三个阶段——先后可以用三个“版本”的广告语来概括：第一阶段是“买皮衣到海宁——海宁中国皮革城”，第二阶段是“皮衣时尚，潮起海宁”，第三阶段是“我看世界，风尚看我”。任何一个专业市场的发展都离不开各个时期经济和社会发展的天时地利人和。这三句口号，体现了皮革城对时机的洞察和把握能力。

这三句广告词，也可以看成是中国经济的缩影，第一句表达的是20世纪90年代中国经济飞速发展，消费者对产品的需求旺盛，只要产品质量合格，基本上是有什么买什么，“卖点”是价廉物美。当时的浙江皮革服装城在全国各地的专业市场建设大潮中确立了领先位置，抓住了经济腾飞的机遇。

第二句表现的是21世纪初，消费者需求开始多样化，皮衣从原来单纯保暖功能，开始向时尚化方向转型，皮革城始转向让消费者以合理的价位买到时尚的皮衣皮具。有一些原来比较大的皮革服装企业在这次转型中动作慢、步子小，就慢慢的远离了这个市场。而皮革城服务的中小商户，船小好调头，利用皮革城的平台优势，兼容并收，吸引各种服装款式的特色，开始走向时尚化发展之路，以及通过上海时装周、北京国际服装展等多种形式，培育了一些知名的皮装时尚化品牌，而这些时尚化的皮装品牌，也促进了皮革城的转型定位，在消费者心目中确立了真正的时尚形象，而不仅仅是一句广告口号，实现了良性循环。

第三句广告口号，表现的是2005年后，中国在全球的经济地位逐步提高，更多的国人走出国门去进行大量的时装采购、旅游生活，而海宁的皮革服装产业也逐步确立了在全球的领先地位，皮革城逐步实现了在全国大城市的扩张，专业市场跨区域成功复制的案例很少有专业市场能够做到。皮革城则进一步升级到用时尚附加值引领皮革消费、促进皮革产业升级。2008年10

月，海宁中国皮革城组团旗下的10多个本土皮衣品牌，赴丹麦哥本哈根举办了时尚皮革裘皮服装专场发布会，实现了中国本土皮装整体走向欧洲的新突破。

## 发展与创新思维

在海宁中国皮革城暨海宁皮革产业的创业历程中，通过现代流通方式和经营模式嫁接实现了专业市场的功能创新，同时通过专业市场龙头作用和产业集群的互动实现了产业集群发展的模式创新，开创了中国专业市场经营管理和产业集群转型升级的诸多“第一”：

1999年起，海宁中国皮革城开始积极向上海招商旅行社、新大陆旅行社等开展旅游购物的营销推广，随后设立专门的旅游接待中心，开创了专业市场购物旅游的先河；

20世纪末期特别2002年之后，海宁中国皮革城大胆向商场化购物转型，并在时尚化大旗下引进和培育众多皮革品牌，牢固确立了中国皮革时尚风向标的地位；

2002年海宁皮革实现多项“第一”并多年保持：皮革服装产量全国第一、皮革交易量全国第一、皮革服装出口及相关制品出口量全国第一、皮革业经济总量全国各县（市）第一；

2004年3月，“海宁军团”抱团参加北京中国国际服装服饰博览会（CHIC），不仅助力CHIC开拓了专门的皮革展区，还向国内外展示了“海宁皮革商帮”的风采和力量；

2010年9月，佟二堡海宁皮革城开业，成为海宁中国皮革城全国连锁经营的第一站，是国内第一家规范连锁经营的专业市场；

2010年9月，海宁中国皮革城品牌风尚中心正式开街，成为中国最先专门为皮革业转型升级服务，集企业总部、设计研发、品牌展示、新品发布、营销总部、创意乐园、休闲会所等七大功能的总部商务区，开创了中国专业市场建设总部基地的先例；

2011年3月，国内皮革行业首个设计师协会——海宁皮革设计师协会宣告成立，时尚设计领域再现“海宁新势力；

2012年1月，中国皮革业首个行业指数——“中国•海宁皮革指数”在北京发布，引领中国皮革业进入了指数经济时代；

2012年，海宁皮革产业集群示范区被列为浙江第一批区域国际品牌试点，海宁中国皮革城则成为浙江省经信委确定的首批12个省级工业设计示范基地之一……

众多“第一”的背后，是海宁中国皮革城以及皮革业界在党委、政府支持下的发展创新思维和首创精神，也是海宁地区独特“精神气质”的延伸和升华。当中国经济进入转型发展的“第二季”之后，这种敢争第一的“海宁个性”不仅将成为提升海宁中国皮革城和海宁皮革核心竞争力的强大内生动力，而且还将为海宁经济社会的跨越式发展提供源源不竭的能量！

# 后 记

1997年9月11日，国务院发展研究中心主办的《中国经济时报》刊登了由笔者采写的《专业市场：可持续发展的助推器——访浙江皮革服装城管委会常务副主任徐建国》。这是笔者第一次以《中国经济时报》“本报记者”身份刊发报道，也是第一次到访后来升级为海宁中国皮革城的浙江皮革服装城。这两个“第一次”促使笔者和海宁中国皮革城结下不解之缘，在其迄今20年的发展历程中有幸守望、记录了整整17年！

2013年初以来，笔者又作为课题组成员参与了浙江工商大学现代商贸研究中心主导的“市场创新与产业转型升级：解读海宁中国皮革城模式”课题研究。历经一年多的调研、分析和写作，终于形成了这本记录海宁中国皮革城20年来发展历程的著作。

浙江工商大学现代商贸研究中心是教育部人文社科重点研究基地，也是中国各高校中唯一研究商贸流通的人文社科重点研究基地。本书的调研和写作得到了浙江省政协经济委员会副主任、浙江工商大学现代商贸研究中心主任郑勇军教授，浙江工商大学章乃器学院院长徐锋教授等课题组专家的亲切关怀和理论指导，在此谨表诚挚谢意！

本课题暨本书能够如期完成也要衷心感谢中国皮革协会、相关党委政府、海宁中国皮革城、广大皮革企业等社会各界的大力支持和协助！

在调研和写作过程中，曾凌洁、张旭珂协助做了大量的资料搜集、调查整理等工作，在此一并致谢！

本书引子、第一章、第三至第八章由邹建锋撰写，第二章由邹建锋、谢作灵撰写，第九章至第十一章由唐武峰撰写。初稿完成后，邹建锋对全书进行整理和统稿，并对全书格式进行了统一编排。

本书所有图片（含署名作品）均由海宁中国皮革城提供，在此向沈达、王超英等图片作者表示感谢！另有某些照片由于年代久远或条件限制，无法明确其作者，故无法一一注明，谨此致歉！

囿于学识和能力，加上课题研究及写作时间较紧，呈现给各位读者朋友的本书难免会有错漏和疏失，敬请宽宥，并不吝批评指正！

邹建锋

2014年6月